名家琦辞疏解

——惠施公孙龙研究

黄克剑 著

中华书局

图书在版编目(CIP)数据

名家琦辞疏解:惠施公孙龙研究/黄克剑著.—北京:
中华书局,2010.3
ISBN 978 - 7 - 101 - 07244 - 0

Ⅰ.名… Ⅱ.黄… Ⅲ.①惠施(公元前370 ~
公元前310)-哲学思想-研究②公孙龙(公元前320 ~
公元前250)-哲学思想-研究 Ⅳ.B225.05

中国版本图书馆 CIP 数据核字(2010)第020115号

书 名 名家琦辞疏解——惠施公孙龙研究
著 者 黄克剑
责任编辑 高 天
出版发行 中华书局
    (北京市丰台区太平桥西里38号 100073)
    http://www.zhbc.com.cn
    E-mail:zhbc@zhbc.com.cn
印 刷 北京瑞古冠中印刷厂
版 次 2010年3月北京第1版
    2010年3月北京第1次印刷
规 格 开本/850×1168毫米 1/32
    印张9 插页2 字数200千字
印 数 1—4000册
国际书号 ISBN 978 - 7 - 101 - 07244 - 0
定 价 22.00元

目　录

自　序

　　这本小书所属意的对象是寂寞的。无论是惠施"南方无穷而有穷"、"今日适越而昔来"之类的怪异命题，还是公孙龙"坚未与石为坚而物兼，未与物为坚而坚必坚"、"物莫非指，而指非指"之类的晦昧思致，其在两千多年的冷遇中几乎一直悬若哑谜。前贤或蔑称之以"辟言"（荀况）、"诡辞"（扬雄），今人对之亦多有"帮闲"（郭沫若）、"诡辩"（侯外庐）之讥。间或有知者探其幽趣而不无所得，但神思所至以达于通洽、贯综之领悟则终嫌未足。

　　诚然，在史家（司马谈、司马迁）和目录学家（刘向、刘歆）那里同被称作"名家"的惠施、公孙龙，其名辩之微旨皆在于"正名实"，但二者之趣致毕竟相异而不相袭。如果说惠施重在据"实"——位移或变化于时空中的有形之实——置辞而使"名"之所言常在亦"生"亦"死"、亦"今"亦"昔"、亦"有穷"亦"无穷"的同异"两可"之际，那么，公孙龙则重在引"名"——以一类事物或此类事物某一性状之共相的极致情境为标准——而验正事物在怎样的程度上合于其共相之"实"。前者在于"合"此事物与彼事物或某事物的此时与彼时的"同"与"异"以对其作一体把握,而以"名"(概念)对如此之把握作一种描述时遂不免歧出于惯常的合于形式逻辑的言说方式,其名辩特征可一言以蔽之为"合同异";后者却在于将用作指称事物某一性状之共相的"坚"、"白"诸概念"离"物、"离"相而视之,由"离"而求得独立"自藏"的"名"(概念)以"正其所实",其名辩特征可一言以蔽之为"离坚白"。"合同异"与"离坚白"并非彼此对立而相互驳诘:其"合"只是"合同异"而非"合坚白",其"离"也只是"离坚白"而非"离同异",立于绝对的"名"以说"离"与立于相对的"实"以辩"合","离"、"合"反倒不期然构成名家论辩名实的某种默然相契的运思张力。

　　一如儒、道、墨、法、阴阳诸家各有其好恶迎拒,名家的引人骇诧的诡谲之言亦寓托着执著的价值取向。对世人作"泛爱万物"的规劝是惠施"合同异"之辩的立意所在,而公孙龙对指示某种理想或极致境地因而具有绝对性的"名"的称举,则试图借重其有着"兼爱"祈愿的"离坚白"之辩"以正名实,而化天下"。但无论如何,名言惯例在惠施那里的打破,赋有绝对性的"名"在公孙龙那里得以成就一种逻辑意味上的理想主义,这蕴于其间的不同于儒家伦理、道家玄理的所谓名理,毕竟更能述说名家何以成其为名家。名家的名理在一个特定向度上把人文眷注引向对言喻分际的措意,而如此所示导的"名"的自觉或语言对其自身的辨析或正是名家在思想史上所作出的独异而至可称道的贡献。

　　本书由觅求惠施、公孙龙诸命题之闳机入手,鹄的却在于探取名家语言自觉之真谛。书名《名家琦辞疏解》之"琦辞"一语出自《荀子·非十二子》,不过荀子所谓"治怪说"、"玩琦辞"是对惠施之机辩的诟责,而这里引"琦辞"以指示惠施、公孙龙的奥诡之言,则已转换其意指。"琦"通"奇","奇"有怪异、冷僻之义,亦有新奇、精辟之义,荀子在前一种语义上以"琦辞"为怪僻之辞,这里则在后一种语义上以"琦辞"为奇异、精深之语。此外,"琦"之本义为"美玉",本书以惠施散落之遗句或公孙龙孤行残存之篇章为"琦辞"亦不无称叹其珍奇可贵之趣。

与古哲灵魂的神交须得一种足够重的生命的担待,然而当以如此的担待历经又一次经虚涉旷的劳作后心境亦复归于孤寂。友人王乾坤先生品评拙著《由"命"而"道"——先秦诸子十讲》时曾说:"黄克剑的学术创获与自如得益他的价值[形上的]拱心石,但依我看这拱心石同时也将他置于左右不逢源的学术境遇中。正如马学、西学(我亦积年累月经心于马克思哲学和西方哲学——引者注)不曾向他伸出多少橄榄枝一样,我估计方兴未艾的国学热也不会向他表示太多的友情。……在大众中,'穷根究元'几乎没有可能获得支援。这样的际遇当然有着时代的或然之因,但亦正是本体上的、宿命的。这是中外历史上无数案例所昭示了的。"在一切被这样最后料定后,一个百无一用的书生竟还可以期待什么呢?或者苟延于故纸的余生亦只能接受他的无可如何的规勉:"这'孤魂野鬼'还得做下去,也许永远。"

克 剑

二〇〇九年九月廿八日

例　言

一、本书所解惠施"历物之意"十题之原文取自《庄子·天下》,所据底本为清人郭庆藩之《庄子集释》(《诸子集成》版)。十题除第九题外,各传世《庄子》之文本载述皆同,唯第九题"我知天下之中央,燕之北,越之南是也",唐陆德明《经典释文》、明胡氏世德堂本等为"我知天之中央,燕之北、越之南是也"。今依清《古逸丛书》覆宋本、上海涵芬楼《续古逸丛书》影宋本、涵芬楼《道藏举要》影印《道藏》本等,采《集释》之所取"我知天下之中央"。

二、本书所解《公孙龙子》原文以明正统《道藏》本为底本,参酌以元陶宗仪辑《说郛》本、明周子义等辑《子汇》本、清钱熙祚辑《守山阁丛书》本、清《四库全书》本及陈澧、俞樾、王琯、谭戒甫等多家之校注。原《道藏》本《公孙龙子》所辑六篇文字的编次为《迹府》、《白马论》、《指物论》、《通变论》、《坚白论》、《名实论》,本书依其内在逻辑及行文体例将篇次调整为:《迹府》、《白马论》、《坚白论》、《通变论》、《指物论》、《名实论》。

三、本书上篇"惠施'历物之意'疏解",依先"注释"、次"辨正"、后"疏解"之体例逐题诠释惠施之十论题;下篇"《公孙龙子》疏解",则依先"注释"、次"译文"、后"疏解"之体例逐篇诠释其六篇文字。上篇未有"译文",乃由于"南方无穷而有穷"诸论题字面意谓一目了然,无须迻译。下篇未列"辨正"之目,则因着本书对《公孙龙子》重在径抒己见,不暇对诸多注家之言一一分辨、评说。上、下篇之"注释"皆重在校核原文、诠注词意、推勘句脉,而其"疏解"则重在对论题之微旨或篇章之义谛作通洽之阐释与发明。

四、本书在先秦"名"的自觉的背景下研寻名家"琦辞"之幽趣,于"导论"中对老、庄、孔、孟、墨家涉及"名"、"言"、"名实"、"辨说"的话题多有引述与考论。所引《老子》、《庄子》、《论语》、《孟子》、《墨子》乃至《荀子》、《吕氏春秋》、《淮南子》语,皆依《诸子集成》(世界书局 20 世纪 30 年代编印,上海书店 1986 年影印版)中的相关篇籍。其中老子语引自王弼《老子道德经注》本,对其某些章句之字词的校改则参照了马王堆出土帛书本、郭店出土竹简本。

五、附录《惠施"合同异"之辩发微》、《公孙龙"离坚白"之辩探赜》,为本人先后发表于《哲学研究》2008 年第 10 期、2009 年第 6 期之论文,虽与本书正文之"疏解"文字多有相重,但其文脉连贯而自成一整体,辑于正文之后或于读者领会惠施、公孙龙措思之逻辑线索别有助益,此外由是亦可多少窥知作者探幽于名家"琦辞"之步武所历。附录《价值形而上学的语言之维》,其删节后以《形上之维的更生与语言的可能承诺》为题发表于《世界哲学》2010 年第 2 期,缀于篇末当可便于读者检视本人研琢古名家言之人文视野及运思坐标。

导论 "名"的自觉[1]与名家

《说文》云:"名,自命也。从口从夕,夕者冥也,冥不相见,故以口自名。"(〔汉〕许慎:《说文解字·口部》)这可能是"名"的初始意谓,它缘于"冥"而出于"口"。"命"原在于称呼、告诉,"自命"即自呼、自告;唯自呼、自告可在晦昧夜色中明示自己为何人,所以"名"由"命"而与"明"通:

名,明也,名实使分明也。(〔汉〕刘熙:《释名·释言语》)

冀州从事郭君碑:卜商唬咷,丧子失名。以名为明。(〔清〕阮元:《经籍篡诂·庚韵》)

"名"由"自命"可引申至"命名",命名使浑沌中的世界得以依类判物,而为人所分辨。这依类分辨固然赋予了森然万象一种秩序而使其明见于人,但先前浑沌中的那种圆备也因着如

---

[1]此"'名'的自觉"之"自觉",有似鲁迅所谓"曹丕的一个时代可说是文学的自觉时代"(鲁迅:《而已集·魏晋风度及文章与药及酒之关系》)之"自觉"。"'名'的自觉"是指先前日用不察的"名"或"名言"开始被反省,从而因其特殊价值的被检讨、被觉识而被确认为一个相对独立的致思领域。

此的察识而被打破。世界的圆备一经打破,便再也难以重新弥
合——这几可说是命名及与之密不可分的言说带给人的无从规
避的命运。

"名"和"命名"自始就同语言的发生关联着,它可以追溯到
"伏羲氏之王天下也,始画八卦,造书契,以代结绳之政"(《〈尚
书〉序》)或"仓颉之作书"(《韩非子·五蠹》)等传说所朦胧指
称的往古。但先哲对"名"和"命名"有所反省以达于对语言的
自觉,显然并不能早于"礼坏乐崩"而诸子蜂起的春秋战国
之际。

一　老庄与"名"的自觉

老子可能是最早达到"名"、"命名"或语言自觉的人,不过,
这自觉主要是在消极的意义上。老子之学"以自隐无名为务"
(《史记·老庄申韩列传》),与其"自隐"而趣归于"无名之朴"
(《老子》三十七章)相应,这位伟大的隐者在诲示人们领悟绝待
或无待的"道"时分外强调了离"言"或"不言"。《老子》开篇
即称:

> 道可道,非恒道;名可名,非恒名。无名,天地之始;有
> 名,万物之母。故恒无欲以观其妙,恒有欲以观其徼。此两
> 者同出而异名,同谓之玄,玄之又玄,众妙之门。[1](《老
> 子》一章)

---

[1]引文所据底本为王弼《老子道德经注》本,引文字词异于王本者,乃依高明
《帛书老子校注》(北京:中华书局,1996),以下凡引《老子》语,皆如此。

此章是老子"道"论的总纲,也是其"名"(言)论的总纲,"道"论与"名"论的相即相成意味着道家价值形态的形而上学与道家名言观的相即相成。"道"作为哲理化了的一个隐喻,由可直观的道路升华而来,并且因此它也把道路必当有的朝向性和那种只是在践行中才可能发生和持存的性态保留了下来。"道"的朝向性使"道"有了"导"或导向的内涵;"道"的只是在践行中才可能发生和持存的性态,则注定了"道"之所"导"的实践性和非一次性。从"道"之所"导"看老子之"道",这"道"因任自然而以"自然"为"法",此即所谓:

> 人法地,地法天,天法道,道法自然。(《老子》二十五章)

"法自然",意味着摒弃人为而一任"天地不仁"(《老子》五章),以使万物自是其是、"自化"、"自正"(《老子》三十七、五十七章)。"名"的运用或"命名"行为的发生乃是人为之举,它在老子看来自始即与"自然"相左。"道"是渊默的,以"名"名道或以"言"言道终究与恒常如如之道不相应。所以,老子主张"行不言之教":

> 是以圣人处无为之事,行不言之教,万物作而弗始,生而弗有,为而弗恃,功成而弗居。夫唯弗居,是以不去。(《老子》二章)

> 知者弗言,言者弗知。塞其兑,闭其门,挫其锐;解其纷,和其光,同其尘,是谓玄同。(《老子》五十六章)

> 天之道,不争而善胜,不言而善应,不召而自来,坦然而善谋。(《老子》七十三章)

修"道"于"无为"与行"教"于"不言"在老子这里是一体而不可剖判的,换言之,对于老子说来,"言"与"不言"即是"为"

与"不为",亦即是不自然与"自然",其本身乃为本体性的断制。如果说"法自然"之"道"是老子之学的本体性范畴,那么对"不言"的一再申示则意味着老子对"名"、"言"在本体意义上的捐弃。这捐弃透露了捐弃者在"名"、"言"上的自觉,尽管它所取的只是一种消极或否定的姿态。

然而"不言之教"毕竟不能不借重"名"、"言"启示于人,这对于老子之学说来的悖论所道出的乃是言语同言语初衷的违离。一如光亮总会带来阴影,"名"、"言"是对所"名"所"言"者某一性态的开示,却也是对所"名"所"言"者其他叫能显现的性态的遮蔽。老子以"道"或"大"命名其不可道之恒道,是出于不得巳的"强字之"或"强为之名"(《老子》二十五章),而以五千言言这一强为之名者则正可以说是强为之言。老子说:

> 古之善为道者,微妙玄通,深不可识。夫唯不可识,故强为之容。(《老子》十五章)

"强为之容"——勉强对不可道者予以形容——的这些"言",在尽可能消去概念性语词("名")所引出的"一察"(察其一端)之偏时,把人导向对"法自然"之"道"的践行和领悟。这"强为之容"的典型句式莫过于对"道"的如此称说:

> 道之为物,惟恍惟惚。惚兮恍兮,其中有象。恍兮惚兮,其中有物。窈兮冥兮,其中有精。其精甚真,其中有信。(《老子》二十一章)

> 视之不见名曰夷,听之不闻名曰希,搏之不得名曰微。此三者不可致诘,故混而为一。一者,其上不皦,其下不昧;绳绳兮不可名,复归于无物。是谓无状之状,无物之象,是谓惚恍。(《老子》十四章)

以"惚兮恍兮"、"恍兮惚兮"、"绳绳兮不可名"之"惚恍",

抹去了"象"、"物"、"精"、"信"等"名"（概念）在言说"道"时可能留下的圭角，让人通过真切的生命体验晓悟那以"自然"为"法"的"道"，于此，"强为之容"遂成为老子指点"道"、"德"的一种独特言说方式。此外，老子对其徽妙之理也往往取譬相喻，其或喻"道"之德用而谓"上善若水"（《老子》八章），或喻"无名之朴"为"婴儿"、"赤子"而谓"恒德不离，复归于婴儿"（《老子》二十八章）、"含德之厚，比于赤子"（《老子》五十五章），或以车、器、室之用喻说所谓"有无相生"（《老子》二章）之神趣：

> 三十辐共一毂，当其无、有，车之用也；埏埴以为器，当其无、有，器之用也；凿户牖以为室，当其无、有，室之用也。故有之以为利，无之以为用。（《老子》十一章）

与取譬相喻和"强为之容"的言说方式构成一种互补，老子发论也往往着意于"正言若反"（《老子》七十八章）及遣词造意的相反相成——前者或如"众人皆有余，而我独若遗，我愚人之心也哉！众人昭昭，我独昏昏；众人察察，我独闷闷"（《老子》二十章），后者则如"为无为，事无事，味无味"（《老子》六十三章），"欲不欲"、"学不学"（《老子》六十四章）。其实，倘要做一种归结，所有这些言说方式，都既可以一言以蔽之为"强为之容"，又可以概而视之为以"若反"的措辞对相系于"道"的"正言"的成全。

"为无为，事无事，味无味"，施之于言说，亦正可谓"言无言"或"言不言"。老子所"言"以"不言"为前提，而这"不言"又必得由"言"相喻示。这不言而言，所言终是在于言其不言；老子言中取默或默中亦言的言说方式正与他所一再示教的"道"的那种"玄"致或"玄德"相应和。"生而弗有，为而弗恃，长而弗宰，是谓玄德"（《老子》五十一章），其"生"、"为"、"长"是"道"

的"有"的性向,"弗有"、"弗恃"、"弗宰"是"道"的"无"的性向,"道"集"有"、"无"两性向于一身,这使"道"的默运于天地万物的生生之德成其为"玄德"。同样,"不言"之"言",其"言"就言说本身的发生、措意、展开而言,未始不可比拟于"生"、"为"、"长"这一"道"的"有"的性向,但就这样的"言"终究以"不言"为归着而言,它又未始不可比拟于"弗有"、"弗恃"、"弗宰"这一"道"的"无"的性向,因此,这约略隐含了"有"、"无"玄同之致的"不言"之"言"又恰可说是名副其实的"玄"言。

庄子学说与老子学说神韵相贯,亦以"道"为枢纽而因任自然。上承老子"道可道,非恒道"、"道恒无名"(《老子》三十二章)、"道隐无名"(《老子》四十一章)之说,庄子断言:

> 道不可闻,闻而非也;道不可见,见而非也;道不可言,言而非也。知形形之不形乎!道不当名。(《庄子·知北游》)

所以他同样倡导"不言之教"(《庄子·德充符》,又见《庄子·知北游》)。在他看来,

> 道未始有封,言未始有常……圣人怀之,众人辩之,以相示也。故曰:辩也者,有不见也。夫大道不称,大辩不言,大仁不仁,大廉不嗛,大勇不忮。道昭而不道,言辩而不及,仁常而不成,廉清而不信,勇忮而不成。五者圆而几向方矣。故知止其所不知,至矣。孰知不言之辩,不道之道?若有能知,此之谓天府。注焉而不满,酌焉而不竭,而不知其所由来,此之谓葆光。(《庄子·齐物论》)

然而,亦如老子,庄子毕竟对"不称"之"道"不能不有所称,对"不言之教"不能不有所言。相应于老子"强为之容"而至于"正言若反"的"玄"言,庄子所取的言说方式为"寓言"、"重

言"、"卮言":

> 寓言十九,重言十七,卮言日出,和以天倪。(《庄子·寓言》)

"寓言十九"是说其言说中"寓言"(将此意寓于彼言之言)的成分占了十分之九,"重言十七"是说其言说中"重言"(借重那些为人们看重的贤哲之言而言)的成分占了十分之七;"寓言"中可以有"重言","重言"中亦可以有"寓言",两者相互涵盖,所以"十九"、"十七"的说法并不相牴牾。"寓言"、"重言"可以说是两种不同于通常表达方式的表达方式,但就二者皆是"卮言"(不执著于某一定向的圆通而富于神韵之言)而言,就庄子所说无不是"卮言"而言,"卮言日出,和以天倪"所说的已不仅仅是语言的表达方式,而是一种涉及语言局限之反省与消解的语言哲学了。庄子论"道",欲求道术之整全以避免陷于一曲,除境界上须有一种觉悟外,亦须对言诠本身的局限有所反省与检点。其有一则寓言,借"浑沌"以喻"道":

> 南海之帝为儵,北海之帝为忽,中央之帝为浑沌。儵与忽时相与遇于浑沌之地,浑沌待之甚善。儵与忽谋报浑沌之德,曰:"人皆有七窍,以视听食息,此独无有,尝试凿之。"日凿一窍,七日而浑沌死。(《庄子·应帝王》)

"日凿一窍",看似使"浑沌"有了"七窍"清晰的面目,但如此之"凿"毕竟有伤于"浑沌"的整全而致戕害其生机。"凿"是"以心捐道"、"以人助天"(《庄子·大宗师》),其结果则必至于"以人灭天"(《庄子·秋水》)。事实上,依庄子的看法,对事物的命名、言说本身即属于这人为之"凿"。不过,"言"终是不可尽废,即使必得指出人为之"凿"对自然之"道"的违逆,也不能不诉诸言说,因此他分外要标举所谓"言无言":

　　不言则齐,齐与言不齐,言与齐不齐也,故曰无言。言
无言,终身言,未尝言;终身不言,未尝不言。(《庄子·寓
言》)

　　庄子论"道"不能不言,但这"言"是"言无言",亦即是倾仰
不定而不执一守故的"卮言"。"卮言"无论说多少,无论怎样日
出不已,总是与自然之道的分际相应和的。如此"言"而"无言"
的"卮言",是对"名"(概念)消去了其惯常指属后的运用,言语
遂由习用中的那种直接表达转换为"芒乎"、"昧乎"却又"诚诡
可观"(《庄子·天下》)的间接表达。所谓"谬悠之说,荒唐之
言,无端崖之辞"(同上),看似戏嬉、调侃之语,却也极庄重地述
说了庄子对"名"、"言"达意的可能大的局限的自觉。从老子的
"玄"言到庄子的"卮言",道家人物对"言与齐不齐"这一"名"、
"言"底蕴的勘破,反倒为"名"、"言"以越出常规方式的见用开
辟了道路。无论如何,消极意义上的"名"、"言"自觉,带来的是
一种积极的结果——"名"、"言"达意所必要保持的内在张力
(原始义与创述义间的张力)被更大程度地开发出来。

　　此外,这里尚须指出:老子所谓"大直若屈,大巧若拙,大辩
若讷"(《老子》四十五章)、"信言不美,美言不信;善者不辩,辩
者不善"(《老子》八十一章)的"名"、"辩"见解,注定了道家学
说不可能引致"名辩"的发生,也不可能助长后来终于日见盛行
的"辩说"之风。同样,认为"大辩不言"、"言辩而不及"以至于
断言"至言去言,至为去为"(《庄子·知北游》)的庄子,也不可
能为"名辩"或"辩说"推波助澜。但庄子生活的时代辩风已成,
他反复称述的"明见无值,辩不若默"(同上)的道理非但未能对
既起的辩势有所抑止,太多的"言无言"反倒构成对于诸家辩言
的一种"辩"。

二 孔孟与"名"的自觉

与老子的"法自然"之"道"不无缘契而又大异其趣，孔子所谓"道"乃"为仁"或"成仁"之"道"。当孔子说"道二：仁与不仁而已矣"(见《孟子·离娄上》所引)时，他也说"人能弘道，非道弘人"(《论语·卫灵公》)。这"道"的价值趣求在于"仁"，而"仁"的发现和弘扬张大又有赖于人；对于孔子说来，如此相互成全中的"仁"、"人"和"道"的关系当正如后来孟子所阐释的那样："仁也者，人也；合而言之，道也。"(《孟子·尽心下》)就"仁"发萌于人的性情自然而论，孔子由"仁"说起的"道"未尝不通于老子的"法自然"之"道"，但有着自然之根的"仁"也在"人"的觉悟和提升中构成对人说来的一种应然的导向。单是由"仁"领悟人之所以为人而又由"仁"与"人"领悟"道"之所以为"道"这一点，即可认定孔子之"道"决不至于像老子之"道"那样因否弃人为而否弃"名"、"言"。不过，孔子也决不会执泥于"名"、"言"，《易传》就曾援引孔子的话说"书不尽言，言不尽意"(《易传·系辞上》)。"书不尽言，言不尽意"之"不尽"，是对"书"(书写)、"言"在抒言、达意上非可越度的界限的检讨，也是对"书"、"言"在抒言、达意上非可捐弃的功能的认可，这检讨和认可表明了孔子对"名"、"言"价值的相当的自觉。所以，为《易传》所称述的孔子竟至如此将"言"与"行"相提并论："言出乎身，加乎民；行发乎迩，见乎远。言、行，君子之枢机。枢机之发，荣辱之主也。言、行，君子之所以动天地也，可不慎乎！"(同上)

孔子不曾像老子那样着意为不可道之"道"标举"不言之教",对于言说亦如对于仕、止、久、速,他有别于老子一类隐者的一贯态度是:"无可无不可"(《论语·微子》)——不拘泥于这样,也不拘泥于不这样。他从不在言说中作抽象推理,甚至也全然不用老子式的玄言或诡异之辞。在孔子这里,其言为"道"而言,其默为"道"而默,对于言、默的"无可无不可"始终出于对一以贯之的"为仁"之道的眷注。《易传》引孔子语曰:

> 君子之道,或出或处,或默或语。二人同心,其利断金。同心之言,其臭如兰。(《易传·系辞上》)

对于这段话是否果然系孔子所说,诚然可以再作考辨,但"或默或语"确是孔子从人的生命自然处启迪"仁"、从人之"为仁"的应然处"弘道"的施教之方。孔子对相对于"语"的"默"的看重,尚可证诸《论语》:

> 子曰:"予欲无言。"子贡曰:"子如不言,则小子何述焉?"子曰:"天何言哉?四时行焉,百物生焉。天何言哉?"(《论语·阳货》)

> 子曰:"默而识之,学而不厌,诲人不倦,何有于我哉?"(《论语·述而》)

明人焦竑曰:"孔子言默而识之,非默于口也,默于心也。默于心者,言思路断,心行处灭,而谿然有契焉,以无情契之也。以无情契之,犹其以无言契之也,故命之曰默。"(焦竑:《焦氏笔乘》)其论或不无援释入儒之嫌,但衡之于《论语·阳货》"天何言哉"章,应可许为中肯之说。不过,孔子示人以"默而识之",本身已经是一种"言"。诚如焦竑疏解此语,不经意间所说"孔子言默而识之",就已经是对"默而识之"为"孔子言"的道出。"默"不可自明,称"默"不能无言。没有"言"的点化,"默"只是一团冥昧,而冥昧终究与真切寂阒的生命体证无缘。孔子重"默"而"欲无言",唯其如此,他对设言立辞却又格外经心。他有"辞,达而已矣"(《论语·卫灵公》)之说,这"达"是一种引发,也隐示着一种导向,而如此引发、导向乃是儒家教化创始者用"辞"的意致所在。《论语》纂集者对孔子遗句的编录是别具慧识而心通先师的,其将"辞,达而已矣"章与"人能弘道,非道弘人"、"君子谋道不谋食"、"民之于仁也,甚于水火"(同上)诸章辑于同一篇,或正在于对后学者作这样一种提示:所谓"辞,达而已矣",不外是说立"辞"须引发系于生命践履之思趣以"达"(导向)于"为仁"之"道"。对于孔子说来,"或默或语","言"、"默"皆关联着"道",问题不在于"言"、"默"间的弃此取彼,而只在于如何立"辞"以使"言"、"默"在闻道之机缘中保持可能大的张力。

孔子一生"学而不厌,诲人不倦","学"、"诲"之所祈皆不离于"修身以道,修道以仁"(《礼记·中庸》),孔子弟子多次问"仁",孔子亦曾一一作答,但应答皆不落在界说或定义式的语格内,其至可玩味的是这样一段话:

> 夫仁者,己欲立而立人,己欲达而达人。能近取譬,可谓仁之方也已。(《论语·雍也》)

"近取譬"是孔子置"言"立"辞"最可称述的方式,它把言说关联于切己的人生践履,并因此寓托了"人能弘道"的信念和对人与人之间可以"同心"相感的期冀。其或见之于孔子对"仁"的随机喻示,比如:

> 仲弓问仁,子曰:"出门如见大宾,使民如承大祭。己所不欲,勿施于人。在邦无怨,在家无怨。"(《论语·颜渊》)

司马牛问仁,子曰:"仁者其言也切。"曰:"其言也切,斯谓之仁矣乎?"子曰:"为之难,言之得无切乎?"(同上)

子曰:"谁能出不由户?何莫由斯道也!"(《论语·雍也》)

子曰:"知者乐水,仁者乐山;知者动,仁者静;知者乐,仁者寿。"(同上)

子曰:"民之于仁也,甚于水火。水火,吾见蹈而死者矣,未见蹈仁而死者也。"(《论语·卫灵公》)

所谓"如见大宾,如承大祭"、"言也切"、"乐山"、"甚于水火",以至于借"出"而"由户"比拟立人而"由斯道",无一不是"取譬",而且这"譬"无一不在于人皆可以径直心契的近易处。以"譬"喻"仁","仁"的义蕴为人的心灵所感悟而得以生命化于人之践履,而人由此践"仁"、"好仁"、"安仁"而愈益成其为人。此外,诸如以"君子不器"(《论语·为政》)规勉儒者志"道"、据"德"、依"仁"、游"艺"而不可自囿于一器之用、一技之能,以"绘事后素"(《论语·八佾》)喻说"礼"之"文"后于"性"之"质"而启导人们恪守"礼之本"(同上)以求君子之"文质彬彬"(《论语·雍也》)等,亦无不可谓之"近取譬"。显然,这"近取譬"与老子"上善若水"、"复归于婴儿"、"比于赤子"那样的取"譬"相喻略不相袭。老子之"譬"引人摒除或远离人的作为而"法自然",孔子之"譬"则引人返乎自身而"求诸己",如此系于孔、老之"道"的一"近"一远把两种取"譬"之"言"从根柢上区别了开来。但一如老子设"譬",孔子"近取譬"仍在于"言"的不得已。不过,正是这种"譬"使人有可能从"言"中领受一种曲尽其致的"心"解之"默",悟识生命存在之真际,提升那只是在反躬自省中才如如呈现的心灵境界。

　　与"近取譬"构成一种互补,孔子诲人"学以致其道"的另一
重要言说方式为品题人物以作范本引导。"文武之道未坠于
地,在人。贤者识其大者,不贤者识其小者,莫不有文武之道
焉"(《论语·子张》),在子贡这样应答卫公孙朝"仲尼焉学"的
问题时,实际上他在很大程度上受了孔子所谓"三人行,必有我
师焉"(《论语·述而》)、"君子哉若人(子贱)!鲁无君子者,斯
焉取斯"(《论语·公冶长》)的启示。"人能弘道","道"必在人
的践行中。由此,孔子可以理所当然地把对难以"言"传的"道"
的疏解,转换为对那些在致"道"上具有范本作用的人的评述。
孔子的这类话语在后儒辑集的《论语》一书中随处可见,诸如:

　　子曰:"贤哉回也!一箪食,一瓢饮,在陋巷。人不堪
其忧,回也不改其乐。贤哉回也!"(《论语·雍也》)

　　子曰:"孝哉闵子骞!人不间于其父母昆弟之言。"
(《论语·先进》)

　　[子贡]曰:"伯夷、叔齐何人也?"[子]曰:"古之贤人
也。"曰:"怨乎?"曰:"求仁而得仁,又何怨?"(《论语·述
而》)

　　子曰:"伯夷、叔齐,不念旧恶,怨是用希。"(《论语·公
冶长》)

　　微子去之,箕子为奴,比干谏而死。孔子曰:"殷有三
仁焉。"(《论语·微子》)

　　子曰:"泰伯,其可谓至德也已矣。三以天下让,民无
得而称焉。"(《论语·泰伯》)

　　[子曰:]"三分天下有其二,以服事殷,周之德,其可谓
至德也已矣。"(同上)

　　子曰:"巍巍乎!舜禹之有天下也,而不与焉。"(同上)

　　子曰:"大哉! 尧之为君也。巍巍乎! 唯天为大,唯尧
则之。荡荡乎! 民无能名焉。巍巍乎! 其有成功也。焕
乎! 其有文章。"(同上)

　　……

　　这对颜回、闵子骞、伯夷、叔齐、微子、箕子、比干、泰伯、文
王、尧、舜、禹……的品题,同时即是对透露于这些人物生命践履
的"为仁"之"道"的真趣的隐示。致"道"不离"为仁",而"为
仁"见之于为人,这使孔子在达于"名"、"言"自觉后有可能摈除
不堪论"道"的直言判断,代之以品评人物的述说之言。这种以
人物褒贬而婉转示"道"的言称方式是倡行"法自然"之"道"因
而舍弃人为的老子无从采用的,孔、老的"名"、"言"观念在这里
又一次显露出某种泾渭分明的界限。

　　立义于"为仁"而"为人"、"为人"而"为仁"的"道",决定了
孔子终是一位道德而伦理的理想主义者。被品题的颜回、闵子
骞、伯夷、叔齐、微子、箕子、比干、泰伯、文王、尧、舜、禹等,是可
资效法的"求仁而得仁"的范本;这些经验形态的范本所以成为
范本,乃在于这些范本无不祈向或趋归于一个虚灵的至高的范
本——此即所谓"圣人"。孔子自谓"若圣与仁,则吾岂敢"
(《论语·述而》),又申言"圣人,吾不得而见之矣! 得见君子者
斯可矣"(同上),可见"圣"在他那里不是经验的实存,而只是对
一种至高、至圆满的人的应然境地的指称。换句话说,"圣"只
是作为一个"名"而存在于向着其作不懈追求的人的心目中。
"圣人,人伦之至也"(《孟子·离娄上》),有了这个人伦上的极
致("至")之"名",便有了处于不同伦理地位上的人所当以标
准视之的其他种种"名",诸如"君"、"臣"、"父"、"子"等。于
是,也便有了孔子"必也正名"的"正名"之说:

名不正则言不顺，言不顺则事不成，事不成则礼乐不兴，礼乐不兴则刑罚不中，刑罚不中则民无所措手足。（《论语·子路》）

"正名"的要义，用孔子的话说即是"君君，臣臣，父父，子子"（《论语·颜渊》）。所谓"君君，臣臣，父父，子子"，乃是说做君主者应以"君"这个"名"所提示的标准督励自己，做臣者应以"臣"这个"名"所提示的标准督励自己，做父者应以"父"这个"名"所提示的标准督励自己，做子者应以"子"这个"名"所提示的标准督励自己。这里，作为某种标准的"君"、"臣"、"父"、"子"之"名"有着"名分"的伦理意味，但其毕竟也是作为一个概念的"名"。"君君，臣臣，父父，子子"式的"正名"虽重在伦理的践履，却已多少表明孔子对同一个"名"在指称某种当有境地（作为某种标准的"君"、"臣"、"父"、"子"）和称谓某个别对象（某一君主、某一臣子、某一父亲、某一儿子）时意谓相疏离的一定程度的察觉——而全然达到这样的自觉并将"正名"纳入言辩或名辩之域的，则是后来的所谓"名家者流"。

上承孔子对人之心性的默识冥证，孟子成就了一种与儒家立教初衷相契的心性之学。心性之学重体认，不重言辩，这决定了孟子的"名"、"言"观念在大端处与孔子一脉相贯。孔子对"性与天道"持一种渊默态度，因此子贡曾有"夫子之言性与天道不可得而闻也"（《论语·公冶长》）之叹，而"性"与"天"在孟子那里却是有着体系化趣向的学说的枢纽性范畴。不过，孟子究论"性"、"天"总是缘"心"而谈。他说：

尽其心者，知其性也；知其性，则知天矣。（《孟子·尽心上》）

"知天"缘于"知性"，"知性"则缘于"尽心"。对"心"之所谓的喻示,孟子从未泥于言诠,但他毕竟不能不言。不过,这不得已的言说所取用的方式,乃是孔子称之为"仁之方"的"近取譬":

> 所以谓人皆有不忍人之心者,今人乍见孺子将入于井,皆有怵惕恻隐之心,非所以内交于孺子之父母也,非所以要誉于乡党朋友也,非恶其声而然也。由是观之,无恻隐之心,非人也;无羞恶之心,非人也;无辞让之心,非人也;无是非之心,非人也。恻隐之心,仁之端也;羞恶之心,义之端也;辞让之心,礼之端也;是非之心,智之端也。……凡有四端于我者,知皆扩而充之矣。若火之始然,泉之始达,苟能充之,足以保四海;苟不充之,不足以事父母。(《孟子·公孙丑上》)

涵盖"恻隐"、"羞恶"、"辞让"、"是非"的"不忍人之心",说到底,原是一种可明证于当下体验而不能自已的情愫。理或可条分缕析,情却浑然不可界说,其唯有"近取譬"以"今人乍见孺子将入于井,皆有怵惕恻隐之心"而使人体会,才能为灵府相感相通者所知。孟子之学的根荄深植于这油然而发、沛然未可抑止的"不忍人之心"或不忍人之情:其"性善"论由此说起,其"仁政"说亦以此为据(所谓"先王有不忍人之心,斯有不忍人之政"),其"良贵"(人之"贵于己者")与"非良贵"之分由此得以辨识,其"大体"、"小体"之别亦依此得以裁定。这亲切可感的"不忍人之心"是笃挚的,它只是在为人所觉因而为人所"尽"("扩而充之")时才为人所省思,并缘此使人悟知其所以为人的人之"性"。所以心性之学亦可概而言之为心性之觉("学,觉悟也"),此觉在默会中而本不至于诱发言辩或论争。但孟子终是处在所谓"圣王不作,诸侯放恣,处士横议,杨朱、墨翟之言盈天下"(《孟子·滕文公下》)的时势下,出于一种回应,他不得不起而力辩诸子以维系儒学的传承。为此,时人遂对孟子有"好辩"之称。孟子本不以"好辩"为能事,他为自己辩解说:

> 杨墨之道不息,孔子之道不著,是邪说诬民,充塞仁义也。仁义充塞,则率兽食人,人将相食。吾为此惧,闲先圣之道,距杨墨,放淫辞,邪说者不得作。……我亦欲正人心,息邪说,距诐行,放淫辞,以承三圣者。岂好辩哉?予不得已也。(同上)

"不得已"之"辩"是被动的"辩",而且孟子的"辩"始终关联着人的"心"、"性"的体证,它同那种经意于言辞和逻辑推理本身的辩说非可一例相看。

不过,既然涉于辩难而不得不论争,对言辞的斟酌以至逻辑的讲求便终不可免。从孟子所谓"故凡同类者,举相似也,何独至于人而疑之? 圣人,与我同类者"(《孟子·告子上》)可知,他的言辩已经寓了相当自觉的"类"观念。而且,其"天下之言性也,则故而已矣。……天之高也,星辰之远也,苟求其故,千岁之日至,可坐而致也"(《孟子·离娄下》)之说,也透露出他对所辩必得明"故"(缘故、缘由)有着清醒的意识。"类"、"故"作为逻辑范畴萌蘖于墨子而成熟于后墨之"墨经",孟子依"类"辩"故"或依"类"求"故"则将其用于对儒家义理的论证或申辩。因此这依"类"辩"故"或依"类"求"故"往往不落于抽象思辨,而多是取譬相喻式的类比推理。其或如:

> 口之于味也,有同耆焉;耳之于声也,有同听焉;目之于色也,有同美焉。至于心,独无所同然乎? 心之所同然者何也? 谓理也,义也。圣人先得我心之所同然耳。故理义之悦我心,犹刍豢之悦我口。(《孟子·告子上》)

鱼,我所欲也;熊掌,亦我所欲也。二者不可得兼,舍鱼而取熊掌者也。生,亦我所欲也;义,亦我所欲也。二者不可得兼,舍生而取义者也。(同上)

或如:

规矩,方员之至也;圣人,人伦之至也。(《孟子·离娄上》)

大匠不为拙工改废绳墨,羿不为拙射变其彀率。君子引而不发,跃如也。中道而立,能者从之。(《孟子·尽心上》)

以口"同耆"、耳"同听"、目"同美"为譬类推"理"、"义"为人"心之所同然",或以"舍鱼而取熊掌"为譬类推"舍生而取义",更相应于孔子那样的由情入理的"近取譬";而以"规矩,方员之至"为譬类推"圣人"乃"人伦之至",以大匠之绳墨、羿弓之彀率为譬类推"中道"为君子导人于修养德行的衡准,则是纯然辨理的比类相推。前一类类比推理多用于设言以立论,后一类——与墨子、告子的折辩之喻相近——类比推理则多用于辩对或论诘。

孟子亦曾自称"知言":"诐辞知其所蔽,淫辞知其所陷,邪辞知其所离,遁辞知其所穷。"(《孟子·公孙丑上》)其"知言"的方式或为"说诗者,不以文害辞,不以辞害志。以意逆志,是为得之"(《孟子·万章上》),或为"颂其诗,读其书,不知其人可乎?是以论其世也,是尚友也"(《孟子·万章下》)。"以意逆志"(以切身的体悟推知撰文属辞者的心志)与"知人论世"(由了解一个人的为人处世了解其抒发于"诗"、"书"中的情趣),都是就"说诗"、"尚友"而言的,但正如孔子所说"唯仁者能好人,能恶人"(《论语·里仁》),作为"仁者"的孟子既然能知其所"好"之言,便必定能知其所"恶"之"诐辞之蔽"(片面之

辞的弊端)、"淫辞之陷"(过分之辞的失误)、"邪辞之离"(邪僻
之辞对正道的偏离)、"遁辞之穷"(搪塞之辞的理屈所在)。然
而,无论是对所"好"之言的"知",还是对所"恶"之言的"知",
孟子之"知言"与孔子的"不知言,无以知人也"(《论语·尧
曰》)之"知言"的意趣大致相通,其指归并不落在"名"的审求
或"言"、"辞"结构本身的辨析上。不过,在孟子与告子关于
"性"的论辩中的确出现了如下的对话:

> 告子曰:"生之谓性。"孟子曰:"生之谓性也,犹白之谓
> 白与?"曰:"然。"[曰:]"白羽之白也犹白雪之白,白雪之
> 白犹白玉之白与?"曰:"然。"[曰:]"然则犬之性犹牛之
> 性,牛之性犹人之性与?"(《孟子·告子上》)

像"白羽之白也犹白雪之白,白雪之白犹白玉之白与"之类
的说法,已经与后来被人们称作"名家"的那些人的辩难很有几
分相似了。

三 墨家与"名"的自觉

老子、孔子之后,墨子在道家、儒家之外另立一种教化,为抗
衡儒术以阐扬"兼爱"、"非乐"的学说,开了字句必较的论辩之
端。与老子所行"不言之教"形成鲜明比勘,亦与孔子"欲无言"
而导人以"默而识之"的态度大相径庭,墨子颇看重"言谈"或
"谈辩"。他以为:

> 贤良之士厚乎德行,辩乎言谈,博乎道术……此固国家
> 之珍,而社稷之佐也。(《墨子·尚贤上》)

> 譬若筑墙然,能筑者筑,能实壤者实壤,能欣者欣,然后

墙成也。为义犹是也,能谈辩者谈辩,能说书者说书,能从事者从事,然后义事成也。(《墨子·耕柱》)

这是把"言谈"的雄辩同"德行"的笃厚、"道术"的博大相提并论,或以筑墙必得有人"筑"(夯土使坚实)、有人"实壤"(填充黏土)、有人"欣"(测量墙体的垂直程度)为喻,把"谈辩"看作与"说书"(解说文献典籍)、"从事"(实际施行)同样重要的成就"义事"(正义之事)的环节。"言谈"或"谈辩"不可能不借重"名"、"言",对"言谈"、"谈辩"的看重表明了墨子对"名"、"言"的自觉,而且,这自觉比起老了的言"不言"、孔子的"欲无言"来,对"名"、"言"的正面价值更多了些积极的肯定。

墨子施教几乎无处不取论辩方式,其辩锋之雄于《墨子》中所辑纂的诸多篇章随处可见。例如他同一位"日者"——借观测天象变化而预断人事吉凶者——的一场辩论:

> 子墨子北之齐,遇日者。日者曰:"帝以今日杀黑龙于北方,而先生之色黑,不可以北。"子墨子不听,遂北。至淄水,不遂而反焉。日者曰:"我谓先生不可以北。"子墨子曰:"南之人不得北,北之人不得南,其色有黑者有白者,何故皆不遂也?且帝以甲乙杀青龙于东方,以丙丁杀赤龙于南方,以庚辛杀白龙于西方,以壬癸杀黑龙于北方,以戊己杀黄龙于中方,若用子之言,则是禁天下之行者也,是围心而虚天下也。子之言不可用也。"子墨子曰:"吾言足用矣,舍言革思者,是犹舍获而攈粟也。以其言非吾言者,是犹以卵投石也。尽天下之卵,其石犹是也,不可毁也。"(《墨子·贵义》)

墨子好辩亦颇善辩,这好辩与善辩显然寓托了他对"名"、"言"本身的信赖。在辩论中,墨子往往对论争双方所用概念

("名")的辨析分外执著。例如,他同一位儒者的辩对:

> 子墨子曰:"问于儒者:'何故为乐?'曰:'乐以为乐
> 也。'子墨子曰:'子未我应。今我问曰:何故为室?曰:
> 冬避寒焉,夏避暑焉,且以为男女之别也[1]。则子告我为
> 室之故矣。今我问曰:何故为乐?曰:乐以为乐也。是犹
> 曰:何故为室?曰:室以为室也。'"(《墨子·公孟》)

或是因着非难儒家之"乐"而过于激切之故,墨子这一看似
逻辑缜密的辩驳之辞反倒留下了两个致命的破绽:(一)将"何
故为乐"比之于"何故为室",这使问题的讨论从一开始就局守
在实用的限度内,其对"乐"作如此责诮不仅与儒者以"乐"陶冶
情志之旨趣不相应,反倒显露出墨家一切以实用功利为归止的
狭隘。(二)以"室以为室"的同义反复讥刺"乐以为乐"之说的
空洞无物,则已明显陷于诡辩,因为"室以为室"前后两"室"字
的音、义全然相同,而"乐以为乐"的前一"乐"为音乐之"乐"
(yuè),后一"乐"为快乐之"乐"(lè),如此以"室以为室"比拟
"乐(yuè)以为乐(lè)"而试图取归谬推理使对方见绌显然并不
妥当。但无论如何,这里的辩"室"、辩"乐",终是表明了墨子论
辩的一个重要特征,此即概念("名")的辨析。关于这一点,我
们还可以从另一些辩对性文字那里得到印证。比如:

> 今遝夫好攻伐之君,又饰其说以非子墨子曰:"以攻伐
> 之为不义,非利物与?昔者禹征有苗,汤伐桀,武王伐纣,此
> 皆立为圣王,是何故也?"子墨子曰:"子未察吾言之类,未
> 明其故者也。彼非所谓攻,谓诛也。"(《墨子·非攻下》)

---

[1]"且以为男女之别也",原文为"室以为男女之别也",今据俞樾之《诸子平
议》改。

　　墨子反对攻掠,却并不否定禹征有苗、汤伐夏桀、武王伐纣那样的诛伐,所以他分外要区别"攻"和"诛"。由分辨不合道义的"攻"和合于道义的"诛",他提出了措辞用语所不能不留意的"类"、"故"范畴。墨子著述中说到"类"的地方并不多,但"类"作为论说"言谈"规则的一个重要范畴在他这里是没有疑义的,除所谓"子未察吾言之类,未明其故"外,其明显以"类"为"谈辩"必当注意之范畴的至少尚可指出下面这段话:

　　　　公输盘曰:"吾义固不杀人。"子墨子起,再拜,曰:"请说之。吾从北方闻了为梯,将以攻宋。宋何罪之有?荆国有余于地而不足于民,杀所不足而争所有余,不可谓智;宋无罪而攻之,不可谓仁;知而不争,不可谓忠;争而不得,不可谓强;义不杀少而杀众,不可谓知类。"公输盘服。(《墨子·公输》)

　　与"类"相比,墨子言及"故"之处要更多些,而且除业已提到的"未察吾言之类,未明其故"外,从如下的一些说法亦可看出其对"故"在范畴意义上的理解:

　　　　子墨子言曰:"天下之士君子,特不识其利、辩其故也。……"(《墨子·兼爱中》)

　　　　且今天下之士君子,将欲辩是非利害之故,当天(夫)有命者,不可不疾非也。(《墨子·非命中》)

　　　　……应之曰:"若皆仁人也,则无说而相与。仁人以其取舍是非之理相告,无故从有故也,弗知从有知也。无辞必服,见善必迁……"(《墨子·非儒下》)

　　诚然,墨子没有就"类"、"故"多所诠释,但其终究为墨家后学所延用,而开了所谓"墨辩"之先河。

　　墨子褒赏"言谈"或"谈辩"非为言而言,乃是为了践言于行。"告子谓子墨子曰：'我治国为政。'子墨子曰：'政者，口言之，身必行之。今子口言之，而身不行，是子之身乱也。子不能治子之身，恶能治国政？子姑亡（防）子之身乱之矣！'"（《墨子·公孟》）基于对"言"、"行"的这一看法，他指出：

> 今天下之君子之为文学，出言谈也，非将勤劳其惟（喉）舌，而利其唇呡（吻）也，中实将欲其国家邑里万民刑政者也。（《墨子·非命下》）

> 言足以复行者，常（尚）也；不足以举行者，勿常（尚）。不足以举行而常（尚）之，是荡口也。（《墨子·耕柱》）

> 言足以迁行者，常（尚）之；不足以迁行者，勿常（尚）。[不足]以迁行而常（尚）之，是荡口也。（《墨子·贵义》）

什么样的"言"才"足以复行"、"足以迁行"，这涉及"言"之可行、"言"之可信的标准问题：

> 子墨子言曰："必立仪。言而毋仪，譬犹运钧之上而立朝夕者也，是非利害之辨，不可得而明知也。故言必有三表。"何谓三表？子墨子言曰："有本之者，有原之者，有用之者。于何本之？上本之于古者圣王之事。于何原之？下原察百姓耳目之实。于何用之？废（发）以为刑政，观其中国家百姓人民之利。此所谓言有三表也。"（《墨子·非命上》）

"三表"即察验"言"是否"足以复行"的三条标准。三者，或由本始处考察，视其所言是否可从上古圣王之所作所为那里找到依据；或推究其由来，视其是否与百姓的亲闻亲见相符；或验之于实效，视其施行后可否为国家和众人带来切实的利益。但无论是哪一条，都还拘囿于经验。与之相表里，"三表"所对应的言说推理方式为归纳法。不过，墨子并未止于"三表"，在阐发"本之者"时他也曾说到"考之天鬼之志"(《墨子·非命中》)。承墨子之遗旨,稍后的墨者乃至把"以天为法"作为至高的"法仪"置于"三表"之上:

> 然则奚以为治法而可?故曰:莫若法天。天之行广而无私,其施厚而不德,其明久而不衰。故圣王法之。既以天为法,动作有为,必度于天。天之所欲则为之,天所不欲则止。然而天何欲何恶者也?天必欲人之相爱相利,而不欲人之相恶相贼也。奚以知天之欲人之相爱相利,而不欲人之相恶相贼也?以其兼而爱之、兼而利之也。奚以知天兼而爱之、兼而利之也?以其兼而有之、兼而食之也。(《墨子·法仪》)

"动作有为"须"以天为法","言谈"或"谈辩"亦自当"度于天",而说到底,"言"是否"足以复行"终应衡之于"天之所欲"的"兼相爱,交相利"的价值追求。如果说与"三表"相应的"言谈"推理主要是归纳法,那么以"天之所欲"的"兼相爱,交相利"之价值追求为前提的"言谈"推理便正可谓之演绎法。归纳推理和演绎推理在墨子施教之"谈辩"中的结合酝酿着逻辑的自觉,而这逻辑自觉的真正实现则见之于墨家后学的"墨辩"。

不过,单就概念以至言说意义上的"名"的自觉而言,墨子则已明确将"名"、"实"对举,并开始从认知角度提示世人关注二者的关系。他说:

> 今天下之所同意者,圣王之法也。今天下之诸侯,将犹多皆免攻伐并兼,则是有誉义之名,而不察其实也。此譬犹盲者之与人,同命白黑之名,而不能分其物也。(《墨子·非攻下》)

> 今瞽曰:"钜(皑)者白也,黔者黑也。"虽明目者无以易

之,兼白黑使瞽取焉,不能知也。故我曰:瞽不知白黑者,非
以其名也,以其取也。今天下之君子之名仁也,虽禹汤无以
易之。兼仁与不仁,而使天下之君子取焉,不能知也。故我
曰:天下之君子不知仁者,非以其名也,亦以其取也。(《墨
子·贵义》)

相对而言,墨子重"实",重当下实际之"取"(选取、求取),
而"名"所可能指称的某种尽致意趣对经验之"实"的督励作用,
则在他自觉了的"名"、"实"视野之外。

墨子身后,其尚"谈辩"、考"名实"、期于"察类"、"明故"、
"立仪"之志趣为墨家后学所绍继。辑于《墨子》一书的《经
上》、《经下》、《经说上》、《经说下》、《大取》、《小取》等篇当为墨
家后学所著,其"名辩"之义理臻于完备,却毕竟与墨子对"名"、
"言"之所思一脉相系。《经上》的文字由对九十多个"名"——
范畴或概念——的界说构成,《经说上》则是对《经上》所作诸界
说的逐条疏解;《经下》的文字由所提八十余条立言辩理须得遵
循的定则构成,《经说下》则是对《经下》先后列举之定则的一一
阐释。《经上》、《经说上》所涉及的"名"——范畴或概念——
或属于认知,或属于德行,或属于政事,或属于物理,或属于毁
誉,或属于辩对,但都关联着当时的名理之争,因此其开篇遂首
标"故"意:

故,所得而后成也。(《墨子·经上》)

故:小故,有之不必然,无之必不然;体也,若[尺之]有
端。大故,有之无不然;[兼也,]若尺之成尺也[1]。(《墨

---

[1]所引据伍非百《墨辩解故》之校勘有改动,伍氏校勘见其《中国古名家言》,
(北京:中国社会科学出版社,1983)。

子·经说上》)

"故"，即事物所以如此的缘故、根由或依据，没有它此一事物不成其为此一事物。"小故"是事物的诸多缘由之一，有如线段（"尺"）中之一点（"端"），有了它事物不一定如此，没有它事物一定不如此；"大故"是事物的根本依据，有如线段（"尺"）整体的贯穿，有了它事物无不如此。墨子所谓"识其利，辩其故"之"故"，至此获得了某种合于始倡者初衷的规定，而后墨虽有明确厘定范畴内涵之功，却也因此仍不失为墨者。其他如"知"、"恕"（智）、"仁"、"义"、"动"、"止"、"名"、"实"、"说"、"辩"、"同"、"异"……诸范畴也都为后墨审慎命意而逐一厘正，其或为墨子先前略有所顾，或为墨子终其身不曾问及，但大体皆合于墨家不厌"谈辩"而又对言喻分际格外经心的一贯精神。这里，姑且以对"名"、"实"的界说为例：

名：达、类、私。（《墨子·经上》）

名："物"，达也；有实，必待（得）文（之）多（名）也。命之"马"，类也；若实也者，必以是名也。命之"臧"，私也；是名也，止于是实也。（《墨子·经说上》）

举，拟实也。（《墨子·经上》）

举，告以文（之）名，举彼实也。（《墨子·经说上》）

后墨对"名"作了达名、类名、私名的分别，其一一就"实"而论。达名如"物"，它用于概称森然万象，此名必有待于森然万象之"实"；类名如"马"，马这一类实存之物必当用这一"类"名命名；把人称作"臧"，这"臧"是私名或专名，它只用来称呼臧这个实有而独一无二的人。在《墨经》的作者看来，"名"是用来称谓以其所"举"的"实"的，而这"举"不过是"拟实"，即摹拟实存之事物，亦即所谓"名若画虎"（同上）——名就像所画之虎，乃是对实存之虎的描摹。如此界说"名"、"实"及其关系,其间所透出的显然是墨子以来墨家重"实"而着意于以名副实的理趣。

基于《经上》、《经说上》对相关范畴、概念的界说,《经下》、《经说下》所称举的大都是立言或论辩时在墨者看来不可稍有违背的规则。例如,其开篇提出的"止"的规则:

止,类以行之,说在同。(《墨子·经下》)

止,彼以此其然也,说是其然也;我以此其不然也,疑是其然也。(《墨子·经说下》)

这是说"我"在反驳("止")"彼"时,我用以驳难对方的例证须得与所难对方的例证是同类:对方肯定此一例证,以为此一例证所要说明的道理是对的;我以为其道理不对,用同类而相反的例证质疑它。这里,"类以行之,说在同"的提法,在《墨子·大取》中则被表述为:"夫辞以类行者也。"

又如,其所谓"异类不比"的规则:

异类不吡(比),说在量。(《墨子·经下》)

木与夜孰长? 智与粟孰多? 爵、亲、行、贾四者孰贵? 麋与义[1]孰高?(《墨子·经说下》)

这是说不同类别的事物没有可比性,其相互间不可比对,没有可共用的尺度作衡量。依墨者的看法,诸如树木与夜晚哪个长? 智慧与粟米哪个多? 爵位、亲情、品行、物价四者哪个贵? 麋鹿与道义哪个高? 这一类比较没有意义,是立言或论辩中所不应出现的。《经下》、《经说下》一如《经上》、《经说上》,所列各独立成章的诸条文字,殊难枚举以尽述其详,但撰述者对名辩之趣致及相应规范措意之深,则略可从上面的示例窥知其一斑。

――――――――――

[1]"义"原为"霍",今据伍非百《墨辩解故》改。

《墨子》之《大取》、《小取》,或当成文于《经》上下、《经说》上下之后。如果说《经》上下、《经说》上下是对多少显得散逸的"墨辩"若干论题、论点的辑纂,那么,《大取》、《小取》所言则在相当程度上可视为对"墨辩"之总体意致的概说。《大取》之旨,似在于如何于涉及墨家所说"爱"、"利"的若干两难选择中有所"取"。"爱"、"利"为墨者价值趋求之大端,于此有所取为"大取"。但后墨将这类伦理性话题置于论理性辨别以求解决,于是便有了对论理或名理必至牵涉的所谓"故"、"理"、"类"之意谓及其三者关系的概括:

> [夫辞]以故生,以理长,以类行也者。立辞而不明于其所生,忘(妄)也。今人非道无所行,唯(虽)有强股肱,而不明于道,其困也,可立而待也。夫辞以类行者也,立辞而不明于其类,则必困矣。(《墨子·大取》)

"立辞"因着申说某种缘故("故")而发生,凭借遵行某种法则("道"或"理")而衍绎,由于比类恰当而得以畅行。这里,"明于其所生"即墨子所谓"明故","明于其类"即墨子所谓"察类"或"知类",而"明于道"则略可比拟于墨子所谓"立仪"或"立法仪"。所以,可以说,"大取"之所取,重在取墨子以"爱"、"利"立教之"义",亦尝取墨子为"爱"、"利"而立辞之"法"。

相对于《大取》,《小取》之所"取"乃在于墨子所倡"谈辩"自当措意之"名"、"言"规范的探求。不过,墨子至多仅可谓发其端,而真正竟其成者则为创制了"墨经"或"墨辩"的后墨。《小取》通篇缕述名辩之术,其涵盖全文的篇首一节则尤可见其指归而耐人玩索:

> 夫辩者,将以明是非之分,审治乱之纪,明同异之处,察名实之理,处利害,决嫌疑焉。[乃]摹略万物之然,论求群

言之比。以名举实，以辞抒意，以说出故。以类取，以类予。
有诸己不非诸人，无诸己不求诸人。(《墨子·小取》)

此节文字言简意赅，所论不外立辞以置辩的作用、目的及必
得恪遵的规范。其"以说出故"、"以类取，以类予"当是对《大
取》所谓"以故生，以理长，以类行"的重申，而这里分外值得一
辨的倒是"以名举实"、"察名实之理"句所喻示的"名"、"实"关
系。依《经上》所称"举，拟实也"，"以名举实"亦可谓"以名拟
实"；"拟"者，摹拟、摹仿之谓，所以"以名举实"遂可作以"实"
为根据而以"名"依傍"实"的理解。而这理解又恰可印证于《经
说上》对"名"、"实"的解释："所以谓，名也；所谓，实也"——此
"所以谓"乃"用以谓"或用来称谓之意。"墨辩"对"辩术"的理
会之精到已远非墨子可比，其对"名"、"实"、名辩的自觉亦远比
墨子深刻，但其根荄毕竟培壅于墨子所创始之墨学，为经验所局
限的"实"养润着其"名"，亦因此牵累着其名。

四 "名家"的发生

当"名"、"言"在老子、孔子、墨子、庄子、孟子等道家、儒家、
墨家人物那里取不同蹊径达到相当程度的自觉后，一批所谓
"辩士"(见《庄子·徐无鬼》)或"辩者"(见《庄子·天下》、《韩
非子·外储说左上》)、"察士"(见《吕氏春秋·审应览·不
屈》)应运而生——这些人被汉代最早的史学家(司马谈、司马
迁)和最早的目录学家(刘向、刘歆)称作"名家"。"名家"不是
道家、儒家或墨家的附庸；其得以独立成家，乃在于这一派人物
把言谈或辩难所涉及的思维形式及"名"、"言"性状问题拓辟为

一个有着特殊探讨价值的领域。

《汉书·艺文志》列邓析、尹文、惠施、公孙龙、成公、黄公、毛公七人为"名家者流"，此外，据先秦载籍，名家人物至少还可举出桓团、兒说、綦毋子等人。成、黄、毛著述尽佚，已无从稽考。桓团、兒说、綦毋子虽知名于一时，其行迹却仅见于《庄子·天下》、《韩非子·外储说左上》、《淮南子·人间训》、刘向《别录》中的只言片语。邓析、尹文之撰著或于魏晋时已佚，其所言所思亦仅可凭《庄子》、《荀子》、《吕氏春秋》、《淮南子》、刘向《别录》、鲁胜《墨辩注序》等文献的不多记述一窥鳞爪。唯惠施、公孙龙为名家中最负盛名者，其幸而遗存于今的残略文字尚可资探赜者寻问"坚白无厚之词"之微妙。

邓析，春秋末年郑国人，做过郑国大夫。其精于律法，长于讼事，因不满子产所铸刑书，而另制"竹刑"。他可视为法家之先驱，亦可视为名家之先驱。《汉书·艺文志》著录《邓析》二篇，列名家，早佚。今本《邓析子》当为晋人伪托之作，所言与先秦典籍述载邓析之说颇不相类。刘向《邓析子叙》谓"邓析好刑名，操两可之说，设无穷之辞"，并称"其论无厚者言之异同，与公孙龙同类"。当时刘向奉诏遍校经传、诸子、诗赋，"每一书已，向辄条其篇目，撮其指意，录而奏之"（《汉书·艺文志》）。以此相推，《邓析子叙》应是这位目录学的创始者校阅古本《邓析》后撮要"录而奏之"的文字。由这信实的叙录可知，邓析著论关系于名家者大端有二，一为"两可之说"，一为"无厚"之谈。所谓"两可"，用《庄子·秋水》引述公孙龙的话说即是"然不然，可不可"；为"墨辩"（《墨子》之《经上》、《经下》、《经说上》、《经说下》）作注的晋人鲁胜亦曾解释说："是，有不是；可，有不可：是名两可。"（鲁胜：《墨辩注叙》，见《晋书·隐逸传》）依此，邓析持说"两可",则可证诸《荀子》和《吕氏春秋》：

> 不卹是非，然不然之情，以相荐撙，以相耻怍，君子不若惠施、邓析。（《荀子·儒效》）

> 子产治郑，邓析务难之。与民之有狱者约，大狱一衣，小狱襦袴。民之献衣、襦袴而学讼者，不可胜数。以非为是，以是为非，是非无度，而可与不可日变。（《吕氏春秋·审应览·离谓》）

> 洧水甚大，郑之富人有溺者。人得其死者。富人请赎之，其人求金甚多。以告邓析，邓析曰："安之。人必莫之卖矣。"得死者患之，以告邓析，邓析又答之曰："安之。此无所更买矣。"（同上）

"然不然"、"可与不可"固然是"两可"，而对赎卖双方分别告之"人必莫之卖矣"、"此无所更买矣"以使其两"安"，亦何尝不是"两可"。《荀子》、《吕氏春秋》是贬斥邓析的"两可"之说的，其贬责中的转述会有怎样的偏颇可想而知。倘作一种同情理解，"两可"则可能意味着对"可"与"不可"的执著的松开，可能意味着对非此即彼这一僵硬思维定式的动摇——而如此，"两可"说或已与惠施的"日方中方睨，物方生方死"、"南方无穷而有穷"之类论题的思趣相通。诚然，这样理解"两可"，毕竟无从求证于邓析本人的文字，只能算作一种猜测。至于邓析的"无厚"之说，刘向断言其"与公孙龙同类"则全然觅不到旁证。《公孙龙子》原为十四篇，今仅存六篇，所佚八篇中是否有谈论"无厚"的章句不得而知。今本《邓析子》系后人伪作，其中虽有"无厚"篇，但所言"天于人无厚也，君于民无厚也，父于子无厚也，兄于弟无厚也"（《邓析子·无厚》）之"无厚"（不曾厚待）则与名辩意致上的"无厚"并不相干。在既有文献中，以名辩方式

谈及"厚"与"无厚"的,所可举出的当有二例,一是惠施的论题:

> 无厚不可积也,其大千里。(《庄子·天下》)

另一例则是后墨对"厚"的界说:

> 厚,有所大也。(《墨子·经上》)

> 厚,惟无所大。(《墨子·经说上》)

惠施所说"无厚"与其所说"日方中方睨,物方生方死"、"南方无穷而有穷"有着共同的论旨,属同类论题,而邓析的"两可"说既然与惠施"日方中方睨,物方生方死"、"南方无穷而有穷"一类论题相契,其"无厚"之说则亦当与惠施所论之"无厚"相通。也许正是这个缘故,荀子才一再将邓析与惠施相提并论——除上面已引出的《荀子·儒效》中的说法外,他还曾指出:

> 不法先王,不是礼仪,而好治怪说,玩琦辞,甚察而不惠,辩而无用,多事而寡功,不可以为治纲纪;然而其持之有故,其言之成理,足以欺惑愚众;是惠施、邓析也。(《荀子·非十二子》)

荀子对惠施、邓析的评价未可视为定论,但以其一直将邓析、惠施并置用来印证邓析之"两可"、"无厚"之说与惠施之学的缘契,或不致太过牵强。

相应于邓析对于惠施,与公孙龙的学缘更近些的名家先驱人物是尹文。尹文,战国中叶齐国人,游于稷下,与宋钘齐名。《汉书·艺文志》著录《尹文子》一篇,列名家。东汉末高诱撰《吕氏春秋注》,其注《正名》谓"尹文,齐人。作《名书》一篇。在公孙龙前,公孙龙称之"。《名书》或正是魏晋时已佚的《尹文子》,想必高诱之前的汉人尚有幸一睹此书的真容。刘向《尹文子叙》称:"尹文子学本庄老,其书自道以至名,自名以法;以名为根,以法为柄。凡二卷,仅五千言。"其所谓"以名为根"可能是《汉书·艺文志》列《尹文子》为名家的依据,而"自道以至名,自名以至法"则当是该书的逻辑条贯。但古本《尹文子》(《名书》上、下卷)已不可复得,今本《尹文子》虽谋篇之条理酷似刘向所言,而明显的伪迹却亦随处可举。唯《庄子·天下》、《公孙龙子·迹府》、《吕氏春秋·先识览·正名》之所载尚可凭以辨识尹文致思的踪迹,倘能与刘向叙录合观,或得以觅见其学术之崖略。

《庄子·天下》中有如下一段评说尹文学说的文字:

> 不累于俗,不饰于物,不苟于人,不忮于众,愿天下之安宁以活民命,人我之养毕足而止,以此白心。古之道术有在于是者,宋钘、尹文闻其风而悦之。作为华山之冠以自表,接万物以别宥为始。语心之容,命之曰心之行。以聏合驩,以调海内。请欲置之以为主。见侮不辱,救民之斗;禁攻寝兵,救世之战。以此周行天下,上说下教。虽天下不取,强聒而不舍者也。故曰上下见厌而强见也。虽然,其为人太多,其自为太少……以为无益于天下者,明之不如已也。以禁攻寝兵为外,以情欲寡浅为内。其小大精粗,其行,适至是而止。

庄子之学首在明"道",其有"古之语大道者,五变而形名可举,九变而赏罚可言。骤而语形名,不知其本;骤而语赏罚,不知其始也"(《庄子·天道》)之说。因此评说宋钘、尹文亦重在其"道",对宋、尹可能涉及"名"("形名")、"法"("赏罚")之处则略而未论。从所谓"不累于俗,不饰于物,不苟(苛)于人,不忮于众"(不牵累于流俗,不矫饰于外物,于人无所苛求,于众无所违逆)以至"接万物以别宥为始"(对待万物以消除偏见为首端)

看,尹文与宋钘所奉行之"道"略本于庄、老;从所谓"见侮不辱,救民之斗;禁攻寝兵,救世之战"(遭受欺侮而不以为辱,以制止人们之间的争斗;禁阻攻伐而止息兵戈,以挽救世人于战乱)而至于"强聒不舍"(强言规劝人们而不放弃自己的努力)看,其"道"又与墨者相近。其所求取,倘一言以蔽之,则可谓"以禁攻寝兵为外,以情欲寡浅为内"(外骛在于禁阻攻伐而止息兵戈,内修在于纯朴情感而淡泊欲望)。这里没有谈到尹文的"形名"观念或其对"名"的见解,但由其"道"已略可推见其论"名"或当重在世间的治理,而不重于知解的智慧——尽管其对"名"的见地不乏这样的智慧。

《吕氏春秋·先识览·正名》为证衍"名正则治,名丧则乱"、"凡乱者形名不当"的道理,曾引述当年尹文与齐王论"士"的一段话。问答的双方都没有提到"名"、"实"一类语词,但尹文之所言所辩无不归落于循名以责实:齐王自称其"甚好士",当尹文问其"何谓士"时齐王却不知从哪里说起。于是尹文以征询的口吻说,若是一个人"事亲则孝,事君则忠,交友则信,居乡则悌,有此四行"可否称得上"士"呢?齐王没有犹豫,他肯定"此真所谓士",并表示如果遇到这样难得的人他愿意任用其做臣子。这时尹文提出了一个问题——若是这个人"于庙朝中,深见侮而不斗",大王还打算让他做臣子吗?齐王回答说,一位大丈夫受了欺侮而不起而争斗那是一种耻辱,对于甘受侮辱的人我是不会任用他的。尹文遂诘问齐王——这个人虽说"见侮而不斗",但毕竟没有失去"事亲则孝,事君则忠,交友则信,居乡则悌"这四种德行,也就是说他并没有失去"士"所以为"士"的品格,大王现在却不愿任用他做臣子了,那么,刚才所说的"士"还是"士"吗?齐王这时哑口无言。接着,尹文又说了这样一番话：

> 王之令曰："杀人者死，伤人者刑。"民有畏王之令，深见侮而不敢斗者，是全王之令也。而王曰："见侮而不敢斗，是辱也。"夫谓之辱者非此之谓也？[可]以为臣[而]不以为臣者，罪之也，此无罪而王罚之也。

从这里所说"深见侮而不敢斗者，是全王之令也"可以看出，《吕氏春秋》之所记与《庄子·天下》谓尹文主张"见侮不辱，救民之斗"的评述全然一致。不过整段关于"士"的对话重心不在于对"不累于俗，不饰于物，不苟于人，不忮于众"的"道"的申示，而在于以此"道"为前提的"名"的讲求。"士"之名既然已由"事亲则孝，事君则忠，交友则信，居乡则悌"这"四行"所定，那么，"好士"便理应"好"此"四行"。齐王既承认有"四行"者为"士"，并声言愿得这样的"士"而予以任用，却又在一个人有此"四行"而仅仅由于其"见侮而不敢斗"便不再任用他，因而实际上不再认可其为"士"，这是标榜自己"甚好士"的齐王的自相抵牾。尹文以其机辩陷齐王于自相乖违，乃是要引"好士"之名规谏齐王行"好士"之实，而其措思则又恰在"正名实"的理路上。这里似有某种意趣，与此后的公孙龙相通，但因着尹文著述的遗落已难以理出更靠实的线索。不过，无论如何，尹文辨"士"是为"公孙龙称之"的。据《公孙龙子·迹府》所辑录，公孙龙辩斥孔穿时就援引过尹文与齐王的对话，并以孔穿不明"白马"意之所在比之齐王不察"士"之理致："子之言有似齐王。子知难白马之非马，不知所以难之说，此犹[齐王]知好士之名，而不知察士之类。"

随着"名"、"言"在诸子这里日臻自觉，经由邓析、尹文等一批先驱者的酝酿，较为典型的可堪后人以"名家"相称的人物惠施、公孙龙出现了。犹如尹文与邓析颇不相类,公孙龙与惠施学说之相去亦正可谓非能以道里计。诚然,他们都是"辩士"或"辩者",而且他们的"善辩"往往因着措辞奇诡而引人骇怪,以至于既不同于墨子式"谈辩"的锋芒直逼,也有别于孟子式辩难的设譬曲致,甚且亦迥异于庄子用于"不辩"之辩的"谬悠之说,荒唐之言,无端崖之辞",但仅此而将惠施、公孙龙归于一系似仍嫌理据不足。真正说来,公孙龙和惠施的"琦辞"之辩都在于"正名实",公孙龙之学"正名实"之指趣是毋庸赘言的,即如惠施"历物"之诸多论题虽无一言提及"名"、"实",然审其所辩,则终不过示人以究"实"当如何用"名":比如"物"的真实存在,仅名之以"生"似可却又不可,仅"名"之以"死"似不可却又未始不可,而名之以"方生方死"于其"实"则切当不过;又如"南方"的真实定位,仅名之以"无穷"似可却又不可,仅名之以"有穷"似不可却又未始不可,而"名"之以"无穷而有穷"于其"实"则恰如其分。

不过,同是"正名实",公孙龙由"物以物其所物而不过焉,实也"(《公孙龙子·名实论》)所说的"实"关联着依类相从的事物的共相,所谓"实"乃指"物以物其所物而不过"——某物("物")如果("以")体现("物")了这类物("其")所具有的实质("所物")而没有偏差("不过"),就是说这"实"在于对某类事物的实质或共相的体现;惠施"历物"所指陈的"实"却是各各自在的事物的实际情形,其"实"并不重在对某个确定的标准或尺度的凭靠或依赖。公孙龙那里的"实"尽管是从"物"说起的,但实存的某物是否称得上"实"则要视其与这类事物之共相或本质属性契合的程度,而这类事物的共相或其本质属性并不受时空的局限。惠施那里的"实"是另一种情形,其为一种时空里的存在,因而具有空间上的广延性和时间上的变动性。所以,从一定意义上说,公孙龙的所谓"实"有着相当的确定性和绝对性,尤其是当这种"实"被衡之以"位"——"实以实其所实而不旷焉,位也"("实"如果完满到它应有的程度而没有缺欠)——时更是这样,而惠施所把握的"实"却是相对的、变动不居的,永远处在非可解析的情境中。这不同意谓的"实"决定了公孙龙和惠施对"名"的理解或运用大异其致。

惠施不曾为他"历物"所涉及的"实"作界说,也不曾界说他构辞立论所不能不取用的"名"。他所用"名"除"大一"、"小一"外,都既是对某一事物的称谓,又是对包括此事物在内的一类事物的指称,因此其终究同共相脱不了干系。并且正因为这样,在以共相之"名"指称或描摹具体事物之实时,便会由于二者间的相牵相离而使描摹者让"名"在奇异的相互限定中构造出蕴意诡曲的论题。但如此被运用的"名"在惠施那里是不指向某种极致或绝对完满的情境的,这使惠施之学自始即着思于器物世界而与形而上的虚灵之域无缘。庄子谓其"遍为万物说,说而不休,多而无已"、"弱于德,强于物"、"骀荡而不得,逐万物而不反"(《庄子·天下》),可能正是就此而言。公孙龙却不同,与他对"实"、"位"的界说相应,他由界说"正"而界说了他所谓"正名"。公孙龙指出:"出其所位非位,位其所位焉,正也。"(《公孙龙子·名实论》)由"实"而"位",由"位"而"正",这"正"——就其绝对的那个分际而言——之所指乃在于:以某名称谓的某物体现了由此"名"指称的这一类物的共相或实质,并且这被"名"指称的共相或实质尽其完满地趋于其极致状态。就此,公孙龙说:"其正者,正其所实也;正其所实者,正其名也。"(同上)可见,其所谓"名"——"夫名,实谓也"(同上)——

不仅用于指称一类事物的共相或实质,而且也喻示这类事物之共相或实质可能达到的那种极致状态或理想情境。公孙龙之学遂经这一维度通往形而上的世界,并由此而有了其"欲推是辩,以正名实,而化天下"(《公孙龙子·迹府》)这一教化意趣上的追求。

惠施、公孙龙对"名"、"实"及其关系之所思并不能凑集于同一焦点,其见解看似正相对峙,却不过以理路的错落彼此互补。通常把惠施的"日方中方睨,物方生方死"、"南方无穷而有穷"一类论题归结为"合同异",而把公孙龙的"坚未与石为坚而物兼,未与物为坚而坚必坚"之类辩说归结为"离坚白",这当然并不错的,问题只在于真正洞悉这"离"、"合"在视野交汇处对"正名实"这一名家独特议题的共同承诺:"离"不是离"同异","合"也不是合"坚白";由"离"而"正"必致对超越经验实存的形上尺度的承认,由"合"而"正"却是要对时空中的动态存在作一种如其所是的阐示。"离"而辨微必得借重形式逻辑的推绎,"合"而探赜则开了所谓"辩证"思维的先河。主张"离坚白"的辩者建构了一个"名"、"言"的独立王国,而其为着维系这王国的独立价值却又必得使"名"、"言"指向"名"、"言"之外;主张"合同异"的辩者则把天地万物视为一体,而当他把"天地一体"、"万物毕同毕异"(《庄子·天下》)之类见地诉诸言辩时却在实际上预设了"名"、"言"对于天地万物的他在,并把这他在的"名"、"言"引向了天地万物。惠施、公孙龙似乎不期然而有所默契,这默契宣告了一个有异于玄理、伦理而勉可称之为名理的致思维度被界别并标示出来。

上篇
惠施"历物之意"疏解

一　惠施的生平与学缘

　　惠施的生平事略不载于正史,《史记》终篇未称其名,《汉书》则仅于《古今人表》列其姓名而于《艺文志·诸子略》著录"《惠子》一篇"——附注云:"名施,与庄子并时。"汉唐学人或有以惠施为宋人者(见高诱:《吕氏春秋注》、成玄英:《南华真经注疏》),但其说并无确证,倒可能是持此说者鉴于史籍所传"宋王之贤惠子,天下莫不闻也"(《战国策·楚三》)或惠施与宋人庄周过从甚密而作的一种推测。不过,从《庄子》、《吕氏春秋》、《战国策》等典籍毕竟可知,惠施曾事魏多年。他的生平事行当可就此勾勒出一个大致不误的轮廓,而其学术趣向亦当可由这一背景获得相当的理解。

　　至少,齐魏马陵之役(梁惠王二十八年,纪元前342年)时惠施已为梁惠王所重,这从《战国策·魏二》所载"齐、魏战于马陵,齐大胜魏,杀太子申,覆十万之军。魏王召惠施而告之曰……"可略闻其消息。如果《吕氏春秋·审应览·不屈》所记事由无误,则所谓"惠子之治魏为本,其治不治。当惠王时,五十战而二十败……围邯郸三年而弗能取"当表明,惠施初事魏国的时间至晚亦应在梁惠王十六年(纪元前354年)。据《战国策·魏一》,惠施于梁惠王后元十三年因张仪相魏而见逐;又据《战国策·魏二》,惠施于惠王去世之年(惠王后元十六年)重返魏国,之后,亦尝出使楚国(梁襄王元年)、赵国(梁襄王五年)。梁惠王、襄王在位期间,惠施先后仕魏约三十八年,如以其初到魏国时二十五岁左右估算,这位著名的辩者和"合纵"主张的推行者或当生活于纪元前380至前310年间。

　　惠施出仕的魏国摄乎秦、齐、楚诸大国之间,战事频仍,屡屡为强邻所凌逼。魏文侯曾以李悝为相,以吴起为将,开了战国时代为富国强兵而变法的先河,魏国国势一度为他邦所瞩目。到梁惠王时,原为魏相公叔痤家臣的公孙鞅(商鞅)不见用于魏武侯而早已西走秦国,原任魏国西河守的吴起也因遭排挤而于多年前南奔楚地,当年文侯蓄积的国力在为攻城掠地而连连发动的战争中亏耗殆尽。孟子游魏见梁惠王,梁惠王问计于孟子说:"晋国,天下莫强焉,叟之所知也。及寡人之身,东败于齐,长子死焉;西丧地于秦七百里,南辱于楚。寡人耻之,愿比死者壹洒之,如之何则可?"(《孟子·梁惠王上》)这段话明白不过地说出了当时魏国的窘境,而惠施仕魏恰是在这样的背景下。魏武侯不能用吴起、公孙鞅这样的法家人物,梁惠王也不能用孟子这样的儒家人物,惠王虽说重用了惠施,但惠施的政治主张未必真正能够实施于魏国。惠施曾"为魏惠为法",其"为法已成,以示诸民人,民人皆善之。献之惠王,惠王善之,以示翟翦,翟翦曰:'善也。'惠王曰:'可行邪?'翟翦曰:'不可。'惠王曰:'善而不可行,何故?'翟翦对曰:'今举大木者,前呼舆讙,后亦应之。此其于举大木者善矣。岂无郑卫之音哉?然不若此其宜也。夫国亦木之大者也。'"(《吕氏春秋·审应览·淫辞》)这为"民人"、惠王一致称"善"的"法"究竟说了些什么已无从稽考,但从翟翦所说的话可以断定:(一)惠施所为"法",对于"举"魏国这样的"大木"是"善"的,其"善"就善在切于实用,善在其他法"不若此其宜";(二)这"法"终是未能推行于魏国,因为在翟翦一类有可能左右梁惠王之决断的臣子看来,惠施之"法"犹如"举大木"时"前呼舆譚,后亦应之"的号子声,固然相"宜",但"不可行"。其"不可行"就不可行在这对于"举大木"可称得上"善"的号子声中听得出所谓"郑卫之音"。"郑卫之音"不合礼乐之法度,翟翦借此而说惠施之"法"的"不可行",正可以视为荀子对惠施以"不法先王,不是礼义"相责的先声。

在列国逞强凌弱、称雄争霸的乱世,惠施是主张"去尊"(见《吕氏春秋·开春论·爱类》)而"泛爱"的,可以想象,这同时风相去过甚的观念不可能对利害角逐中的人们发生切实的影响。实际上,即使是他所倡导的用以应对强秦的"合纵"策略,也很难为囿于一室一姓之私的诸侯们所奉行。"张仪欲以魏合于秦、韩而攻齐、楚,惠施欲以魏合于齐、楚以案兵"(《战国策·魏一》),"合纵"、"连横"在魏庭的对抗最终以张仪相魏、惠施被逐而告竟。梁惠王信用惠施或正如叶公好龙,至此,惠施的仕途差不多走到了尽头,魏国也一步步更深地陷入它的厄运。

一如惠施相应于其政治生涯的政治主张不无悲剧色调,其学术也并未得到他所处时代的相应理解,而且他身后不久,这被贬斥为"怪说"、"琦辞"的一家之言也很快就成了绝学。不像儒家、道家甚或墨家、法家、阴阳家的学说有某种统绪可寻,被列为名家的惠施似乎既没有师承也没有同好之友。不过,搜问其学缘,至少有两人是不可不留意的:一是春秋末叶的郑国人邓析,一是与惠施同时的宋国人庄周。邓析精于刑律而长于辩说,这与惠施善于"为法"而"日以其知与人之辩"(《庄子·天下》)颇可比拟,而他们之间的关联从荀子的诸多诘难性话语中可得到相当的印证。荀子对惠施的贬诎是苛刻的,而且多次将其与邓析相提并论,如所谓:

> 君子行不贵苟难,说不贵苟察,名不贵苟传,唯其当之为贵。……"山渊平","天地比","齐秦袭","入乎耳,出乎口","钩有须","卵有毛",是说之难持者也,而惠施、邓析能之。(《荀子·不苟》)

> 不法先王,不是礼义,而好治怪说,玩琦辞,甚察而不惠,辩而无用,多事而寡功,不可以为治纲纪;然而其持之有故,其言之成理,足以欺惑愚众;是惠施、邓析也。(《荀子·非十二子》)

> 不卹是非,然不然之情,以相荐撙,以相耻怍,君子不若惠施、邓析。(《荀子·儒效》)

荀子的苛责是不必引为确论的,但每每以惠施与邓析为俦伍决非出于偶然。从《汉书·艺文志》所著录《邓析子》二篇、《惠子》一篇可以想见,邓析、惠施的著述在战国末造尚流传于世,以荀子之博学和其在所撰《不苟》、《非十二子》、《儒效》等篇章中对惠施、邓析的一再评说相推度,他一定亲睹过邓、惠的遗作,而且他对邓、惠以同道视之也一定于其著述有所依据。今本《邓析子》诚然为晋人伪托,其中理致决非邓析之旨,但其篇目《无厚》、《转辞》则当是原著所遗。这"无厚"或正与惠施所谓"无厚不可积也,其大千里"之"无厚"意趣略通,其"转辞"亦可比拟于庄子之"卮言"或"连犿无伤"(《庄子·天下》)之语,而与惠施所谓"日方中方睨,物方生方死"、"南方无穷而有穷"等"两可之说"(刘向:《邓析子叙》)之"两可"言说方式相契。

然而,惠施曾如何汲取邓析学说之智思,其可能的学脉传承是否尚有中间环节,则显然因着文献的佚遗再也无从探知其究竟了。

惠施与庄周是学术史上难得一见的诤友;与荀子出于儒门而严辞非难子夏、子游、子张以至子思、孟轲构成一种有趣的对比,道术根柢处大有径庭的惠施、庄周竟可以终生为友而相晤论学。《庄子·徐无鬼》中讲到这样一个故事:

> 庄子送葬,过惠子之墓,顾谓从者曰:"郢人垩慢其鼻端,若蝇翼,使匠石斲之。匠石运斤成风,听而斲之,尽垩而鼻不伤,郢人立不失容。宋元君闻之,召匠石曰:'尝试为寡人为之。'匠石曰:'臣则尝能斲之。虽然,臣之质死久矣!'自夫子之死也,吾无以为质矣!吾无与言之矣!"

讲述故事的庄周是自比于那位斧艺绝伦的姓石的匠人的,这当然可看出他那恣纵不傥的生命情调,而他把惠施比作那个面对挥动的利斧"立不失容"的为"质"者,也足见被其引为论辩对手的惠施是何等沉着、从容而涵养深厚的人物。其实,庄周和惠施所以有可比之匠石与其质者关系的那份学缘,乃是因着庄周的"齐物"与惠施的"合同异"的卓识之间有着足够大的通而不同的张力。庄周由"齐物"而倡言"天地与我并生,而万物与我为一"(《庄子·齐物论》),惠施由"毕异"的万物毕竟"毕同"而称论"天地一体",在这"天地一体"与"天地与我并生,而万物与我为一"的相较处最可见出惠、庄之学的相通。但庄周所谓"齐物"——"以道观之,物无贵贱"、"万物一齐,孰短孰长"(《庄子·秋水》)——的托底理据在于万物"齐"之于"道","道"之所导则在于"明白入素,无为复朴,体性抱神"(《庄子·天地》),而惠施对所谓"天地一体"的论证却在于森然万有之"异"("毕异")在时空运作中的毕合于"同"("毕同"),这并未

借重"道"而"遍为万物说"(《庄子·天下》)者的真实祈愿乃是
对"万物"的"泛爱"——从这里又最可见出惠、庄之学的分野所
在。这是一种独特的学缘,它砥砺了惠施"合同异"之辩的凌厉
辩锋,它也激发了庄周祈于"齐物"而"物化"以"游逍遥之虚"
(《庄子·天运》)的诡异灵思。无论是庄周借孔子之口所说"自
其异者视之,肝胆楚越也;自其同者视之,万物皆一也"(《庄
子·德充符》),还是他径直所称"天地一指也,万物一马也"
(《庄子·齐物论》),都表明庄周对惠施的"合同异"之说有所
留意,小有所汲取,而惠施对于庄周的"坐忘"(《庄子·大宗
师》)、"心斋"(《庄子·人间世》)以至于"明白入素,无为复朴,
体性抱神"的理致虽未必了然于心,亦未必着意以其"合同异"
所可能有的局量予以包举,但其对于庄子的一次次精思入微的
论辩毕竟尽其限度地展示了"合同异"之说的运思格局。而且,
重要的是,这学缘也使学术史有了一份不期然的收获,它让后来
散佚殆尽的惠施之言得以在《庄子》一书的不多的辑录和记述
中略存其大旨。

二 "历物之意"十题疏解

　　据庄子说，"惠施多方，其书五车"，可惜他的著述到汉代时就所存无几了。《汉书·艺文志》所著录的《惠子》仅有一篇，而至少在隋唐之后，人们想一睹惠施当年"辩说"的风采，就只能借助那些散见于《庄子》、《荀子》、《韩非子》、《吕氏春秋》等古籍的辑录或评说性文字了。在这类文字中，《庄子·天下》中所辑录的惠施"历物之意"的十个论题，最能表达立论者假物取譬、"遍为万物说"的措思意趣。这十个论题是：

　　（一）"至大无外，谓之大一；至小无内，谓之小一。"

　　（二）"无厚不可积也，其大千里。"

　　（三）"天与地卑，山与泽平。"

　　（四）"日方中方睨，物方生方死。"

　　（五）"大同而与小同异，此之谓小同异；万物毕同毕异，此之谓大同异。"

　　（六）"南方无穷而有穷。"

　　（七）"今日适越而昔来。"

　　（八）"连环可解也。"

（九）"我知天下之中央，燕之北，越之南是也。"

（十）"泛爱万物，天地一体也。"

这十个论题都在于借"合同异"的辩说来提示一种"泛爱"的价值取向。荀子称其为"琦辞"、"怪说"，其实辐辏于"泛爱"趣旨的所论是极其郑重而真切的。

（一）至大无外①，谓之大一②；至小无内③，谓之小一④。

【注释】

①至大无外：极大而至于无所不包。至，极；《论语·雍也》："中庸之为德也，其至矣乎！"朱熹注："至，极也。"无外，包举净尽，无任何物在其外，或谓其无外部可言。"无外"是对"至大"的喻示，"至大无外"略可比拟于《礼记·中庸》所谓"语大，天下莫能载焉"，亦略可比拟于《庄子·秋水》所谓"至大不可围"，而"不可围者，数之所不能穷也"。

②大一：惠施用以称谓"无外"（"不可围"）之"至大"的专用术语。一，独，不二；可引申为绝对。"大一"，意即绝对的大。

③至小无内：极小而无形迹以至于无入于其内可言。《淮南子·精神训》："无外之外至大也，无内之内至贵也。"高诱注："无内言其小。""无内"是对"至小"的喻示，"至小无内"略可比拟于《礼记·中庸》所谓"语小，天下莫能破焉"，亦略可比拟于《庄子·秋水》所谓"至精无形"，而

"无形者,数之所不能分也"。不过,子思的"天下莫能载"之"大"、"天下莫能破"之"小"皆就"君子之道"而言,庄子的"不可围"之"至大"、"无形"之"至精"则皆就道家之"道"而言,惠施的"无外"之"至大"、"无内"之"至小"却别有所指。

④小一:惠施用以称谓"无内"("无形")之"至小"的专用术语。相对于绝对的大的"大一","小一"则为绝对的小。

【辨正】

胡适在其出版于1919年的《中国哲学史大纲》(卷上)中指出:"惠施说:'其大无外,谓之大一。'此是'宇'的总体。但平常人都把'宇'分成种种单位如东方、西方、一分、一厘、一忽之类,故惠施又说:'其小无内,谓之小一。'这是'所',都是'宇'的一部分。其实分到极小的单位(小一),还只是这个'宇'。"(胡适:《中国哲学史大纲》卷上,上海:商务印书馆,1926,第230页)他以"大一"为"'宇'的总体"或空间的总体,尚勉强可通,但把"小一"解释为"'宇'的一部分"或"宇"的"极小的单位"则显露出解释者的一个根本性失误。胡适把"大一"与"小一"视为"总体"与"部分"(尽管是"极小的"部分)的关系,表明他并未真正理解"小一",因而也还不曾真正懂得"大一"。因为"总体"可以是"部分"的总和,换句话说,"总体"可以由若干"部分"(即使是"极小的单位")构成,然而,"大一"这一"至大"或绝对的大是无从由"小一"这一"至小"或绝对的小构成的——"小"而至于绝对的那种"至小",其无数多个的总和依然是绝对的"小";"无内"意味着无形(有形者即使再小亦有其"内"),小到无形因而无内的小是无限小,无论多少个无限小的相加结果仍只能是无限小。

　　冯友兰则另辟蹊径寻索"大一"、"小一"的义蕴,他说:"真正大的东西('大一')应该'无外',即无限大;真正小的东西('小一')应该'无内',即无限小",这当然大致不错;然而他又说:"这个论点大概是就稷下唯物派所说的'道'说的……道既是至大,又是至小,这就是'道'的自身同一中的差别"(冯友兰:《中国哲学史新编》第一册,北京:人民出版社,1963,第 314 - 315 页),而如此把"至大"、"至小"关联于"道",固然所据在于稷下黄老学派确曾说过的"道在大地之间也,其大无外,其小无内"(《管子·心术上》)之类的话,但这显然已经出离惠施的视野而与"大一"、"小一"之说了不相涉了。

　　郭沫若亦曾以"道"衍绎"大一",并就此论及"小一"。他认为"这'大一'便是黄老派的本体,也就是'道',是超越了空间和时间的范畴的","小一"的观念,是惠施的独创,这无疑很类似于印度古代思想的极微与希腊的原子"(郭沫若:《十批判书》,见《郭沫若全集·历史编》第二卷,北京:人民出版社,1982,第 268 页),于是他指出:"惠施承继着老聃的'大一'的思想,似乎把它扩展到了无神,他是把本体来代替了天的,但他的思想比老聃更进了一步是提出了'小一'来。这个观念颇如今之原子电子,他是说万物有其'大一'的本体,而万物之实现是由'小一'所积成的。无论由'大一'言或由'小一'言,天地万物都是一体的。"(郭沫若:《先秦天道观之进展》,见《郭沫若全集·历史编》第一卷,北京:人民出版社,1982,第 366 页)尽管这说法在章太炎"点即小体,体即大点,其为一均也"(章太炎:《膏兰室札记·历物疏证》,见《章太炎全集》第一卷,上海:上海人民出版社,1982,第 244 页)之说那里已见原型,而后来又被侯外庐等所引述,并为引述者申明"大体可以同意"(见侯外庐等:《中国思想通史》第一卷,北京:人民出版社,1957,第431页),但将原本风马牛不相及的无形无象的"道"与被视为最小之物质微粒的"原子"杂凑在一起以附会"大一"、"小一"的关联,又何尝晓悟惠施"历物"之本意或初衷。

近有学人提出"'大一'和'小一'是一种形式上的规定,是纯逻辑的定义",似已有契于惠施之说,然而其又称"'大一'、'小一'囊括了一切的物质现象,是通用的符号"(朱前鸿:《先秦名家四子研究》,北京:中央编译出版社,2005,第84页),这以"物质现象"说"大一"、"小一"则正可谓范畴的误置。

疏　解

真正说来,惠施这一论题所指示的是"合同异"之说的适用范围,或"合同异"这一观念所能笼罩的领域,此即为"大一"与"小一"之间的"实"的世界。"至大无外"——大到没有边际因而没有它之外可言的境地——的"大一","至小无内"——小到没有迹象因而没有它之内可言的境地——的"小一",是"大"、"小"两极或所谓两个极端,这两极只能由下定义或作界说得到,不能从经验的世界中获取,因此,它们只能存在于我们的观念中,永远不可能为我们的经验所证实。"大一"与"小一"只有"异"而没有"同",两者无从讲"合同异"。也就是说,"合同异"的说法不适用于对"实"(实际事物)无所指的纯"名"(纯概念)或绝对的"名"(绝对概念)的领域。除此之外,"实"的世界或经验世界——"至大"与"至小"或"大一"与"小一"之间的世界——中的一切,所有事物相互间的"同"、"异"都是相对的,都可以"合"其"同"、"异"而将"同"、"异"作一体把握。

(二) 无厚①不可积②也,其大千里。

【注释】

①无厚:此"无厚"是对经验之物的薄的情状的一种形容,不可执著为没有厚度或无厚度可言。其为惠施专用术语,略可比拟于《庄子·养生主》所谓"无厚":"彼节者有间,而刀刃者无厚;以无厚入有间,恢恢乎,其于游刃必有余地矣。"(节,骨头的关节。间,间隙,空隙。恢恢,宽绰。)

②不可积:历来学人解"积"为"积聚"、"积累",似未妥。这里,"积"通"迹",有"寻迹"之意。"不可积",则意指其薄而至于难得觅其迹象。

【辨正】

胡适以"其大无外"之"大一"为"无穷无极,没有间断,不可分析"的"宇"(空间),并由此推论:"惠施又说:'无厚不可积也,其大千里。'分割'空间'到了一线,线又割成点,是'无厚不可积'了,却还是这'其大无外'的'宇'的一部分。"(胡适:《中国哲学史大纲》卷上,第 230 页)像这样把"无厚不可积"解为"宇"("空间")"分割"到最后的"点",即是把"无厚不可积"解为他所谓"小一",于是"无厚不可积"与"其大千里"的逻辑关联便成了"小一"与"大一"的逻辑关联,其失误遂亦当是解上一论题之失误的延续。

胡适前后，学人研寻"无厚不可积也，其大千里"之趣致大都不得要领，唯梁启超、冯友兰的一个提法颇值得留意。梁启超曾说："厚即几何学上之体，无厚者指点线面也。"（梁启超：《汉书艺文志诸子略考释》，见林志钧编《饮冰室合集》之专集第十八册，上海：中华书局，1936）之后，冯友兰进而指出："《庄子·养生主》曰：'刀刃者无厚。'无厚者，薄之至也。薄之至极，至于无厚，如几何学所谓'面'。无厚者不可有体积，然可有面积，故可'其大千里'也。"（冯友兰：《中国哲学史》，上海：商务印书馆，1934，第247页）梁、冯以下，以"几何学所谓'面'"解释惠施之"无厚"几成定论，学人多有采用或引申此说者。如所谓：

从逻辑上说，平面只有面积而无体积，所以从"厚"（体积）来说即使是至小的，从"面"（无厚）来说仍然可以是至大的。（任继愈主编：《中国哲学史》第一册，北京：人民出版社，1979，第172页）

按此条，似相当于几何学上所谓面之定义。（张默生著、张翰勋校补：《庄子新释》，济南：齐鲁书社，1993，第754页）

这个论题讲，没有厚度的东西（这里指面积）是积累不起来的，然而它却可以大至千里。几何学上的面积，没有厚度，没有体积，但有广度（长和宽），可绵延扩展至千里那样大。（孙中原：《中国逻辑史》，北京：中国人民大学出版社，1987，第80—81页）

"无厚"实际上只是相当于今天数学的"面"的一个抽象概念而已。正如冯友兰所说："无厚者，薄之至也。薄之至极，至于无厚，如几何学所谓'面'。无厚不可有体积，然而有面积，故可'其大千里'也。"岂有他哉！（杨俊光：《惠

施公孙龙评传》，南京：南京大学出版社，1992，第52页）

　　没有形位、不占据空间，就是无厚，这也是一个形式上的定义。从几何的角度看，面是无厚的，是一个逻辑上的概念。从存在的角度看，无厚是相对有厚而言的，空的空间，本身既无长，也无宽和高，这就是不可积。（朱前鸿：《先秦名家四子研究》，北京：中央编译出版社，2005，第84页）

　　"无厚"便是抽去了"厚"的"面"。……惠施从具体物的面积中抽象出"面积"本身，并力图认识"面积"之为"面积"的语义普遍性，即对纯粹"面积"的存在性本质的理性把握。（刘利民：《在语言中盘旋》，成都：四川大学出版社，2007，第160页）

　　以上所引各家的见解，皆可直接或间接地寻源到梁、冯对"无厚"的旨趣的裁度。这里无暇赘说各家步入歧途的远近或深浅，仅能就其以"几何学所谓'面'"诠释"无厚"这一根柢处的讹失略作检讨。事实上，当冯友兰引述《庄子·养生主》中庖丁解牛的故事以"刀刃者无厚"之"无厚"解"无厚不可积也"之"无厚"时，他是对的；但当"无厚"最终被推定为"几何学所谓'面'"时，他则丢弃了他起初找到的那个出发点。惠施的论题确如冯友兰所说，其重在强调"在形象之内"的"实的相对性"（冯友兰：《中国哲学简史》，涂又光译，北京：北京大学出版社，1985，第110、100页），"无厚不可积也"的"无厚"是就经验世界的"实"而言的，是对薄的东西的一种形容，而"几何学所谓'面'"却是"超乎形象"（同上书，第110页）而非可"实"指的状态；既援引"刀刃者无厚"以说惠施"无厚"的"实的相对性"，又以"几何学所谓'面'"把惠施的"无厚"说成非"实"的"超乎形象"的东西，这是冯氏逻辑的自相乖离。

疏 解

如果以"无厚"为"刀刃者无厚"那种对"实"有之薄的形容,而不是对几何学的面那样的"无厚"(没有厚度)的称谓,那么,这个论题就应该作如下的解释:"不可积"——难以见到体积而几乎不可量度的"无厚"(极薄)之物,仍可以使它薄而又薄,在动态的薄下去而趋近(不是达到)几何学的面时,它可以延展到千里之大。可以用"无厚"来形容的极小极薄的"实"物(如金箔、锡箔等),其在上下维度上薄而又薄的动态延展中却在长宽维度或四围维度上可大到千里。从理论上讲,上下维度上的薄而又薄是没有限度的,而与之相伴的则是长宽维度或四围维度上的大而又大的没有限度。一方面是没有限度的薄而又薄,厚度没有限度的愈来愈小,一方面同时即是没有限度的大而又大,广度没有限度的愈来愈大,这"小"、"大"的相依相随正说明着"异"(小大有别)、"同"(同一个"无厚"之物)的相"合"。换句话说,这是"小"(厚度小)与"大"(面积大)或愈小(厚度愈小)与愈大(面积愈大)的"合同异"。

(三) 天与地卑①,山与泽平②。

【注释】

①卑:通"比";亲比,贴近。其所在句"天与地卑",意为:天与地相亲比、相比邻。"天与地卑",《荀子·不苟》

中为"天地比"。

②平：这里当以"均等"会其义。其所在句"山与泽平"，意
为：山、泽（与天的距离）是相平的。"山与泽平"，《荀
子·不苟》中为"山渊平"。

【辨正】

唐人杨倞注《荀子》一书，其注所引"山渊平，天地比"一语
如下："或曰：天无实形，地之上空虚者尽皆天也，是天地长亲比
相随，无天高地下之殊也。在高山则天亦高，在深泉则天亦下，
故曰天地比。地去天远近皆相似，是山泽平也。"这个被引述的
"或曰"，对"天与地卑，山与泽平"剖释得很透彻，后世学人凡所
解与此多少相左者，可以断言，其亦将多少与惠施之学无缘。

胡适所谓"天与地卑，山与泽平"是指"地圆旋转，故上面有
天，下面还有天；上面有泽，下面还有山"（胡适：《中国哲学史大
纲》卷上，第231页），郭沫若所谓"那有形的天地的距离和山泽
的悬异，把来和'大一'的大比较起来，实在小到等于没有，这就
是所谓'天与地卑，山与泽平'"（郭沫若：《十批判书》，见《郭沫
若全集·历史编》第二卷，第269页），冯友兰所谓"向远处看，
又都好像是天与地是接联的，所以也可以说：'天与地卑'……
在海拔高的地方的湖泊，可能跟在海拔低的地方的山一样高，所
以说：'山与泽平'"（冯友兰：《中国哲学史新编》第二册，北京：
人民出版社，1984，第152页），任继愈所谓"实际上远处的天和
地几乎是连接起来的，而高山的湖泊比低处的山还要高"（任继
愈主编：《中国哲学史》第一册，第172页），杨俊光所谓"'天地
比'亦即天地相同、相类即一样卑下的意思"而"（'山泽平'）应
该是山平坦、泽（渊）平坦、山泽（渊）都平坦的意思"（杨俊光：

《惠施公孙龙评传》,第53页)等,所有这些诠释或皆可聊备一说,但与惠施设论宗趣相去之远又何可以道里计?

张默生、蒋锡昌等注《庄子·天下》,以杨倞所引"或曰"解"天与地卑,山与泽平",颇解古人着意以令人骇怪之语发论之苦心。如蒋锡昌于按语中指出:"《荀子·不苟篇》,'山渊平,天地比'。杨注,'天无实形,地之上空虚者皆天也'。'卑''比'义近通用。'泽'即山下之渊泽。普通以为天与山,均指高远在上者而言。惠施则以为地上至'远而无所至极'(《逍遥游》)者,皆天;泽旁至山之顶,均山。《则阳》,'丘山积卑而为高',意亦同此。盖普通言其偏,与实不合;惠施言其全,可括一切。故惠施根据'天''山'二名全称之理,而故谓'天与地卑,山与泽平',使反常识,以惊俗人也。"

疏 解

唐人杨倞注《荀子·不苟》所援引之"或曰",当可视为对"天与地卑,山与泽平"的不易之论。"天"与"地"、"山"与"泽"在常人看来高下悬殊,其异别不言而喻。正是在这常人习焉不察、误而不疑之处,惠施试图让人们从他提示的全然陌生的视角看过去,对既经认定的观念作别一种思考。用语的陌生化看似一种措辞技巧,隐于其中的却是看得出世界、人生另一番真趣的眼光。这里要分外强调的是:"卑"("比")天地、"平"山泽不过是惠施"合同异"之指归的一个例说——山与泽一高一下两者相"异",但高下相"异"的山泽在吻接天地而使天地处处亲比无间这一点上又完全相"同","同"、"异"由此相"合"于一体。

（四）日方中方睨^①，物方生方死^②。

【注释】

①睨：偏斜；其在"日方中方睨"句中相对于"中"或"正中"而言。在中国古人的意识中，日月行天，日动而地静；由日有自朝而夕之动，遂有其"方中方睨"之说。单就语句而言，"日方中方睨"之意为：日当其行至正中时已正在偏斜。

②死：这里非指常识中的一次性的生命或生机的结束；它所对应的"生"在动态行进中，因而这"死"也是一个非静态的过程。因此，其所在句"物方生方死"意即：物正生之时也是正死之时；"生"是生机的展露，也是生机的耗去，亦即"死"的进行。

【辨正】

一般说来这一论题的题旨并不难把握，只是学者们的诠释往往仍会与其有一间之隔。胡适解"日方中方睨"说"才见日中，已是日斜；刚是现在，已成过去"，这本是不错的，但他所谓"即有上寿的人，千年的树，比起那无穷的'久'，与'方中方睨'的日光有何分别？竟可说'方生方死'了"（胡适：《中国哲学史大纲》卷上，第233页），如此以"大一"（"大一是古往今来的久"）漫言生死显然已经是文不对题。郭沫若以"一切都流徙无常，一切都在变，宇宙间没有一成不变的东西"阐释"日方中方睨，物方生方死"，固然亦略近题中之义，然而当他就此批评惠施"依然免不掉循环的观念"(郭沫若:《十批判书》,见《郭沫若全集·历史编》第二卷,第 270 页)时,其所云则可谓与评说对象毫无关涉了。

　　冯友兰认为,"这个命题表明生、死是相对的,事物在发展的过程中包含生、死两个方面。任何事物都含有内部矛盾,都有自己的反面和正面,有自己的过去和将来,自己的衰颓着的东西和发展着的东西。"(冯友兰:《中国哲学史新编》第二册,第 152 页)如此理解"日方中方睨,物方生方死"已相当贴近惠施所论之本旨,不过,似仍未能深中其肯綮。

　　蒋锡昌按语指出:"普通以为日之中与睨,物之生与死,皆有一停留之单位,而可分割为片断。惠施则以为真正之时间是永在移动;真正之物体,是永在变动。故谓日方正中,便已西斜。"(蒋锡昌:《庄子哲学》,第 269 页)对惠施的理趣领悟至此,殊为亲切难得,但当他接着说"物方生出,便已死去"(同上)时,其对"方生方死"之"生"、"死"作"生出"、"死去"解,则所言已不甚得当。此处之偏失或可借张默生之所云以作矫正,其谓:"此言日行甚速、刹那不停,故吾人视为方中之时,亦正是方仄之时也。物之受时间支配也亦然,凡物方生之时,亦即方死之时,譬如吾人生长一日,亦即死去一日也。"(张默生著、张翰勋校补《庄子新释》,第 754 页)

　　在诸家对此论题的解释中,杨俊光的见地别具一格。他援引恩格斯所谓"运动本身就是矛盾"以理解"日方中方睨",援引恩格斯所谓"生命的否定实质上包含在生命自身之中"而"生就意味着死"以申论"物方生方死"(见杨俊光:《惠施公孙龙评传》,第 54、55 页),其所思极有内在张力亦颇富深度。不过,他终究把惠施的说法视为对辩证运动观、生命观的"一种猜测",

这可能对古代中国人的独特智慧多少有所委屈。此外,他在说"在太阳的连续运行中,中时即是睨时"时,却也说"睨时即是中时",此所谓"睨时即是中时"或已是不小的差迟。

疏　解

这论题是在说,万物处在不舍刹那的时间之流中每一刻都在变化,不会有瞬息的停顿。在古人的观念中,地是静止的,"日"是不停地在大地上空依一定的方向移动的。依惠施的看法,不停地移动着的"日"在它刚刚处于天的"正中"的那一刻就已经在偏斜(睨),这正与偏或"中"与"睨"在太阳看似正中的一刹那同时存在于移动着的"日"。同样,"物"有"生"必有"死",它的"生"的开始也是它的"死"的开始,"生"历经着一个过程,"死"也历经着一个过程,而且这是顷刻不离的同一个过程;物"生"着的时候物也"死"着,"生"、"死"在同一有生之物上如影随形。一旦"生"的过程结束,"死"的过程也就结束了,物"生"的每一刹那就是"死"的每一刹那,刹那的相续对于物说来是"生"的相续,也是"死"的相续,这叫"方生方死"。"中"与"睨"(斜)对于"日"相"异"而又相依,"生"与"死"对于"物"相异而又相即,这是"同"、"异"相"合"或所谓"合同异"的又一示例。

（五）大同①而与小同②异，此之谓小同异③；万物毕同毕异④，此之谓大同异⑤。

【注释】

①大同：指相对大范围的同类物。似亦可指相同程度较大的同类物，但从其所在论题后面所说"万物毕同毕异，此之谓大同异"看，以"大同"为相对大范围的同类物可能更切当些。

②小同：与"大同"相对，指相对小范围的同类物。

③小同异：指一定范围内或一定层次上的同类物既相同又相异而其同其异可合而论之的情形。

④万物毕同毕异：万物都有相同之处而又皆各各相异。毕，皆，都。

⑤大同异：相对于"小同异"，指整个有形世界范围内万物既有其同又皆各各相异而其同其异可合而论之的情形。

【辨正】

较早而又较切近题旨地对这一论题作解释的是唐人杨倞，其注《荀子·修身》引"大同而与小同异，此之谓小同异"云：此"言同在天地之间，故谓之大同；物各有种类所同，故谓之小同。是大同与小同异也"。引"万物毕同毕异，此之谓大同异"云：此"言万物总谓之物，莫不皆同，是万物毕同；若分而别之，则人耳目鼻口百体，草木枝叶花实，无不皆异，是物毕异也"。这对"小同异"的理解未必尽妥，却也言之成理，而对"大同异"的诠述则更契合原意,应可许之以允当。

　　杨倞前后,尤其是近代以来,诠注惠施此一论题的见解颇繁,虽大端处的分歧不像诠注其他论题那样明显,但亦各有其异。胡适称:"松与柏是'大同',松与蔷薇花是'小同',这都是'小同异',一切科学的分类,只是这种'小同异'。从哲学一方面看来,便是惠施所说'万物毕同毕异'。怎么说'万物毕异'呢?原来万物各有一个'自相',……有自相所以'万物毕异'。但是万物虽各有'自相',却又都有一些'共相'。……有共相,故万物可说'毕同'。毕同毕异,'此之谓大同异'。可见一切同异都不是绝对的区别。"(胡适:《中国哲学史大纲》卷上,第234页)冯友兰的看法与胡适大同小异,他说:"我们说,所有人都是动物。这时候我们就认识到:人都是人,所以所有人都相同;他们都是动物,所以所有人也都相同。但是,他们作为人的相同,大于他们作为动物的相同。因为是人意味着是动物,而是动物不一定意味着是人,还有其他各种动物,它们都与人相异。所以惠施所谓的'小同异',正是这种同和异。但是,我们若以'万有'为一个普遍的类,就由此认识到万物都相同,因为它们都是'万有'。但是,我们若把每物当作一个个体,我们又由此认识到每个个体都有其自己的个性,因而与他物相异。这种同和异,正是惠施所谓的'大同异'。"(冯友兰:《中国哲学简史》,第103-104页)郭沫若则是另一种观点,他指出:"一般表面上的同异,那是很小的,如禽兽均有足,此其表面的大同;禽二足而翼,兽则四足,此其表面的各为小同。表面的大同与表面的小同之异,这是'小同异'。如从本质上说来,万物都是'大一'的显现,这是'万物毕同';万物都是各以不同量的'小一'积成的,这是'万物毕同毕异'。要这样的同异,就是'大同异'。"(郭沫

若:《十批判书》,《郭沫若全集·历史编》第二卷,第 269 页)

　　胡适以松与柏的同为"大同"、以松与蔷薇花的同为"小同",冯友兰以人与人的同为"大同"、以人与动物的同为"小同",二者皆依所比物的相同程度相对区分"大同"、"小同":相同程度大者(如松与柏、人与人的相同)为"大同",相同程度小者(如松与蔷薇花、人与动物的相同)为"小同"。只是冯友兰进而指出了"大同"与"小同"的差别或相异,并由此明确解释了何谓"小同异",因而对"大同"、"小同"、"小同异"的关系比胡适说得更严谨亦更清楚了。至于对"万物毕同毕异"的"大同异"的诠解,虽然胡适由万物的"共相"与其各自的"个相"的关系说起,而冯友兰由万物所构成的"普遍的类"与这类中每一物的"个性"的关系说起,其所用术语有别,但其阐释宗趣则可谓并无二致。郭沫若的情形却不同,他以事物"表面的大同与表面的小同之异"说"小同异",以万物在本质上"都是'大一'的显现"说"万物毕同",以万物"各以不同量的'小一'积成"说"万物毕异",并据此而说"大同异"。郭氏如此诠释"小同异"、"大同异"是受制于他对"大一"、"小一"的理解的,他在这一论题上的见解的失误是因着他在"至大无外,谓之大一;至小无内,谓之小一"论题上的见解的失误。

　　这里,须得措意予以分辨匡正的是胡适、冯友兰关于"小同异"的解释。仅就"大同而与小同异,此之谓小同异"而言,胡、冯以事物相同程度的大小分别"大同"、"小同"未始不可,但如果与"万物毕同毕异,此之谓大同异"关联起来作贯通的理解,则"大同"、"小同"的大小之分便不应着眼于事物相同的程度,而应注重于事物相同的范围。事实上,相对于"小同异"而言的"大同异"的"大"是"万物"这一范围的大;与此相应,同一论题中所说的"大同"之"大"亦当指范围或外延的大而非程度或内涵的大。此外,尚须指出的是,依"万物毕同毕异,此之谓大同异"的逻辑,所谓"大同而与小同异,此之谓小同异"的"大同"、"小同",当分别指相对大范围的同类物与相对小范围的同类物,而不是指那种在范围或程度上大小有别之相同的关系。

疏　解

　　惠施在这一论题中区分"小同异"、"大同异",乃在于强调其所主张的"合同异"的层次:经验事物的个体在"种"内的"同异"之辨或不同"种"的经验事物在"属"内的"同异"之辨是"小同异"之辨;"万物"各各相"异",而相异的万物毕竟在它们各各为"物"因而都是一种时空里的存在(占据一相对空间并发生变化)这一点上有它们的相"同"之处,这样的"同异"之辨是整个经验世界的"大同异"之辨。"小同异"之辨是一定范围的"同异"之辨,由此而有一定范围的事物之间既"同"又"异"的"合同异"之辨;"大同异"之辨是整个经验世界范围内万事万物既"异"又"同"之辨,由此而有天地万物范围的"合同异"之辨。对于惠施说来,"合同异"之辨,既包括了对这一物与那一物、这一种物与那一种物、这一物与所有其他物在同一时刻的既"异"又"同"的分辨,又包括了对某一物或某一种物在这一刻与那一刻既"同"又"异"的分辨;所以,无论是"小同异",还是"大同异",都既可以在空间扩展的意味上去说,也可以在时间推移的意味上求取。在这一意义上,正可以说,所谓"合同异"之辨总是那种动态的时空视野中的"异"中求"同"或"同"中涵"异"之辩。

（六）南方无穷而有穷。

【辨正】

这一论题的古注大都流于空泛,罕有给人以具体启示而可引人品评者。比如,陆德明《经典释文》所辑晋人司马彪等的注语:"司马云:'四方无穷也。'李云:'四方无穷,故无四方,上下皆不能处其穷,会有穷耳。'一云:'知四方之无穷,是以无无穷无穷也。形不尽形,色不尽色,形与色相尽也;知不穷知,物不穷物,知与物相尽。独言南方,举一隅也。'"

近代以来,西学东渐背景下的中国学人往往以惠施已谙晓地圆说为预设以解释此论题。胡适、梁启超、秦毓鎏、牟宗三等诸多学人莫不取这一思路,其中以胡适、牟宗三最为典型。胡适或为这思路的先行者,他推断:"惠施论空间,似乎含有地圆和地动的道理,……因为地圆,所以南方可以说有穷,可以说无穷。南方无穷,是地的真形;南方有穷,是实际上的假定。"(胡适:《中国哲学史大纲》卷上,第231页)上承胡适,牟宗三甚至沿着同一思路把论题"南方无穷而有穷"、"今日适越而昔来"、"连环可解也"联为一体以寻求答案。他认为:"'连环可解也'并不是独立的一条,而是对前两句的提示。'连环'是副词,《天下篇》言'其书虽瑰玮,连犿无伤也。'语中的'连犿',用字虽不同,但意思相同。'连犿无伤也'意为'宛转无妨碍','连环可解也'意为'圆转可理解',也是个提示语,并不是独立的一条。……'南方无穷而有穷,今日适越而昔来,连环可解也'就是把宇宙看成圆的。……惠施于此有个洞见，即'宇宙是圆的'。"（牟宗三:《中国哲学十九讲》，上海：上海古籍出版社，1997，第195页）像这样，把"地圆"或"宇宙是圆的"推想为惠施的"洞见"，似乎是得了"南方无穷而有穷"的真解，但当论题被框进一种科学视野时，其中所蕴含的哲学意趣也就被遮蔽了。战国时期的惠施是否已经有"地圆和地动"的"洞见"是不能轻率下断语的，而重要的是，由"无穷"和"有穷"所表达的"南方"的相对性也并不需要以"地圆"或"宇宙是圆的"为前提去解说。

　　诚然，亦有以"南方"为一相对方位解释"南方无穷而有穷"者，如钱穆就曾指出："夫南北自位而言之也。在我谓之南者，在彼不自谓南，彼自别有其南也。各自有其南，则南为无穷；各不自以谓南，则南为有穷。"（钱穆:《惠施公孙龙》，上海：商务印书馆，1934，第17页）但以无数"我"、"彼"各"自有其南"理解"南方无穷"，以"我"、"彼"等皆"不自以谓南"理解南方"有穷"，把问题归结为人人各自称"南"或不各自称"南"，这与惠施就公设的"南方"这一方位本身而说其"无穷而有穷"的意致或已了不相涉。

　　此外，尚有人以古人认识"南方"的眼界的不同解释"南方无穷而有穷"。冯友兰说："'南方无穷'是当时的人常说的话。在当时，南方几乎无人了解，很像两百年前美国的西部。当时的中国人觉得，南方不像东方以海为限，也不像北方、西方以荒漠流沙为限。惠施这句话，很可能仅只是表现他过人的地理知识，就是说，南方最终也是以海为限。"（冯友兰:《中国哲学简史》，第104页）这说法把一种耐人寻味的哲理变换成了一个"地理知识"问题，如此寻思惠施之所辩正可谓文不对题。不过，冯氏随即亦指出：这一论题"更可能是意味着：有穷与无穷也都是相

对的"（同上）。可惜他只作了这样一个申明，并未就已经提出
的话题多所解释。

疏 解

"天圆地方"是古代中国人根深蒂固的观念，至少，从传世
的先秦载籍和迄今为止的考古发现我们尚无从推知春秋战国时
期某位先知曾有过"地圆"的猜度。"南方无穷而有穷"的论题
是惠施在当时人们的天地观念背景下提出的，它同其他论题一
样，其以诡异的措辞示人，主要不在于传述某种新发现的知识，
而在于矫正人们既成惯性的静态思维所造成的错觉。惠施借这
一论题要告诉人们：任何一个被称作"南方"的地方对于比它稍
南的地方来说都是北方，在"实"的世界或经验世界里，永远不
会有绝对意义的"南方"。换句话说，正是因为"南"还有"南"
而"南方"没有限界或边际（"无穷"），所以无论怎样"南"的"南
方"，都会相对地成为"北方"（"有穷"）；动态地看"南方"，"南
方"可以说到"无穷"远处，但在这动态的"南方"中，每一处"南
方"又无不可以说是更南方的某个地方的北方。在指向南方的
位移中，每一个点都既是比它稍北的那个点的"南方"，又是比
它稍南的那个点的"北方"，这向南位移途程中的任何一点都既
"南"又"北"而亦"北"亦"南"。因"南方"之指向"无穷"而使
南指中的所有"南方"之地一一变为北方之地以显出其"有穷"，
并由此而使南移中所历经的每一点亦"南"亦"北"，其所道出的
是"南"、"北"相即、"异"而却"同"的"合同异"的妙谛。

（七）今日①适②越而昔来。

【注释】

　　①今日：这里作"今时"解；现在，此时。日，古有"时"义。

　　②适：往，至。

【辨正】

　　这一论题的古注同样流于空泛而所言多欠明切，此可由司马彪注、成玄英疏见其一斑。司马彪注云："彼日犹此日，则见此犹见彼也。彼犹此见，则吴与越人交相见矣。"（见陆德明：《经典释文》）成玄英疏云："夫以今望昔，所以有今。以昔望今，所以有昔。而今自非今，何能有昔？昔自非昔，岂有今哉？既其无昔无今，故曰今日适越而昔来可也。"（成玄英：《南华真经注疏》）

　　近代以来，学者中有人以"地圆"、"地动"说解释"今日适越而昔来"，其最有代表性者即是胡适。他说："因为空间是不停地运动的，……在一个国家是'今天'而在另一个国家可以是'昨天'。"（胡适：《先秦名学史》，李建钊等译，上海：学林出版社，1983，第100页）这同他借"地圆"说解释"南方无穷而有穷"一样，一个不能没有的前提是惠施业已有了"地圆"、"地动"的观念。然而正像前面已指出的，这前提是无从证之以传世或出土的古代文献的，而且，问题也还在于把一种连着人文神经的哲理思考归结为纯粹的科学认知。

　　牟宗三仍以"惠施于此有个洞见，即'宇宙是圆的'"为预设,像解诂"南方无穷而有穷"那样解诂"今日适越而昔来",但当着同样的思路在这里遇到另一种情形时,他声称他发现了惠施的一个"错觉":"惠施这句话中包含了一个错觉。'南方无穷而有穷'是从空间而言,而'今日适越而昔来',则是个时间的问题。惠施把时间问题空间化而将时空混一。"(牟宗三:《中国哲学十九讲》,第 196 页)其实,所谓惠施"将时空混一",完全是惠施的批评者把"南方无穷而有穷"、"今日适越而昔来"两论题与"连环可解也"合并求解引致的错误判断,如果不将其联为一体并以"地圆"说相附会,则"时"在"今日适越而昔来"那里只是"时","空"在"南方无穷而有穷"那里也只是"空",却又从何处去说"时空混一"? 说到底,"错觉"诚然是发生了,不过这不是发生在惠施那里,而是发生在由"连环可解"牵强推出惠施有"宇宙是圆的"之"洞见"的牟宗三处。

冯友兰认为"'今'与'昔'是相对的名词",遂以"今日的昨日,是昨日的今日;今日的今日,是明日的昨日"(冯友兰:《中国哲学简史》,第 104 页)解"今日适越而昔来"之"今"、"昔",但如此理解并谈论"今"、"昔"则略近于一种语言游戏。

在不胜罗举的诸家之言中,唯蒋锡昌解"今日适越而昔来"句颇见慧识,他说:"此据上文'日方中方睨'之理推出。盖真正之时间,永在移动,决不可分割为'今日'之一段,使稍停留片刻。如吾人刚说'今日(上午十时十分)到越',则此所谓'今日'者,已早成过去而为'昔来'矣。"(蒋锡昌:《庄子哲学》,第 271 页)不过,其措辞似尚可更确切些,而这一论题中的"合同异"的命意所在亦应予以道破。

疏　解

与"南方无穷而有穷"所表述的空间维度上的"南"、"北"的相对性相应,"今日适越而昔来"要告诉人们的是时间维度上的"今"、"昔"的相对性。破译这一论题的关键在于松开"今日"的执著。时光如水,原是刹那刹那都在流逝的。人们通常以"今日"、"昔日"计时,把时间分成有节奏的段落,只是为了生活上的方便,但习惯也往往使人们静态地看待某一时段,以致把这一时段与那一时段绝对地间隔开来。有学者谓"今日适越而昔来"之说"殊违反逻辑,不免涉于诡辩"(张默生著、张翰勋校补《庄子新释》,第754页),其所致误即在于今昔时段的机械划分。实际上,"日"在古代兼有"时"的意思,因此"今日"也可以解释为"今时"。如果以"今时"解"今日","今"与"昔"的相对就是当下的相对而不只是某个较长时段的相对。在时间之流中,今当下即是"昔",才说是"今","今"已成"昔"。时间的方"今"方"昔",正好与"日方中方睨"的理趣相贯;才"中"即"睨"方有日影的移动,才"今"即"昔"方有时间的永无止息的流逝。"适越"在"今",但"今"在刹那间即变为"昔",由"今"、"昔"的刹那转换领会"今日(时)适越而昔来",并没有逻辑上的扞格,称这一论题"不免涉于诡辩",实在是委屈了论题提出者的灵动的智慧。时间是流向无尽的未来的,这一往不返的流程的每一刹那都曾经是"今",而这曾是"今"的那一刹那又无不因着下一个刹那的"今"的出现而成为"昔",同一刹那会合了"今"、"昔"之"异",这是时间维度上的"合同异"。

（八）连环可解也。

【辨正】

司马彪注云："夫物尽于形，形尽于外，则非物也。连环所贯，贯于无环，非贯于环也。若两环不相贯，则虽连环，故可解也。"（见陆德明：《经典释文》）成玄英疏云："环之相贯，贯于空处，不贯于环。是以两环贯空，不相涉入，各自通转，故可解也。"（成玄英：《南华真经注疏》）司马与成氏所注前后相承而大意略通，皆由强调"连环"相贯"非贯于环"（"贯于无环"）或"不贯于环"（"贯于空处"）而说"连环可解"。近人张默生、郭沫若继其思绪，以解此论题。张默生指出："此条各家均不得其解，成〔玄英〕注似是而犹欠明显。余以为连环可解。即以两手持环，使其离之不相连，自不得谓之连环矣，此不解之解也。"（张默生著、张翰勋校补：《庄子新释》，第755页）郭沫若亦指出："'连环可解也'，大约是以不解解之。庄子所谓'得其环中以应无穷'，连环如各得环中以运，则彼此不相拘束，是不解而自解了。"（郭沫若：《十批判书》，见《郭沫若全集·历史编》第二卷，第270页）自司马彪、成玄英至张默生、郭沫若，如此的"不解之解"或"不解解之"虽亦可聊备一说，但其与惠施设此一论题再次援例以喻说"合同异"之旨——其他论题之所示皆在此旨——了不相契，恐终非正解。

与司马彪、成玄英、张默生、郭沫若相比，诸多近人解"连环可解"不得要领而陷入歧想者则更有过之。但冯友兰、蒋锡昌的见解卓然不群,其所寻思已进达惠施论题之真趣。冯友兰说:"《庄子·齐物论》曰:'其分也,成也;其成也,毁也。''日方中方睨,物方生方死。'连环方成方毁;现为连环,忽焉而已非连环矣。故曰:'连环可解也。'"(冯友兰:《中国哲学史》,第250页)由"物方生方死"推至"连环方成方毁",说得极其中肯,只是"忽焉而已非连环"似出语欠确。此后,蒋锡昌的表述显然更贴切些。他说:"此条自上文'物方生方死'之理推出。有生之物,方生方死;无生之物,方成方毁;其理正同。连环成后,终有毁日。唯常人所见者,只见一旦之毁,不见逐渐之毁。吾人假定自连环初成之时,至一旦毁坏之时,总名此整个之过程为'解'(解即毁也);是连环自既成之后,即无时不在'解'之过程之中,故曰:'可解'也。《齐物论》,'其分也,成也;其成也,毁也。'盖即本此。"(蒋锡昌:《庄子哲学》,第271-272页)

疏　解

"连环可解也"亦是援例以喻示"合同异"之说的论题。解"连环"或可比拟于《吕氏春秋·审分览·君守》所记之"解闭"(解一种死结),"解闭"的典故留下了"不解解之"的警语,解"连环"正可以从这里得到一种提示。惠施已有"物方生方死"的论题,"连环"为一物,依"物方生方死"的理路,则未始不可谓"环方连方解"。"物方生方死"所说的"死"并非死于非命的那种横死,"连环"的"解"自然也不是"引椎椎破之"(《战国策·齐六》)那样的骤然毁坏。物有生必有死,生死相从于物在时空中存在的每一个刹那;同样的道理,"连环"一经制成,一旦以环环相连的方式出现于时空,它也就开始了它的刻刻都在发生的解体的过程。“环”的每一刹那相“连”的情形都不同,其每一刹那相“连”情形的变化都既意味着“环”在时间的刹那相续中“连”着,也意味着“连”着的“环”在时间的刹那相续中“解”着——后一刹那的“连”与前一刹那的“连”的不同即是后一刹那的“连”对前一刹那的“连”的“解”。“连环”刻刻的“连”也是“连环”刻刻的“解”,“连”与“解”相“异”却又同在于“连环”存在的每一刹那,这由“连环”的“连”、“解”不二说出的理致仍在于所谓“合同异”。

（九）我知天下①之中央,燕之北,越之南②是也。

【注释】

①明世德堂本这里无“下”字,古注所本亦多有无“下”字者。今从清《古逸丛书》覆宋本、上海涵芬楼《续古逸丛书》影宋本、涵芬楼《道藏举要》本等,作“天下”。如无“下”字,此论题便为:“我知天之中央,燕之北,越之南是也。”若果然所言为“天之中央”,则当以位置相对确定的星辰为参照物;既然以燕、赵之地为参照而说“中央”的位置,称“天下”或者更可取些。

②燕之北,越之南:在通常的方位判断中,“中”或“中央”应在燕之南、越之北,惠施措意以燕之北、越之南说“中央”乃在于打破囿于习惯的眼界,提醒人们重新体会“天下”之意谓。

【辨正】

古注中,解此论题最可一提的是司马彪的《庄子注》和成玄英的《南华真经注疏》。司马彪注云:"燕之去越有数,而南北之远无穷,由无穷观有数,则燕越之间未始有分也。天下无方,故所在为中,循环无端,故所在为始也。"(见陆德明:《经典释文》)成玄英疏云:"夫燕越二邦,相去迢递,人情封执,各是其方,故燕北越南,可为天中者也。"(成玄英:《南华真经注疏》)司马彪以"天下无方"(天下没有界限)而"所在为中"(处处皆可为中央)解"天下之中央"何以可在"燕之北,越之南",成玄英则以燕越两国"相去迢递,人情封执"(相距遥远,固执于本邦风俗人情)而"各是其方"(各以其境域为是)作解,皆言之成理。但衡之以惠施置辞而辩"合同异"之用心,司马彪的解法显然更精当些。

近代以来,学人中除分别认同司马彪、成玄英之所解者外,尚有以"地圆"说解释此一论题者。如:胡适说:"燕在北,越在南。因为地是圆的,所以无论那一点,无论是北国之北,南国之南,都可说是中央。"(胡适:《中国哲学史大纲》卷上,第231页)牟宗三说:"惠施有……'宇宙是圆的'这个洞见。这个洞见是可理解的,因此说'连环可解也'。'我知天下之中央,燕之北、越之南是也'也表示了这个洞见。"(牟宗三:《中国哲学十九讲》,第136页)如此推定惠施有"地圆"或"宇宙是圆的"的观念以解释"我知天下之中央,燕之北,越之南是也",其问题所在正同于持此说者解"南方无穷而有穷"、"今日适越而昔来"等论题的问题所在。

此外,学者对此论题亦另有所解。如钱穆认为:"夫中无定位也。居燕北者,不自以为北,而以燕为南焉,则彼自以为中也。居越之南者,不自以为南,而以越为北焉,则彼亦自以为中也。"(钱穆：《惠施公孙龙》，第18页)高亨认为："中央者，盖域也，非端也。盖面也，非点也。此中央之界说也。域可小之，亦可大之，小则所包者狭，大则所包者广，扩大中央之域，则燕之北越之南固可包于其中。"(高亨：《〈庄子·天下篇〉笺证》，见张丰乾编《〈庄子·天下篇〉注疏四种》，北京：华夏出版社，2009，第223页)钱穆解这一论题看似自成一理，却不能免其疏漏。其解"南方无穷而有穷"时说："夫南北自位而言之也。在我谓之南者，在彼不自谓南，彼自别有其南也。各自有其南，则南为无穷；各不自以谓南，则南为有穷。"依这一逻辑，从其对"我知天下之中央，燕之北，越之南是也"的解诂便可能引出这样一个问题："居燕北者"、"居越之南者"皆"自以为中"因而"中无定位"，然而，若以"各不自以谓南，则南为有穷"相推，"居燕北者"、"居越之南者"倘不"自以为中"，则"中"有"定位"么？由这一问题窥入去，可略见钱氏之说的内在扞格。至于高亨以"中央"为"面"而其"域可小之，亦可大之"解"我知天下之中央，燕之北，越之南是也"，则问题更大。实际上，如此解题乃是把一个原本不无深意的说法变得了无趣味了——试想，"中央"为"面"，而"面"又"可小之，亦可大之"，那么，这"面"若是大到无限呢？

疏　解

　　司马彪所谓"天下无方，故所在为中"，当可视为解"我知天下之中央，燕之北，越之南是也"这一论题的破的之语。这里尚可聊作申说的是："中"或"中央"原是相对于周边四围而言的，若周边无着,则"中"或"中央"无从确定。因此,真正说来,只是有限之域,亦即有周边限定的地方,才有"中"或"中央"可言;如此有限之域,小至一粒微尘,大至疆域辽阔的四方邦国,无不可寻究其"中"或"中央"。至于无限之域,既然其无涯际可觅,则"中"或"中央"自然亦无从说起。惠施所说"我知天下之中央,燕之北,越之南是也"之"天下",非所谓"奄有四海,为天下君"(《书·大禹谟》)的那种"天下",而是古人意想中的无边无际的天所覆盖的无边无际的大地。既然这样的"天下"无边无际,便无从找出它的一个确定的"中"或"中央"的位置。换句话说,对于无边无际的天下说来,本无所谓"中央",若是一定要悬设其"中央"所在,则亦无处不可——"燕之北"固可,"越之南"亦未始不可。没有周边的"天下"的任何一处皆可以设其为"中央",却又因为处处可谓"中央"而未始不可谓其处处不是"中央";相异的"是"与"不是"、"可"与"不可"是就同一处而言的,如此正好提供了"合同异"的又一个示例。

(十) 泛爱①万物,天地一体②也。

【注释】

①泛爱:普泛地爱。与墨子"兼爱"略通,但"兼爱"只及于人伦,而惠施所说"泛爱"及于万物。

②一体:和谐融洽,宛若一个整体。此处"天地一体"之"一体"可略比之于《仪礼·丧服》所谓"父子,一体也;夫妇,一体也;昆弟,一体也"之"一体"。

【辨正】

"泛爱万物,天地一体也"是惠施"历物之意"的最后一个论题。历来学者大都将其视为前九个论题所论之断案,分歧只在于"泛爱万物"与"天地一体"间的逻辑关联。有学者认为,"泛爱万物"与"天地一体"各具一义,二者不必以因果相系。如杨俊光即指出:"'泛爱万物,天地一体也'这个句子,既然它的两个部分在意义上并非必有因果关系,句中又无表示因果关系的连词,所以它所说的也就不一定是因果关系。……成〔玄英〕《疏》释云:'万物与我为一,故泛爱之。二仪与我并生,故同体也。'虽然是在以庄解惠,但连用两个'故'字,可见也认为这是两个并列的意思。"(杨俊光:《惠施公孙龙评传》,第62页)多数学者则认为,"泛爱万物"与"天地一体"构成一种因果推理,虽意趣之重心或落于"天地一体",或落于"泛爱万物",但对于前九个论题说来,这相依于因果的两句话毕竟只构成一个论题。两种见地相较,后者似与"历物之意"诸论题的总体格局更相应些。况且,成玄英所谓"万物与我为一,故泛爱之。二仪(即天地——引者注)与我并生,故同体也"(成玄英:《南华真经注疏》),以庄子"天地与我并生,而万物与我为一"(《庄子·齐物论》)解惠施"泛爱"、"一体",本身即表明"泛爱万物"与"天地一体"并不就是平列之二题,因为"天地与我并生"与"万物与我为一"在庄子那里所晓示的原只是同一义旨。

在以因果关系把"泛爱万物"与"天地一体"联为一个论题的学者中,有人以"泛爱万物"为因而以"天地一体"为果从而把论题的重心置于后者,如虞愚即是如此。他由"去尊"而推出"泛爱万物",并由此论及"天地一体":"'泛爱万物,天地一体也。'此惠施历物之结论,亦即惠施哲学之根本观念也。

《吕氏春秋》谓惠施之学'去尊',因其去尊,则心无尊卑贵贱善恶等之分,故泛爱万物,而天地与我同一体也。"(虞愚:《中国名学》,南京:正中书局,1937,第109页)但更多的学者则以"天地一体"为因,而以"泛爱万物"为果——以对"万物"的"泛爱"为最终之指归。如:章太炎说:"[物]无毕同,故有自相;[物]无毕异,故有共相。大同而与小同异,此物之所有;万物毕同毕异,此物之所无。皆大同也。故天地一体;一体故泛爱万物也。"(章太炎:《国故论衡》,上海:上海古籍出版社,2003,第132页)钱穆说:"为知天地一体,故当泛爱万物也。"(钱穆:《惠施公孙龙》,第19页)蒋锡昌说:"'天地一体',自上文'万物毕同'之义推出;而'泛爱万物',又自'天地一体'之义推出。盖天地万物既为一体,自当互相泛爱也。"(蒋锡昌:《庄子哲学》,第272页)冯友兰也说:"以上各命题,都是说万物是相对的,不断变化的。万物之间没有绝对的不同,绝对的界线。每个事物总是正在变成别的事物。所以得出逻辑的结论:万物一体,因而应当泛爱万物,不加区别。"(冯友兰:《中国哲学简史》,第105页)郭沫若则说:"因为天地万物尽管不同,而同是出于'大一',自然同是'一体',也就须得'泛爱'了。"(郭沫若:《十批判书》,见《郭沫若全集·历史编》第二卷,第269页)从"泛爱万物,天地一体也"同此前的九个论题的关系看,由"天地一体"推出"泛爱万物"显然比因果相反的推论更合于惠施"历物之意"的内在逻辑。此外,蒋锡昌、冯友兰由"万物毕同"或"万物之间没有绝对的不同,绝对的界线"推出"天地一体",亦比郭沫若由万物"同是出于'大一'"推出"天地一体"更确切、恰当而更富于"合同异"之胜义。

疏　解

"泛爱万物,天地一体也"这个收摄前九个论题的论题,申示的是"合同异"之辩的价值内涵:既然"大一"与"小一"之间的天地万物都既相"异"又相"同",那么,从相对的"同"处看,天地原只是"一体"、一个不可割裂的整体,人处在这样的"一体"世界中,就应该同类相惜、同体相爱而"泛爱万物"。"泛爱"是"合同异"之说的主题,是惠施所有"苛察缴绕"之辞的命意所在、谜底所在。这由"天地一体"而说"泛爱万物",看似诸多论题因果必至的一个结论,实际上作为价值祈求赋有对于所有其他论题说来的前导性。它虽然只是在最后才被道破,却自始就默寓于各论题的具体演述中。

论题"泛爱万物,天地一体也"与论题"至大无外,谓之大一;至小无内,谓之小一"、"大同而与小同异,此之谓小同异;万物毕同毕异,此之谓大同异",都是"合同异"之说创意、立制的元论题;它们是其他若干论题的意义最后得以确定的依据。论题"大一"、"小一"及"小同异"、"大同异"的原创特征是显而易见的,"合同异"之说只是从这里出发才有了它的统绪可辨的格局。论题"泛爱万物,天地一体也"则如上面所指出的,一开始就赋予了其他论题某种内在的韵致,而使那些奇诡的措辞最终不至于落为机辩的游戏。

下篇
《公孙龙子》疏解

一　公孙龙的生平与学缘

　　《史记·孟子荀卿列传》载:"而赵亦有公孙龙,为坚白同异之辩。"自此,汉唐学人多以公孙龙为"赵人"(见《汉书·艺文志》班固自注、许慎《淮南鸿烈间诂·齐俗》、《列子·仲尼》、司马彪《庄子注》之《秋水》注、成玄英《南华真经注疏》之《齐物论》注、《秋水》注、《天下》注等)。迄于近世,学者对此说大都没有异议。唯东汉高诱《吕氏春秋注》之《应言》注曾称"龙,魏人也",近人胡道静则辨其讹失说:"公孙龙早年适魏,莫年居赵;高氏以其早年在魏,故误以为魏人也。"(胡道静:《公孙龙子考》,上海:商务印书馆,1934,第4页)胡氏所说颇与情理相契,应可许为笃论。

　　但公孙龙为"赵人"之说未始没有学者质疑,如今人杨俊光即指出:"推到源头,《战国策》、《吕氏春秋》都未明言公孙龙的国籍,《迹府》只说'六国时辩士'、'赵平原君之客',《史记·孟子荀卿列传》和刘向《孙卿新书叙录》均只称'赵亦有公孙龙'。对此,我们不能忘记,战国是士人朝秦暮楚的时代。因此,赵'有'之人尽可不必为赵人,赵贵族之'客'亦不必尽为赵人。"

（杨俊光：《惠施公孙龙评传》，南京：南京大学出版社，1992，第132页）这质疑显然出于一种审慎和严谨，质疑者遂由此引出一个结论：从现有史料我们尚无从确认公孙龙终究属于哪一国人，唯公孙龙为"秦以外的东方'六国'人"或"非秦人"可以肯定。然而，"非秦人"的断案终是有嫌笼统，既经提出的问题并非不可再作分辨。《战国策》、《吕氏春秋》等著述之旨趣原在于举事以喻理，其"未明言公孙龙的国籍"并不能说明什么，而刘向之所言则明显因袭于《史记》，所以真正说来，重要的只在于如何读解《史记》之所记。通常研究公孙龙的学者摘引《史记·孟子荀卿列传》总自"而赵亦有公孙龙"摘起，却很少有人留意如此截断连贯的文字后语势的失衡。其实，在"而赵亦有公孙龙"句之前有一段颇长的记述荀卿生平事略的文字："荀卿，赵人。……于是推儒、墨、道德之行事兴坏，序列著数万言而卒。因葬兰陵。"如果依原文语势，将"荀卿，赵人。……"与"而赵亦有公孙龙"连读，那么，"而赵亦有公孙龙"的"而赵亦有"就不可一般地理解为他国来赵之人而为赵所"有"，而应顺着文意将整句话读为公孙龙"亦"如荀卿，"亦"为"赵人"。当然，在辨清《史记》所述的原意后仍可对其断案存疑的，但至少，《史记》以公孙龙为"赵人"，依然是迄今关于公孙龙籍贯的说法中最值得信从的一种。

公孙龙最早见于载籍的活动为燕昭王二十八年（纪元前284年）或略前"说燕昭王以偃兵"（《吕氏春秋·审应览·应言》），而最晚见于载籍的事迹为"邹衍过赵"难"白马非马"之辩而公孙龙见绌，这之前则为"秦攻赵，平原君使人请救于魏。信陵君发兵至邯郸城下，秦兵罢。虞卿为平原君请益地"（《战国策·赵三》）背景下，公孙龙劝平原君"勿受［封］"（赵孝成王九年,纪元前 257 年)。胡适据此推测:"公孙龙大概生于西历前三二五年和三一五年之间。那时惠施已老了。公孙龙死时,当在前二五〇年左右。"(胡适:《中国哲学史大纲》卷上,上海:商务印书馆,1926,第 235 - 236 页)此后,学者们多方考证,虽各自对公孙龙生卒之年的认定略有差异,但皆与胡适的推断大体一致。

生逢乱世,公孙龙厌弃诸侯国间的兼并战争而主张"偃兵"。他除游燕"说燕昭王以偃兵"外,亦曾以同样的理趣规劝赵惠文王:"赵惠王谓公孙龙曰:'寡人偃兵十余年矣而不成,兵不可偃乎?'公孙龙对曰:'偃兵之意,兼爱天下之心也。兼爱天下,不可以虚名为也,必有其实。今蔺、离石入秦,而王缟素布总;东攻齐得城,而王加膳置酒。秦得地而王布总,齐亡地而王加膳,所(据毕沅校,'所'当为'此'——引者注)非兼爱之心也,此偃兵之所以不成也。今有人于此,无礼慢易而求敬,阿党不恭而求令,烦号数变而求静,暴戾贪得而求定,虽黄帝犹若困。'"(《吕氏春秋·审应览·审应》)这段对话表明,公孙龙所谓"偃兵",决非功利性的权变策略,而是关乎人生措置和社会治理的一种根本选择。其价值取向为"兼爱",为这"兼爱"所要求的是"不可以虚名为也,必有其实"的真诚践履。虽未径直诉诸"守白"之论对"偃兵"之旨作名理推绎,但"无礼慢易而求敬,阿党不恭而求令,烦号数变而求静,暴戾贪得而求定"的讽谏之辞中,已确凿地隐含了由"坚白"之辩以"正名实"的祈愿。

刘向《新序·杂事第二》记有一则关于公孙龙的逸事,其情节大略如下:一次,魏王出外狩猎,遇见一群白雁。魏王下车张满弓正打算射时,看到路上有行人走来,就招呼那人停下来。行人没有止步,结果雁群受到惊吓,一下子就飞走了。魏王很生气,拿起箭来就要射那位行人。这时,为魏王驾车的公孙龙赶忙跳下车用手按住箭说:"大王,不可射!"魏王满脸怒气,说:"你不帮着你的君主,反倒去帮别人,这是为什么?"公孙龙回答他说:"昔日齐景公在位时,天大旱,一连三年。占卜得到的兆示是:'一定要以人作牺牲来祭天,才会降雨。'景公走下堂来向天叩拜说:'我所以求雨,是为了我的百姓。若是一定要让我用人作牺牲才肯下雨,那就由我来作祭品吧!'话还没说完,方圆千里的地方就下起了大雨。这是为什么呢?是因为那位君主的德行感动了上天,才使百姓得以受惠。现在大王由于白雁的缘故就想用箭射人,我要对大王说,那样做就跟虎狼没有两样了!"这则逸事可能只是一个传说,但如此传说公孙龙不正表明善辩的公孙龙终是为其"兼爱"主张而辩吗?

事实上,为史籍所称说的公孙龙的确更多是一位机智的"辩士"。《吕氏春秋》讲到过这样一件事:"空雄(当为'空雒'——引者注)之遇,秦、赵相与约。约曰:'自今以来,秦之所欲为,赵助之;赵之所欲为,秦助之。'居无几何,秦兴兵攻魏,赵欲救之。秦王不说,使人让赵王曰:'约曰:"秦之所欲为,赵助之;赵之所欲为,秦助之。"今秦欲攻魏,而赵因欲救之,此非约也。'赵王以告平原君,平原君以告公孙龙。公孙龙曰:'亦可以发使而让秦王曰:"赵欲救之,今秦王独不助赵,此非约也。"'"(《吕氏春秋·审应览·淫辞》)公孙龙对秦王的婉言辩诘煞似一种语言游戏,不过,这里的巧便逻辑固然流溢着讽谏的智慧,却也以其对强秦的抗争述说了辩者的一份"兼爱之心"。《吕氏春秋·审应览·淫辞》、《公孙龙子·迹府》、《孔丛子·公孙龙》等文献,都有公孙龙与孔穿辩答的记载,而以《公孙龙子·迹府》所记最为信实可据。公孙龙借"楚人遗弓"的故事,由援引孔子"异'楚人'于所谓'人'"(《公孙龙子·迹府》)而申辩自己的"白马非马"之说,其措辞之谨严、逻辑之缜密最能传示一代辩者的卓越辩才和醇正辩风,而他对尹文为齐王说"士"的引证,则隐然表达了其与尹文"以禁攻寝兵为外,以情欲寡浅为内"(《庄子·天下》)之志尚大体相应的价值追求。

一如惠施,公孙龙之学的师承无从稽考。晋人鲁胜作《墨辩注》,其《叙》云:"墨子著书,作《辩经》以立名本。惠施、公孙龙祖述其学,以正刑名显于世。"此说一出,后世遂有学者相呼应,以惠施、公孙龙之学为墨家后昆。近世学者胡适、钱穆或是持这一看法的最有代表性的人物,其前者竟至称惠施、公孙龙为"别墨",后者则以为"墨学本尚苦行,继则济之以文辩,施、龙则文辩之尤著而忘其苦行者也"(钱穆:《惠施公孙龙》,上海:商务印书馆,1931,第127页)。然而,细细推敲起来,鲁胜而至胡适、钱穆的判断还是颇可质辩的。鲁胜辑《墨子》之《经上》、《经下》、《经说上》、《经说下》四篇称其为《辩经》而为之作注,对所谓"兴微继绝"(《晋书·隐逸传》)当不无助益,但以《辩经》为墨子著述毕竟未提出任何相关依据,而径谓"惠施、公孙龙祖述其学"则更是独断之论了。至于"别墨",原是墨家后学不同流派各以正宗自居而贬称别派的用语,有如贬称相对于"兼君"的君为"别君",称相对于"兼士"的士为"别士",胡适以"别墨"称惠施、公孙龙之学乃是术语误置。而且,即使将错就错,把"别墨"理解为别一种或别一系的墨家,作如此理解的胡适也未能对他的断案作出相应的考论。比起鲁胜、胡适来,钱穆对其所持"施、龙为墨徒"(钱穆:《惠施公孙龙》,第128页)之说的论证是堪谓经心的,但论据本身生出的扞格终是为整个推论留下了不小的破绽。在钱氏说"《荀子·非十二子篇》以墨翟、宋钘并称,则可证宋钘、尹文为墨徒"（同上书，第 127 页）时，他也说"《庄子·天下篇》以宋钘、尹文并举，其学以禁攻寝兵为外，以情欲寡浅为内，是显系墨家后裔"（同上），但他既然引《庄子·天下》以为证，他便理应对这样一个事实作出解释，即《庄子·天下》在由"道术将为天下裂"分论诸子之学时是将墨翟、禽滑厘列为一派而将宋钘、尹文列为另一派的，若是"宋钘、尹文之为墨徒"，那么庄子何以不将其与墨翟、禽滑厘并为一派论说呢？然而，在这不能不作解释的地方，钱氏并未予以分辩。同样，《荀子·非十二子》所非十二子，是被分为六派逐一贬责的，钱氏既然断定"施、龙为墨徒"，那便理应对惠施何以在荀子那里未与墨翟相提反倒与邓析并论这一疑窦作出解释，但在这又一个不能不作解释的地方钱氏再一次缄默了。诚然，墨家讲"兼爱"，公孙龙、惠施也讲"兼爱"以至"泛爱"，但主张"兼爱"以至"泛爱"者不必皆归于墨家而尽为"墨徒"。曾撰述了《经上》、《经下》、《经说上》、《经说下》、《大取》、《小取》的墨家之徒，最终是把这被后人称作《辩经》或《墨辩》的文字归于墨学范畴的，因而这些文字亦终究被辑入《墨子》。设使惠施、公孙龙果然为"墨徒"，那么这比撰著《辩经》或《墨辩》的墨徒更早的"墨徒"一定也会把自己的著述续入《墨子》一书的，然而这个合乎逻辑的结果为什么没有出现以至于墨徒的《辩经》得以在《墨子》中大体完整地存留下来而惠施的文字散佚殆尽、公孙龙的文字孤行残存呢？单是这一点也多少可以说明，墨家之学是墨家之学，而惠施、公孙龙之学并非墨学——至少以惠施、公孙龙非"墨徒"比以他们为"墨徒"更有理由些。

诚然，惠施、公孙龙之学都不是无源之水，只是这渊源不必即是墨学或不必尽在墨学罢了。惠施之学是可以上追邓析的，公孙龙之学亦一定有其学缘踪迹可寻。《韩非子·外储说左上》云："兒说，宋人，善辩者也。持'白马非马'也，服齐稷下之辩者；乘白马而过关，则顾白马之赋。"由此可见，"白马非马"之说非为公孙龙首创，它亦曾是比公孙龙约早一代之久的宋国人兒说的辩题。兒说或与兒说相类的前辈学者怎样影响了公孙龙已难以考索，但可以肯定的是，促使公孙龙"因资材之所长，为'守白'之论"（《公孙龙子·迹府》）的是一些"辩士"或与"辩士"学缘较近的人。从公孙龙辩斥孔穿时对尹文为齐王辨"士"的引证看，他可能受过尹文的影响。刘向称："尹文子学本庄老，其书自道以至名，自名以至法；以名为根，以法为柄。"（刘向：《尹文子叙》）《汉书·艺文志》著录《尹文子》一篇，列名家，且附注云"先公孙龙"。从这些史料大体可以推定"自道以至名"而"以名为根"的尹文可能是名家中之一系（此一系集大成于公孙龙）的先驱人物或奠基人物，然而无论如何，因着古本《尹文子》的遗佚和《公孙龙子》的残缺，其与公孙龙的学缘的深浅已难以详究。此外，从史籍片言只语的记述可知，公孙龙亦曾与毛公、桓团等相交游，而綦毋子则是其徒辈，但他们间的更多的学术消息也同样无从知晓了。

公孙龙的著述，扬雄有"诡辞数万以为法"（扬雄：《法言·吾子》）之说，《汉书·艺文志》则著录《公孙龙子》十四篇。据《文苑英华》引唐人所撰《拟公孙龙子论》知，《公孙龙子》至晚于隋唐之际已佚八篇，唐初时仅余六篇。此六篇即流传迄今的《迹府》、《白马论》、《指物论》、《通变论》、《坚白论》、《名实论》，而其中真正为公孙龙亲撰的文字只是后五篇。

二 《迹府》[1]疏解

《迹府》作为流传至今的《公孙龙子》中的一篇,显然非公孙龙本人亲撰。作者已不可考,其或为《公孙龙子》诸篇的编录者,当是秦之后而西汉刘向校勘群籍之前时人。《道藏》本《公孙龙子》列《迹府》为首篇,今一仍其旧。

公孙龙①,六国②时辩士③也。疾④名实之散乱,因⑤资材⑥之所长,为"守白"之论⑦。假物取譬⑧,以"守白"辩,谓白马为非马⑨也。

【注释】

①公孙龙:此处所谓"六国时辩士"之公孙龙非孔子之弟子

---

[1]迹府:(公孙龙)事迹汇集。迹,事迹。府,聚集,汇聚。《广韵·麌韵》:"府,聚也。公卿牧守,道德之所聚也。"《集韵·噱韵》:"府,聚也。公卿牧守称府,道德之所聚;帑(tǎng)藏称府,财物之所聚。"

公孙龙。《史记·仲尼弟子传》:"公孙龙,字子石,少孔子五十三岁。"《史记·孟子荀卿传》:"而赵亦有公孙龙,为坚白同异之辩。"这又一个公孙龙是"为坚白同异之辩"的辩士公孙龙,亦即与孔子六世孙孔穿有过辩答的公孙龙,而非仅比孔子少五十三岁的孔门弟子公孙龙。此公孙龙为赵国人,曾做平原君赵胜的门客多年。《汉书·艺文志》著录《公孙龙子》十四篇,注曰"[公孙龙,]赵人"。又注名家毛公曰:"赵人,与公孙龙等,并游平原君赵胜家。"许慎《淮南鸿烈间诂》:"公孙龙,赵人。"

②六国:原指函谷关以东的齐、楚、燕、韩、赵、魏等六国,这里借指六国曾与秦国并立的那个时代,即战国时代。《战国策·赵二》:"故窃为大王计,莫如一韩、魏、齐、楚、燕、赵,六国从亲以傧畔秦。"(从〔zòng〕亲,合纵相亲。傧畔,摈斥,背弃。)

③辩士:长于雄辩、游说的辩说之士,也被称为"察士"、"辩者"。《荀子·正名》曾这样说到战国时"辩说"的起因:"夫民易一以道,而不可与共故。故明君临之以执(势),道(导)之以道,申之以命,章之以论,禁之以刑,故其民之化道也如神,辨执(说)恶用矣哉!今圣王没,天下乱,奸言起,君子无执(势)以临之,无刑以禁之,故辩说也。"(一以道,凭借道而达到步调一致。共故,共同知晓其所以然;故,缘故,所以然。临之以势,凭借权势来统治;临,统治,监督。道之以道,用道义来引导。申之以命,用命令来约束;申,约束。章之以论,用〔先圣的〕言论来昭示;章,昭示。)

④疾:忧虑;厌恶。

⑤因:凭借,依靠。

⑥资材:禀赋,资质。

⑦"守白"之论:即"白马非马"论。"守白"当为执守白马非马之辩的简称;守,执守,守持。

⑧假物取譬:借着可直观的事物打比方以喻说道理。取譬,打比方以说理。

⑨白马为非马:即《白马论》所谓"白马非马"。这里,"非"应解为"异于"、"不等于"或"不等同于"。

【译文】

公孙龙是战国时期一位长于名实之辩的人物。他痛感(当时)名实关系的混乱,凭着自己禀赋的所长,提出了所谓"白马非马"的"守白"之说。他借着可感之物设喻说理,来为"守白"之说辩难,宣称白马不等同于马。

白马为非马者,言白所以名色①,言马所以名形也,色非形②,形非色也。夫言色则形不当与③,言形则色不宜从④,今合以为物⑤,非⑥也。如求白马于厩⑦中,无有,而有骊色之马⑧,然⑨不可以应⑩有白马也。不可以应有白马,则所求之马亡⑪矣,亡则白马竟非马。欲推是辩⑫,以正名实⑬,而化⑭天下焉。

【注释】

①白所以名色:白是用来称说颜色的。名色,即《白马论》所谓"命色",亦即称说颜色;名,命名,称说。

②色非形:颜色不是形状。这里的"非"与"白马非马"的"非"不同,应作"不是"解。

③与:参与;在其中。

④从:参与;相随从。

⑤合以为物:把颜色和形体混同为一回事。合,同;可引申为混同。

⑥非:不对,不正确。这里的"非",与"白马非马"的"非"(不等同)不同,也与"色非形"之"非"(不是)不同。

⑦厩:马圈,马舍。

⑧骊(lí)色之马:黑马。骊色,黑色。

⑨然:就,便。

⑩应:答应。这里,"应"可引申为"说"。

⑪亡:无,没有。

⑫是辩:这样的(白马不等同于马的)辩别(分辨区别)。

⑬正名实:厘正名实关系。这里指控名责实或循名责实。《史记·太史公自序》:"名家使人俭而善失真,然其正名实,不可不察焉。……名家苛察缴绕,使人不得反其意,专决于名,而失人情,故曰使人俭而善失真。若夫控名责实,参伍不失,此不可不察也。"(俭,约束;检点。善,易于。苛察,以烦琐苛刻为明察。缴绕,缠绕,纠缠不清。控名责实,引名以求实;控,引。参伍不失,错综比较而予以验证,以求不失其真。)

⑭化:教化,劝化;变化人心风俗。

【译文】

　　所谓白马不等同于马,是说"白"是用来称说颜色的,"马"

是用来称说形体的,颜色不就是形体,形体也不就是颜色。说颜色就不该让形体参与其中,说形体也不宜连带上颜色。现在把颜色和形体混同为一回事,那是不对的。譬如从马厩中找一匹白马,那里没有,而只有黑色的马,就不可以说是有白马。既然不可以说有白马,那就是所要找的马没有找到;既然要找的马没有找到,那即是说白马毕竟不等同于马。他想把这样的论辩推行开去,以厘正名实关系,而教化天下的人。

　　龙与孔穿①,会赵平原君②家。穿曰:"素闻先生高谊③,愿为弟子久,但不取④先生以白马为非马耳。请去⑤此术,则穿请为弟子。"龙曰:"先生之言悖⑥。龙之所以为名者,乃以白马之论尔。今使龙去之,则无以教焉。且欲师之者,以智与学⑦不如也。今使龙去之,此先教而后师之也;先教而后师之者,悖。且白马非马,乃仲尼之所取。龙闻楚王张繁弱之弓⑧,载忘归之矢⑨,以射蛟、兕⑩于云梦之圃⑪,而丧其弓。左右请求之,王曰:'止。楚人⑫遗弓,楚人得之,又何求乎?'仲尼闻之曰:'楚王仁义而未遂⑬也。亦⑭曰人亡弓、人得之而已,何必楚?'若此,仲尼异楚人于所谓人。夫是仲尼异楚人于所谓人,而非龙异白马于所谓马,悖。先生修儒术而非仲尼之所取,欲学而使龙去所教,则虽百龙⑮,固不能当前⑯矣。"孔穿无以应焉。

【注释】

①孔穿:字子高,孔子六世孙。《史记·孔子世家》:"孔子
生鲤字伯鱼,伯鱼年五十先孔子死。伯鱼生伋字子思,年
六十二,尝困于宋。子思作《中庸》。子思生白字子上,
年四十七。子上生求字子家,年四十五。子家生箕字子
京,年四十六。子京生穿字子高,年五十一。子高生子
慎,年五十七……"

②平原君:赵国公子,名胜。赵武灵王之子,赵惠文王之弟,
封于东武城(今山东武城西北),号平原君。曾任赵相,
有食客数千人。

③高谊:高深的义理。谊,同"义",义理。

④取:采取,采纳。

⑤去:去掉,除去。

⑥悖:背理,荒谬。

⑦智与学:才智与学识。

⑧繁弱之弓:古代的一种良弓。繁弱,又名繁若,古代良弓
名。《左传·定公四年》:"分鲁公以大路、大旂(qí),夏
后氏之璜,封父之繁弱。"(分,赐予。鲁公,指伯禽。大
路,即大辂〔lù〕;古时天子所乘之车,以玉为饰。大旂,古
代九旗之一,上绘交龙,竖立于大辂之上。璜,一种珍贵
的半璧玉器。封父,古国名。)杜预注:"繁弱,大弓名。"
《荀子·性恶》:"繁弱、钜黍,古之良弓也。"

⑨忘归之矢:古代一种良箭。忘归,古良箭名。《文选·嵇
康〈赠秀才入军〉诗之一》:"左揽繁若,右接忘归。"李周
翰注:"忘归,矢名。"

⑩兕(sì):古代兽名,即雌犀。《尔雅·释兽》:"兕,似牛。"

《说文·豸部》："罷，如野牛而青，象形。与禽、离头同。凡罷之属皆从罷。兕，古文从儿。"

⑪云梦之囿：云梦泽畔的园林。云梦，古泽名，在楚国境内。囿，当为"囿"，古代帝王、诸侯蓄养禽兽的园林。《孟子·梁惠王下》："文王之囿方七十里，刍荛（ráo）者往焉，雉兔者往焉，与民同之。"（刍荛者，割草打柴之人。雉兔者，猎取野鸡、兔子之人。）

⑫楚人：《道藏》本原为"楚王"，依下文"仲尼异楚人于所谓人"之意，并参照刘向《说苑·至公》与《孔丛子·公孙龙》，这里改作"楚人"。

⑬遂：完成，成功；完全，尽。

⑭亦：学者或解此"亦"为"应该"，或解其为"只须"，其实"亦"在这里只是用于句首的语助词。无义。

⑮百龙：才能百倍于（我）公孙龙的人。

⑯当前：在面前，当着面。

【译文】

公孙龙曾与孔穿会面于赵国公子平原君家。孔穿说："一向听说先生的义理高深，想做先生的弟子已经很久了，只是不能苟同先生的白马不同于马之说。希望能放弃这个说法，我请求做先生的弟子。"公孙龙说："先生的话背理了。我之所以为人所知，只是由于'白马'之说而已。如果现在让我放弃它，那就没有什么可施教于人的了。况且，一个人想拜人为师，总归是因为才智和学识不如人吧，你现在让我放弃白马不同于马之说，这是先施教于我而后以我为师。先施教于人而后以人为师，这是于理相背的。再者，所谓白马不同于马，也是（先生的先辈）仲

尼所认可的。我听说（当年）楚王张着繁弱之弓，带着忘归之
箭，去云梦的园林猎取蛟、兕，不慎丢失了他（心爱）的弓。随从
于左右的人请求把弓找回来。楚王说：'算了。楚国人丢了弓，
楚国人捡了去，又何必去找呢？'仲尼听说这件事后说：'楚王
（这样说）算得上仁义了，但还不够。说人丢了弓、人捡了去就
是了，何必要说楚国人呢？'像这样说，仲尼是把'楚人'和'人'
区别开了的。若是肯定仲尼区别'楚人'和'人'的说法，却又非
难我的'白马'不同于'马'的见解，那是于理相背的。先生修习
儒家的道术而又否弃仲尼所认可的见地，想要从我而学却又让
我放弃我所能教您的东西，（照这样的逻辑，）就是有才能百倍
于我的人，也一定无法当着您的面把道理说清楚啊。"孔穿听后
无从应对。

　　公孙龙，赵平原君之客也；孔穿，孔子之叶①也。穿
与龙会。穿谓龙曰："臣②居鲁，侧闻下风③，高④先生之
智，说⑤先生之行，愿受业⑥之日久矣，乃今得见。然所
不取先生者，独不取先生之以白马为非马耳。请去白马
非马之学，穿请为弟子。"公孙龙曰："先生之言悖。龙
之学，以白马为非马者也。使龙去之，则龙无以教。无
以教而乃学于龙也者，悖。且夫欲学于龙者，以智与学
焉为不逮⑦也。今教龙去白马非马，是先教而后师之
也。先教而后师之，不可。先生之所以教龙者，似齐
王⑧之谓尹文⑨也。齐王之谓尹文曰：'寡人⑩甚好士，
以齐国无士，何也？'尹文曰：'愿闻大王之所谓士者。'

齐王无以应。尹文曰：'今有人于此，事君⑪则忠，事亲则孝，交友则信，处乡⑫则顺。有此四行⑬，可谓士乎？'齐王曰：'善！此真吾所谓士也。'尹文曰：'王得此人，肯以为臣⑭乎？'王曰：'所愿而不可得也。'是时齐王好勇⑮。于是尹文曰：'使此人广庭大众之中，见侵侮而终不敢斗，王将以为臣乎？'王曰：'钜⑯士也？见侮而不斗，辱也！辱则寡人不以为臣矣。'尹文曰：'唯⑰见侮而不斗，未失其四行也。是人未失其四行，是未失其所以为士也⑱。然而王一以为臣，一不以为臣，则向之⑲所谓士者，乃非士乎？'齐王无以应。尹文曰：'今有人君，将理⑳其国，人有非则非之，无非则亦非之；有功则赏之，无功则亦赏之。而怨人之不理也，可乎？'齐王曰：'不可。'尹文曰：'臣窃㉑观下吏㉒之理齐，其方若此矣。'王曰：'寡人理国，信㉓若先生之言，人虽不理，寡人不敢怨也。意未至然与㉔？'尹文曰：'言之敢无说㉕乎？王之令曰："杀人者死，伤人者刑。"人有畏王之令者，见侮而终不敢斗，是全㉖王之令也。而王曰："见侮而不斗者，辱也。"谓之辱，非之也。无非而王非㉗之，故因除其籍㉘，不以为臣也。不以为臣者，罚之也。此无罪而王罚之也。且王辱不敢斗者，必荣㉙敢斗者也。荣敢斗者，是〔之也。无是〕而王是之㉚，必以为臣矣。必以为臣者，赏之也。彼无功而王赏之。王之所赏，吏之所诛也；上㉛之所是，而法之所非也。赏罚是非，相与四谬㉜，虽十黄帝㉝，不能理也。'齐王无以应焉。故龙以子之言有似齐王。子知难白马之非马,不知所以难之说。此^㉞犹知好士之名,而不知察^㉟士之类^㊱。"

【注释】

①孔子之叶:孔子的后裔。叶,枝叶;《广韵·叶韵》:"叶,枝叶。"喻某一宗族之后裔。

②臣:"我"之谦称。

③侧闻下风:处于卑位侧耳恭听。侧闻,侧耳而听,恭敬地听。下风,比喻处在下位、卑位;这里为自谦之辞。

④高:推崇,尊崇。

⑤说:即"悦"。喜好,喜爱;敬重。

⑥受业:从师学习。《史记·孔子世家》:"孔子不仕,退而修《诗》、《书》、《礼》、《乐》,弟子弥众,至自远方,莫不受业焉。"

⑦不逮:不及,即上文之"不如"。

⑧齐王:指齐湣王。《迹府》所说"齐王之谓尹文"的典故见载于《吕氏春秋·先识览·正名》,其云:"齐湣王是以知说士,而不知所谓士也,故尹文问其故,而王无以应……"由此可知,"齐王之谓尹文"之齐王即齐湣王。

⑨尹文:比公孙龙略早的名家人物。与宋钘(jiān)齐名,同游于稷下。其认为"接万物以别宥为始"(别宥,破除成见),并提出"以禁攻寝兵为外,以情欲寡浅为内"(《庄子·天下》)的主张。

⑩寡人:古代诸侯的自谦之称,意为寡德之人。《礼记·曲礼下》:"诸侯见天子,曰'臣某侯某',其与民言,自称曰'寡人'。"

⑪事君:事奉君主。事,事奉,侍奉。

⑫处乡:与乡里相处。

⑬四行:即上文所说"忠"、"孝"、"信"、"顺"四种德行。行,德行。

⑭臣:这里指为君主所任用的官吏。

⑮好勇:尚勇,崇尚勇敢。好,喜好,崇尚。

⑯钜(jù):通"讵"。岂,怎么。

⑰唯:通"虽"(雖);虽然。刘向《烈女传·齐东郭姜》:"吾事夫子,国人之所知也。唯辱使者不可以已。"梁端校注:"'唯'读为'雖',古字通。"

⑱《道藏》本为"其所以为士也",现据《吕氏春秋·先识览·正名》及俞樾《读公孙龙子》之校释,补作"是未失其所以为士也"。

⑲向之:向来,一向。

⑳理:治理。下文"不理",意为不可治理。

㉑窃:私下,私自。多用作谦辞。

㉒下吏:下面的官吏。

㉓信:果真,果然。

㉔意未至然与:估计还没有到这种地步吧。意,推度,估计。

㉕说:论证。《墨子·小取》:"以名举实,以辞抒意,以说出故。"(以说出故,凭着论证找出原因;以,凭借;故,缘故,原因。)

㉖全:保全。

㉗非:《道藏》本为"辱",顺前文"谓之辱,非之也"文意而依俞樾之校释改作"非"。非,指责,责备。

㉘除其籍:取消其充任官吏的资格。籍,身份,资格。

㉙荣:称誉,赞扬,褒扬;以……为荣。

㉚《道藏》本为"是而王是之",现据文意而依俞樾之校释补作"是之也。无是而王是之"。

㉛上:君主,君上。

㉜相与四谬:赏、罚、是(肯定)、非(指责)四种做法相互错乱。相与,相互,交相。四谬,即上文所说"赏"、"罚"、"是"、"非"四者皆错乱。《韩非子·五蠹》:"毁誉赏罚之所加者,相与悖缪也,故法禁坏而民愈乱。"

㉝十黄帝:才能十倍于黄帝的人。黄帝,相传为华夏各族的共同祖先,姬姓,号轩辕氏、有熊氏。传说养蚕、舟车、文字、音律、医理、算术等诸多中原地区的发明皆创始于黄帝治理各部落的时期。

㉞《道藏》本在"此"字前有一"以"字,现据文意而依王琯《公孙龙子悬解》之校释删落。

㉟察:明辨。

㊱类:(士)成其为一类(人)的道理。

【译文】

　　公孙龙是赵国公子平原君的门客,孔穿是孔子的后裔。孔穿曾与公孙龙会面。孔穿对公孙龙说:"我僻处于鲁地,在下边早就风闻先生的声名,钦慕先生的才智,敬重先生的德行,渴望从师于先生已经很久了,今天才得以会面。只是还不能苟同先生的'白马为非马'的说法,唯独这一点我难以接受,请求先生放弃它,我情愿做您的弟子。"公孙龙回答说:"先生的话于理相背。我的所学,只在于这'白马为非马',若是让我放弃它,那我就没有什么可施教于人了。既让我无从施教而又要受教于我,这是于理相背的。况且，想师从于我的人，总是因为才智和学识不及我吧，现在你指教我放弃'白马非马'之说，这是先施教于我而后以我为师。先施教于人而后以人为师，（这样做）是说不通的。（其实）先生用以施教于我的，很像是齐湣王当年对尹文说的一番话。齐湣王曾问尹文：'我很喜爱士人，可是齐国没有士，怎么办？'尹文说：'我很想知道大王所说的士是怎样一种人。'齐王无法回答。于是，尹文说：'比如现在这里有一个人，他事奉君主能尽忠，事奉父母能尽孝，与朋友交往能恪守信用，与乡里相处能做到平易和顺，有这四种德行，可以称得上士吗？'齐王应声回答：'好啊！这可真是我所谓的士了。'尹文说：'大王得到这样的人，愿意用他做自己的臣子吗？'齐王说：'那是我的所愿，只是求之不得啊。'当时齐王正倡导勇武之风。于是尹文问：'假使这个人在大庭广众之中，被欺侮而终于不敢抗争，大王还会用他做臣子吗？'齐王说：'这种人怎么算得上士呢？被欺侮而不敢抗争，是耻辱啊！对于甘愿受辱的人，我是不会用他做臣子的。'尹文说：'虽说被欺侮而没有抗争，却不曾失去那四种德行呀。这个人没有失去那四种德行，（那也就是）没有失去他所以为士人的东西，但大王一会儿想用他为臣，一会儿又不愿用他为臣，那么刚才所说的士，难道又不算是士了吗？'齐王缄口，无法回答。尹文说：'现在有一位君主，想要治理自己的国家，人有过错他就责罚，人没有过错他也责罚；人有功绩他就予以奖赏，人没有功绩他也予以奖赏，而他反倒抱怨国人不好治理，这对吗？'齐王说：'不对。'尹文说：'我私下观察下面官吏对齐国的治理，他们的方式就像我说的这样。'齐王说：'我治理国家，若是果真如先生所说的那样，国人即使没有治理好，我也是不敢埋怨的。不过，我想还不至于如此吧？'尹文接着说：

'我怎么敢说没有依据的话呢？大王的法令规定：杀人的人处死，伤人的人受刑。人们中有畏惧大王法令的人，被欺侮了也终究不敢抗争，（其实）这样是在维护大王的法令。但大王却说："被欺侮了而不起而抗争，这是一种耻辱。"称其为耻辱，即是对这做法的否定。没有过错而大王却认为有错，因而就取消了他的任职资格，不任用他为臣子。不任用他为臣子，就是对他的惩罚，这是没有罪过而被大王惩罚。而且大王以不敢抗争为耻，就一定会以敢于抗争为荣；以敢于抗争者为荣，是对抗争行为的肯定。没有值得肯定的地方而被大王肯定，大王一定会任用这样的人做自己的臣子。若是用他为臣子，就是对他的激赏，那是没有功绩而被大王激赏。大王所激赏的，正是吏法要责罚的；主上所肯定的，正是法度所不容的。赏、罚、是、非，四者相互错乱了，这样，即使是才能十倍于黄帝的人，也不能治理好啊。'齐王听后无从应答。所以我以为您的话，与齐王所说的类似。您只知道非难'白马非马'之说，却不懂得依据什么去反驳它，这正像当年齐王那样，只知道喜好'士'的名号，而不懂得明辨'士'成其为一类（人）的道理。"

疏　解

　　这篇文字或为名家后学所撰，旨在绍介公孙龙其人、其学及其随机驳辩的智慧。全文略可分为三节，首节概述公孙龙之志业、学尚，后两节分别举轶事以证说其运思之缜密与论辩之机敏。

　　（一）称公孙龙为"六国时辩士"，是对诸子之一的公孙龙以名辩成家的学术由历的确认，这确认显然关联着辩风大畅于战国的时代趋尚。老子由悟知"道可道,非恒道;名可名,非恒名"(《老子》一章)而倡说"不言之教"(《老子》二章),孔子由观览"天何言哉?四时行焉,百物生焉,天何言哉"(《论语·阳货》)而导人以"默而识之"(《论语·述而》),可见言辩不兴于春秋之末的孔、老。墨子"背周道而用夏政"(《淮南子·要略》),于孔、老之外别立一种教化,为与儒术争衡而开了字句必较的论辩之端,但其虽将"辩乎言谈"与"厚乎德行"、"尊乎道术"(《墨子·尚贤上》)并举,却毕竟对"言谈"匡之以"三表"——所谓"上本之于古者圣王之事"、"下原察百姓耳目之实"、"废(发)以为刑政,观其中国家百姓人民之利"(《墨子·非命上》),并且又分外申明"今天下之君子之为文学、出言谈也,非将勤劳其惟舌而利其唇呡(吻)也"(《墨子·非命下》)。墨子之后,孟子为"闲(卫)先王之道,距(拒)杨、墨,放淫辞",亦为儒者开论战之局,然而,即使如此,他也并不以"好辩"为尚;时人称其"好辩",他则为自己声辩说:"予岂好辩哉,予不得已也。"(《孟子·滕文公下》)与孟子差不多同时,庄子以"大道不称"、"道昭而不道"(《庄子·齐物论》)之说重申了老子主张的"不言之教",并基于"大辩不言"的论断明确标举所谓"言无言"(《庄子·寓言》)——诚然,他终是以寓言、重言、卮言的方式写下了意趣纵横而数量颇丰的文字。"辩说"盛行于战国中后期,这原由或如荀子所说"今圣王没,天下乱,奸言起,君子无执(势)以临之,无刑以禁之,故辩说也"(《荀子·正名》)。不过,无论孟子怎样"知言"而雄辩,以至于揭"诐辞"之蔽,矫"淫辞"之失,破"邪辞"之惑,究"遁辞"之穷,无论庄子怎样纵其"谬悠之说,荒唐之言,无端崖之辞"(《庄子·天下》),以至使人"沉焉异之"而无所开其喙,儒家、道家中人都从未被人称作"辩士"。"辩说"中终究被视为"辩士"者,原只是那种由"名实之辩"把问题引向对言喻分际作某种"苛察"的人,而公孙龙则是这一类人中最具代表性的一个。

在《迹府》作者看来,公孙龙结缘于"辩说",一在于他对"名实之散乱"的时弊的忧患,一在于他有"资材之所长"可作凭借。前者使他终于成为"名家者流",后者则使他有可能把当时"辩士"们对"名实"问题的思考推进到一个前所未有的深度。公孙氏的著述虽有《白马论》、《坚白论》、《通变论》、《指物论》、《名实论》等,但其学说之大旨,却被一言以蔽之为"守白",而"守白之论"或"守白"之辩的主要言说方式则被认为是"假物取譬"。所谓"守白之论",即执守"白马非马"之论。《迹府》作者独以"白马论"标称公孙之学,这固然由于"白马非马"是公孙龙流布最广而最为著名的命题,但重要的也许还有一个未被称举者明确说出乃至未必真正意识到的缘由,此即从论说"白马非马"的《白马论》可契其逻辑地导衍出《坚白论》、《通变论》、《指物论》、《名实论》:《白马论》所谓"白马者,言白定所白也。定所白者,非白也",其实已经说到了"白"对"定所白者"的相"离",而"白"对"定所白者"相"离",以至于由此可推出的"坚"对"定所坚者"的相"离",所触及的乃是《坚白论》的"离坚白"的主题;从另一角度说,"白马"是"马"和"白"相与(相结合)而有的整体("二"),这整体中定于"白马"的"白"不再是未定于"白马"的"白"("一"),定于"白马"的"马"也不再是未定于"白马"的"马"("一"),"白马非马"因此也可以概括为"二无一"("二"这一整体中不再有结合为整体"二"前的那个"一"),而"二无一"则恰是《通变论》的贯穿始终的枢纽性话语;同样,既然为"白马"所定之"白"不再是未被"白马"所定之"白",而为

"白马"所定之"白"是"指"（名或概念），未被"白马"所定的"白"也是"指"（名或概念），那么，此"白"非彼"白"正可谓此"指"（"与物"之"指"）非彼"指"（非"与物"之"指"或"自藏"之"指"），这此"指"非彼"指"（"指非指"）则又正通着《指物论》的奇诡论旨："物莫非指，而指非指"；此外，"白马非马"所辨"白马"不同于"马"，虽是因"名"而辨，却在"求马，黄、黑马皆可致；求白马，黄、黑马不可致"之类的分辨中，无处不关联到"马"与"白马"各自的共相之"实"，因此《名实论》的"其正者，正其所实也；正其所实者，正其名也"的意趣，自始即已隐贯于取"白马"为喻的《白马论》。

对于"白马为非马"（《白马论》原文为"白马非马"）命题的申解，《迹府》与《白马论》所论大体相合，只是未能借原文所设客方的问难使论主之意归得以尽致抉发。但其对公孙龙立"守白之论"的初衷或祈望的把握是中肯而真切的，此即所谓"欲推是辩，以正名实而化天下"。

（二）所记公孙龙辩折孔穿的两节文字颇详，虽对所辩缘起的陈述前后略有重复，但答语中为证说"白马非马"而援引的典故毕竟各为一事而别有其致。当孔穿向公孙龙表示切望拜其为师却又不能苟同"白马非马"之说而请求"去此术"时，这位孔子的后裔也许是不无诚意的，但在公孙龙看来，孔穿"愿为弟子"却又请求为师者弃置"白马非马"之术，其所愿与所求恰好自相抵牾。他指出：(1)他之所以为人所知，只在于"白马"之说，放弃此说，即不再有可施教于人的东西；没有了可施教于人的东西，自己教人而为师或孔穿请教而做弟子便失去了凭借或依据。(2)一个人欲拜他人为师，原在于才智或学识不如他人，但孔穿既已判定"白马非马"的道理不可取，并转而指点他欲以其为师之人摈弃此一说法,这是先施教于人而后师事他所施教者,如此则显然有背于师所以为师、弟子所以为弟子之常理。公孙龙尚未论及"白马非马"命题本身,唯就孔穿之所言应答孔穿,竟至于将对方陷于自相驳诘的窘境,单是这一点即已为自己在正题上的分辨赢得了主动。

接着,《迹府》作者叙述了公孙龙引"楚人遗弓"之事借孔子之口为"白马非马"之说辩解的轶闻。"楚人遗弓"一事亦载于《吕氏春秋·孟春纪·贵公》,其云:"荆人有遗弓者,而不肯(肯)索。曰:'荆人遗之,荆人得之,又何索焉。'孔子闻之曰:'去其荆而可矣。'老聃闻之曰:'去其人而可矣。'故老聃则至公矣。天地大矣,生而弗子,成而弗有,万物皆被其泽得其利,而莫知其所由始。此三皇五帝之德也。"《吕氏春秋》崇"道"尚"公",以老子"去其人"而法地、法天、法自然之境为至高,而以孔子"去其荆"唯"人"是论之境次之;为《迹府》所称说的公孙龙则从另一角度演述其事,以孔子区别"楚人"与"人"来印证他所谓"白马"并不等同于"马"的逻辑趣致。述说轶事的公孙龙是机智而严谨的,他让孔穿面对其先祖"异'楚人'于所谓'人'"这一不容置疑的慧辨,而就此使孔穿无从责难其依循同一思路提出的"白马非马"的论断。正像"异'楚人'于所谓'人'"中蕴含了孔子由"依于仁"(《论语·述而》)——人因为"仁"而成"人",仁亦因为"人"而成"仁"——而印可的"人能弘道"(《论语·卫灵公》)之"道","白马非马"中寓托着由关注语言、逻辑而关注天下教化的苦心孤诣。由称引孔子"异'楚人'于所谓'人'"而申辩自己的"白马非马",从中略可窥知公孙龙卓越的论辩技巧,更可见证其非"琦辞"、"怪说"之类贬辞所能掩蔽的深厚的人文教养。

《庄子·秋水》载:"公孙龙问于魏牟曰:'龙少学先王之道,长而明仁义之行;合同异,离坚白;然不然,可不可;困百家之知,穷众口之辩;吾自以为至达已! 今吾闻庄子之言,汒焉异之,不知论之不及与? 知之弗若与? 今吾无所开吾喙。敢问其方?'"刘向《别录》则记有另一则轶事:"齐使邹衍过赵,平原君见公孙龙及其徒綦毋子之属,论'白马非马'之辩,以问邹子。邹子曰:'不可。彼天下之辩有五胜三至,而辞正为下。辩者,别殊类使不相害,序异端使不相乱,抒意通指,明其所谓,使人与知焉,不务相迷也。故胜者不失其所守,不胜者得其所求。若是,故辩可为也。及至烦文以相假,饰辞以相悖,巧譬以相移,引人声使不得及其意。如此,害大道。夫缴纷争言而竞后息,不能无害君子。'坐皆称善。"(见裴骃:《史记集解》之《平原君虞卿列传集解》)这类记述是否可信颇费斟酌,倘相较于《迹府》,其所描绘之公孙龙似判若两人。《庄子》一书论人说事多属寓言,非可以史实视之;邹衍所谈或不无所据,但未见公孙龙致答,尚属一面之辞。依公孙龙穷孔穿之口的辩才和自成一家而重心足以自守的学识,不可能对邹衍"烦文以相假,饰辞以相悖,巧譬以相移,引人声使不得及其意"以至于"害大道"之类浮泛的责难不置一语。然而,此后学人多以公孙龙之说为诡辩而引邹衍语以讥贬之,足见"守白"之旨被误解之深,被遗落之久。

(三)或是因着传闻不一的缘故,公孙龙辩斥孔穿的另一种说法——援引尹文与齐湣王的对话,以齐王"不知察士之类"讥评孔穿不明"白马非马"之旨——也被辑入《迹府》。尹文与齐湣王论"士"的典故亦见载于《吕氏春秋·先识览·正名》。其云:"尹文见齐王,齐王谓尹文曰:'寡人甚好士。'尹文曰:'愿闻何谓士?'王未有以应。尹文曰:'今有人于此,事亲则孝,事君

则忠,交友则信,居乡则悌。有此四行者,可谓士乎?'齐王曰:
'此真所谓士已。'尹文曰:'王得若人,肎(肯)以为臣乎?'王
曰:'所愿而不能得也。'尹文曰:'使若人于庙朝中,深见侮而不
斗,王将以为臣乎?'王曰:'否。大夫见侮而不斗,则是辱也。
辱则寡人弗以为臣矣。'尹文曰:'虽见侮而不斗,未失其四行
也。未失其四行者,是未失其所以为士一矣。未失其所以为士
一,而王以为臣,失其所以为士一,而王不以为臣,则向之所谓士
者,乃士乎?'王无以应。尹文曰:'今有人于此,将治其国,民有
非则非之,民无非则非之,民有罪则罚之,民无罪则罚之,而恶民
之难治,可乎?'王曰:'不可。'尹文曰:'窃观下吏之治齐也,方
若此也。'王曰:'使寡人治信若是,则民虽不治,寡人弗怨也。
意者未至然乎?'尹文曰:'言之不敢无说,请言其说:王之令曰:
杀人者死,伤人者刑。民有畏王之令,深见侮而不敢斗者,是全
王之令也。而王曰:见侮而不敢斗,是辱也。夫谓之辱者,非此
之谓也? 以为臣不以为臣者,罪之也。此无罪而王罚之也。'齐
王无以应。"《迹府》中公孙龙对孔穿所引述的故事与《吕氏春
秋·正名》的记载略同,而其讽论"齐湣王是以知说(悦)士,而
不知所谓士",所要喻说的道理也都在于知其名谓亦当知其所
以名谓。只是公孙龙则欲借此对不知"白马非马"何所谓而一
味盲目拒斥"白马非马"的孔穿痛下针砭:"子之言有似齐王。
子知难白马之非马,不知所以难之说。此犹[齐王]知好士之
名,而不知察士之类。"

《迹府》辑录公孙龙征引尹文说"士"以讽谏齐王之语或非
偶然,公孙氏与尹氏的学缘虽已不可详考,但所留蛛丝马迹仍可
多少用以探寻公孙氏由"名"而名家的时代运会的消息。《庄
子·天下》以尹文与宋钘为同道,称其"以禁攻寝兵为外,以情

欲寡浅为内。其小大精粗,其行适至是而止",当是先秦、两汉载籍所论尹氏学理最可信从者。其"情欲寡浅为内"颇近于道家,其"禁攻寝兵为外"亦有近于墨家,但庄子毕竟将其于墨子、禽滑厘一派和关尹、老聃一派之外另标一系。察公孙龙意之所趋,虽"情欲寡浅"未见时贤及史家所提及,而其"说燕昭王以偃兵"、为赵惠王辨说"偃兵之意"(《吕氏春秋·审应览·审应》)之举,则与尹氏"禁攻寝兵"的主张颇合。《汉书·艺文志·诸子略》列尹文为名家,著录《尹文子》一篇,且置于所著录之《公孙龙子》十四篇之前,尹氏书虽早轶,但其确有则可印证于东汉高诱注《吕氏春秋》所言:"尹文,齐人,作《名书》一篇。在公孙龙前,公孙龙称之。"《汉志》所录《尹文子》一篇或正是高注所谓《名书》,倘如此,尹文便是名家由隐而显的学脉延续中非可忽略的人物。今本《尹文子》两篇(《大道》上、下)确属伪作,然其开篇即谓:"大道无形,称器有名。名也者,正形者也;形正由名,则名不可差。故仲尼云:必也正名乎!名不正则言不顺也。……有形者必有名,有名者未必有形。形而不名,未必失其方圆白黑之实;名而[无形],不可不寻名以检其差。故亦有名以检形,形以定名,名以定事,事以检名。察其所以然,则形名之与事物,无所隐其理矣。"因此即使谓该书伪托尹文,其所托亦是《汉志》所列之名家。《吕氏春秋》载尹文说齐王之语于《正名》篇,或不能不说是出于对尹文与名家的关联的考虑,但无论如何,《迹府》以公孙龙之辩征诸尹文往昔之谈,则完全可谓其隐示了名家后学某种毫不含糊的判断。

三 《白马论》疏解

　　《白马论》之中心论题为"白马非马"。"白马非马"之说并非创始于公孙龙,但正像公孙龙以"白马非马"之说著称于世,"白马非马"之说也因公孙龙而闻名天下。《道藏》本《公孙龙子》序列《白马论》于《迹府》之后,其实即是将此论列于公孙龙所撰文字之首。

　　[曰:]①"白马非马②",可乎?

　　曰:可。

　　曰:何哉?

　　曰:马者,所以③命④形也;白者,所以命色也。命色形非命形⑤也。故曰:白马非马。

【注释】

　　①所据《道藏》本原文,开篇无"曰"字,此"曰"乃依本文为对话体而下文皆以"曰"分别主客的体例增补。

②白马非马:此为本篇的中心论题,由客方以诘难口吻提出,断句后宜加引号以示其为论主所执守。其意为:"白马"不就是"马"。"非"在这里交织着两重涵义:诘难的客方是以"不是"、"不属于"理解其意的,而论主的原意则是"不等于"、"不同于"。《说文·非部》:"非,违也。从飞下翄,取其相背。凡非之属皆从非。"(违,违背;差异,不一致。翄,翅之古字。)

③所以:用以,用来。

④命:同"名"。命名,称呼。《广雅·释诂三》:"命者,名也。"(《说文·口部》:"名,自命也。从口从夕。夕者,冥也;冥不相见,故以口自名。")

⑤命色形非命形:《道藏》本原文为"命色者非命形",这里依谭戒甫所校,改"者"为"形"。谭戒甫《公孙龙子形名发微》:"命色形非命形也,原作'命色者非命形也'。命色者非命形,犹云命白者非命马,固不待说而知,即说而亦非其恉,不足以引起下文。疑'者'字讹,兹特改为'形'字。"

【译文】

(问:)所谓"'白马'不就是'马'",可以说得通吗?

答:可以。

问:为什么?

答:"马"(这个名),是用来称呼(一种)形体的;"白"(这个名),是用来称呼(一种)颜色的。既称呼颜色而又称呼形体的"白马"不同于单称呼形体的"马",所以说:"白马"不就是"马"。

曰:有白马,不可谓无马也。不可谓无马者,非马也①? 有白马为有马,白之非马②何也?

曰:求马,黄、黑马皆可致③;求白马,黄、黑马不可致。使白马乃马④也,是所求一⑤也。所求一者,白者⑥不异马也。所求不异,如⑦黄、黑马有可有不可,何也?可与不可,其相非明⑧。故黄、黑马一⑨也,而可以应有马,不可以应有白马⑩,是白马之非马,审⑪矣。

【注释】

①非马也:犹如"非马耶"。也,在这里作表疑问或反诘的语气助词。

②白之非马:以白称其颜色的马不就是马,亦即以白称其颜色的马有异于马。白之,以白称其颜色的马,即白马。

③致:给予,送给。

④使白马乃马:如果白马就是马。乃,就是。

⑤一:相同,一样。

⑥白者:即白马。

⑦如:给予。

⑧其相非明:其不相同是明显的。相非,相异,不相同。明,明显。

⑨黄、黑马一:同是黄马、黑马。一,相同;这里指所说黄、黑马的情形前后没有什么两样。

⑩不可以应有白马:《道藏》本原文为"而不可以应有白马",从上下文看,"而"为衍字,今依金受申《公孙龙子释》所校删之。

⑪审:明白,清楚。

【译文】

问:有白马,就不能说没有马。(既然)有白马就不能说没有马,怎么可以说白马不就是马呢?(既然)有白马即是有马,又怎么可以说以白称其颜色的马就不是马了呢?

答:(如果有人)要一匹马,(那么)黄马、黑马都可以给(他);(如果)要一匹白马,送上黄马、黑马就不行了。若是白马等同于马,要一匹马和要一匹白马就是一回事了。要一匹马和要一匹白马既然没有什么两样,白马和马也就没有差别了。然而,如果要一匹马和要一匹白马没有什么差别,那么送上黄马、黑马有时可以,有时就不可以,又怎么作解释呢?可以给黄马、黑马和不可以给黄马、黑马,其不相同是明显的。因此,同是黄马、黑马,而可以说是有马,不可以说是有白马。这白马不同于马的道理,(可以说)是再明白不过的了。

曰:以马之有色为非马①,天下非有②无色之马也。天下无马,可乎?

曰:马固③有色,故有白马。使马无色,有马如已④耳,安取白马⑤?故白者⑥非马也。白马者,马与白⑦也。马与白,马也?故曰:白马非马也。

【注释】

①以马之有色为非马:以为马有了颜色就不再是马。以,以为。

②非有:没有。非,无。

③固:本来,原本。

④如已:而已。谢希深《公孙龙子注》:"如,而也。"

⑤安取白马:怎么求取白马呢? 安,怎么,如何。

⑥白者:以白命名其颜色的马,即"白马"。

⑦马与白:(命形的)马和(命色的)白的结合。与,合。

【译文】

问:以为马有了颜色就不再是马,可天下没有无色的马啊!说天下没有马,可以吗?

答:马原本有颜色,所以才有白马(的称呼)。要是马没有颜色,那就只有马而已,又何言求取白马呢? 因此以白色限定了颜色的马不同于(未作颜色限定的)马。所谓"白马",是由"马"和"白"的结合所规定了的。"马"和"白"的结合等同于"马"吗? 所以说:白马不就是马。

曰:马未与白为马①,白未与马为白;合马与白,复名②"白马"。是相与以不相与为名③,未可。故曰:"白马非马",未可。

曰:以有白马为有马④,谓有马为有黄马⑤,可乎?

曰:未可。

曰:以有马为异有黄马⑥,是异黄马于马⑦也;异黄马于马,是以黄马为非马。以黄马为非马,而以白马为有马,此飞者入池⑧而棺椁异处⑨,此天下之悖言乱辞⑩也。

【注释】

①马未与白为马：马在未和白结合时就只是马。未与白，未和白结合。

②复名：由两个概念结合所构成的复合名称。复，繁体为"複"；重叠，复合。

③相与以不相与为名：以原来不相结合的东西（"白"和"马"）作原来结合着的东西（白马）的名称。

④以有白马为有马：此句是对诘难一方或客方所言的复述，其意当为：在你看来，有白马就是有马。以，（你）以为。

⑤谓有马为有黄马：《道藏》本原文为"谓有白马为有黄马"，现关联于下文"以有马为异有黄马"，删去"白"字。对此，谭戒甫已有校改。谭戒甫《公孙龙子形名发微》："谓有马为有黄马，原作'谓有白马为有黄马'。按白字当衍。此二句系论主就宾义而反诘之之辞：谓既以白马为有马，则谓有马为有黄马亦可乎？今作有白马，则非其恉矣。下文'以有马为异有黄马'，即承此句而言，可证。兹径删白字。"

⑥以有马为异有黄马：认为有马不同于有黄马。异，不同。

⑦异黄马于马：区别黄马于马。即区别开了黄马和马。异，区别，区分。

⑧飞者入池：飞鸟进到池中。论主以"飞者入池"喻说诘难一方的看法有悖常理。

⑨棺椁（guǒ）异处：棺和椁分置在两地。椁，为套于棺外的大棺，与棺不相分离。一如"飞者入池"，"棺椁异处"是论主用来讥讽诘难一方的不合常理的说法的。

⑩悖言乱辞：有悖常理而逻辑混乱的言辞。

【译文】

问（方）：（如此说来，）马在未与白结合时就只是马，白在未与马结合时就只是白；把马与白结合起来，才有了"白马"这个复合的名称。这是以原来不相结合的东西作原本就结合着的东西的名称，是不可以的。所以说"白马非马"是讲不通的。

答（方）：在你看来，有白马就是有马。但把有马说成是有黄马，可以吗？

问（方）：不可以。

答：认为有马不同于有黄马，这是区别开了黄马和马；把黄马区别于马，这是以为黄马不同于马。以为黄马不同于马，却又以为白马等同于马，这就如同说飞鸟进到了水池，棺椁分置在两地，（实在）是天下有悖常理而逻辑混乱的言辞。

曰："有白马不可谓无马"者，离白之谓①也；不离者，有白马不可谓有马也。故所以为有马者，独以马为有马②耳，非有白马为有马。故其为有马也，不可以谓"马马③"也。

曰："白者不定所白④"，忘⑤之而可也。白马者，言白定所白也⑥。定所白者，非白⑦也。马者，无去取于色⑧，故黄、黑马皆所以应⑨；白马者，有去取于色，黄、黑马皆以所色去⑩，故唯白马独可以应耳。无去［取］者非有去［取］也，故曰："白马非马。"

【注释】

①离白之谓:脱开了白色(对马的限定)的一种说法。离,离开,脱开。谓,说,说法。

②独以马为有马:仅凭马的形体而说有马。独,仅,只。以,凭借,依据。

③马马:指此一种(颜色的)马或彼一种(颜色的)马。关于"马马",清人傅山、俞樾的理解较有代表性,亦对后人影响较大。俞樾《读公孙龙子》:"白马一马,马又一马,一马而二之,是'马马'矣。"傅山《公孙龙子注》:"以白马为有马,不可命为'某马某马'也。"傅山之说似更切合"马马"本意。

④白者不定所白:白色不限定在某一白色东西上。定,限定,固定。所白,指某一或某种白色物体。

⑤忘:不顾及。

⑥白马者,言白定所白也:白马这一称谓所说的白,是指(与马结合而)为马所限定了的白。白定所白,被某一白色物体所限定的白。

⑦定所白者非白:被某一白色物体所限定了的白不再是纯然的白。

⑧无去取于色:对颜色没有去彼取此的选择。

⑨故黄、黑马皆所以应:《道藏》本原文为"故黄、黑皆所以应",今据胡适《先秦名学史》所作校改在"黄、黑"后补一"马"字。所以应,可以认为是;所以,可以;应,认为是。

⑩黄、黑马皆以所色去:《道藏》本原文为"黄、黑马皆所以色去",今据胡适《先秦名学史》所作校改将"以"调至"所"之前。以所色去,因为所具有的颜色而被排除。

【译文】

　　答(方)：所谓"有白马不可以说没有马"，是脱开了白色(对马的限定)的一种说法；要是不脱开白色(对马的限定)，有白马就不可以说成是有马。因此，之所以把有白马等同于有马，那是仅凭马的形体而说有马，并不是依着白马(既就形体又就其颜色)而说有马。所以那样认为有马，是无法说出此一种(颜色的)马或彼一种(颜色的)马的。

　　答(方)：所谓"白色不限定在(某一)白色东西上"，可以暂且不论。白马这一称谓所说的白，是指(与马结合而)为马所限定了的白，被所白者限定了的白不是纯然的白。"马"这一概念，对颜色没有去彼取此的选择，因此黄马、黑马都可以被认为是马；"白马"这一概念，对于颜色有去彼取此的选择，黄马、黑马因为其所具有的颜色而被排除，因此唯独白色的马才可以称作白马。对于颜色没有去彼取此选择的马，不同于对于颜色有去彼取此选择的白马，所以说白马不就是马。

疏　解

　　《白马论》是公孙龙"之所以为名"的论著。《迹府》篇称，公孙龙"疾名实之散乱，因资材之所长，为'守白'之论。假物取譬，以'守白'辩，谓'白马非马'也"。由此可见，《白马论》在《公孙龙子》一书中的地位。

　　《韩非子·外储说左上》记有这样一则逸事："儿说，宋人，善辩者也。持'白马非马'也，服齐稷下之辩者；乘白马而过关，则顾白马之赋。"韩非的本意乃在于以这则逸事讥讽被他称为

"五蠹"之一的"言谈者",此其所谓"藉之虚辞,则能胜一国;考实按形,不能谩于一人";不过,逸事本身却告诉人们,"白马非马"之说并不创始于公孙龙——至少,在比公孙龙早出约一代之久的兒说那里就已经提出来了。只是兒说毕竟没有留下这方面的任何文字。可以断言的是,即使"白马非马"之说早已为前辈辩者所讨论,它也只是在公孙龙的《白马论》中才得到系统而严谨的阐发。

如果以"马"为"属",那么"白马"便是"马"这个"属"中的一个"种";"白马非马"之说从浅近处讲,无非是要强调"种"、"属"有别罢了。人们通常认为"白马非马"的说法带有"诡辩"的性质,那是因为习惯化了的思维往往把"非"理解为"不是"或"不属于",而这里的"非"原是"不等于"或"不同于"的意思。如果把"白马非马"按公孙龙的本意了解为"白马不等于马"或"白马与马不等同",这个命题就只是说了一个极平实的道理。用语方式的陌生化融进了遣词造句者的匠心,由陌生的一维引出的思路使人们有可能发现以前一直熟视无睹的认知的死角。沿着"非"——"不等于"——这一否定指向,"白马非马"所展示的逐层深入的意趣大致如下:

(一)论绎是从设问开始的;当拟托的客方问出"'白马非马',可乎"这样的问题时,论主以肯定的回答("可")确认了自己所守持的论点。同由此引出的疑问("何哉")相应,立论者首先必得对"白马非马"这一命题所涉及的两个概念"马"和"白马"予以厘正。论主说:"马者,所以命形也;白者,所以命色也。"他没有径直说出"白马者"所以"命"什么,但显然已经明确示意这是一个既"命形"也"命色"因而"命色形"的概念。"命色形非命形",于是,由此便可理所当然地推出所谓"白马非马"。

换一种说法,论主的思路原不过如此:就"马"和"白马"的概念而言,"马"这一概念只有"形"(形体)的内涵,"白马"这一概念除了有"形"(形体)的内涵外,尚有"色"(颜色)的内涵;不同内涵的概念不相等同,所以就此正可以说——"白马非马"。

(二)客方撇开"命形"、"命色形"的话题,回到一种常识性判断:有白马就不能说没有马("有白马不可谓无马")。凭着这一可确信的常识,他对"白马非马"的命题提出质疑:既然有白马就不能说没有马,也就是说有白马便是有马("有白马为有马"),那么何以要说白马不就是马呢("白之非马何也")?然而,质疑者毕竟忽略了一点,这即是同他所信从的常识密不可分的另一个可信从的常识——"有白马"固然可以说是"有马",但"有马"则未必可以说是"有白马"。正是看到了这个疏漏,论主分辩说:假使有人向你要一匹马,你给他黄马、黑马都无不可("求马,黄、黑马皆可致");假使那人向你要的是一匹白马,给他黄马、黑马就不行了("求白马,黄、黑马不可致")。倘若白马即马,要一匹马和要一匹白马就是一回事了("使白马乃马也,是所求一也");然而,如果要一匹马和要一匹白马没有什么差别("所求不异"),那么为什么送上黄马、黑马有时(要"马"时)就可以,有时(要"白马"时)就不可以呢("如黄、黑马有可有不可,何也")?辩难到此,论主遂重申了"白马非马"的命题:同是黄马、黑马("黄、黑马一也"),而可以说是有"马",却不可以说是有"白马"("而可以应有马,不可以应有白马"),这"白马"不就是"马"的道理实在是清楚不过了。

简言之,论主就黄马、黑马"可以应有马,不可以应有白马"所作的全部辩说,不外是要告诉人们:"马"这一概念的内涵少,因而外延大,它包括了黄马、黑马、白马以及其他毛色的马;"白马"这一概念的内涵多,因而外延小,它不能包括黄马、黑马及白色之外其他毛色的马。从外延角度讲,"白马"当然属于"马"("有白马不可谓无马"),但"马"却不能说属于"白马",因此二者不相等同,"白马"(的概念)不即是"马"(的概念)。

(三)客方以为,承认"白马非马"即是认可马有了颜色就不再是马。在把命题"白马非马"转换为"马之有色为非马"后,接下来的诘难便成了这样:天下的马都有颜色("天下非有无色之马"),说马有了颜色就不再是马,岂不等于说天下没有马("天下无马"),这行吗("可乎")?诘难者用的是逻辑上的归谬法,他要从"白马非马"这一命题推导出"天下无马"的荒谬结论,以证明"白马非马"之说本身的荒谬。但如此推导的全部症结在于"非"的转义。"白马非马"命题中"非"的义趣原在于"不同于"、"不等同",而命题的反驳者却把"非"解读为"不是"。对此,论主可谓心知肚明,但他并不径直点破,只是让固有思路依然在迂回中延伸,从而使隐含在"白马非马"中的道理得以曲尽其致。他让客方所谓"天下非有无色之马"为自己所用,而就此指出:马原本有颜色,所以才有"白马"可言("马固有色,故有白马"),并且恰恰因为这个缘故,才分外要强调"白马"不同于撇开毛色不论而只用来称呼一种牲畜形体的"马"。他把"白马"(概念)解释为"马"(的概念)和"白"(的概念)的结合("马与白"),并反诘客方说,难道"马"和"白"结合后还只是"马"吗("马与白,马也")?遂再次论证了自己的命题"白马非马"。

"马与白"中的"与"的提法是意味深长的,它表达了"马"和"白"的结合,而这结合却又不是简单的相加(例如为马的形体涂以白色)。这"与"同《坚白论》中所谓"坚未与石为坚而物兼,未与物为坚而坚必坚"的"与"趣致相通,也同《指物论》中所谓"指与物非指也"的"与"一脉相贯。"白马者,马与白。马与白,马也",与上文"马者,所以命形也;白者,所以命色也。命色形非命形也"说出的是同一理趣,只是由"与"这一独特措辞把问题的讨论引向了一个更深刻、更内在的层次。

(四)从论主所谓"马与白"的灵动措辞中,客方敏锐地抓住了"与"这个语词的独特意指。于是,便有了进一层的质难:既然"马"在未与"白"结合时就只是"马"("马未与白为马"),"白"在未与"马"结合时就只是"白"("白未与马为白"),而把"马"和"白"结合起来才有了"白马"这个复合的名称("合马与白,复名白马"),那就意味着你是在用起先分离的"马"和"白"组成了一个复合名称来命名原本就浑然一体的白马("是相与以不相与为名"),这样做本身就是不可取的。而"白马非马"恰恰就立论在"相与以不相与为名"上,所以这个命题讲不通("白马非马未可")。实际上,客方如此质难已涉及《指物论》中客方用以诘难的话题:"指(例如'马'、'白'等用以指称事物的名——引者注)也者,天下之所无也;物(例如被称为'白马'的那一匹又一匹实存的马——引者注)也者,天下之所有也。以天下之所有,为天下之所无,未可。"但论主把对这一问题的正面辩答留给了《指物论》,却由客方对"白马非马"的否定重返客方所认定的"有白马不可谓无马"之说,而借此转守为攻。在这一轮的辩对中,主方对客方用了归谬法。论主说:姑且对你所谓有白马就是有马("以有白马为有马")的看法存而不论,现在我问你,如果把"有马"说成是"有黄马"("谓有马为有黄马"),行吗("可乎")?客方显然意识到了"有马"和"有黄马"不是一回事,在既"有"的"马"中不一定"有"那种被称作"黄马"的马,因此他只能回答不能（"未可"）。这时，主方话锋一转，让客方自己驳斥自己：既然承认"有马"与"有黄马"不同（"以有马为异有黄马"），这就无异于把"黄马"和"马"区别开了，而把"黄马"区别于"马"不正表明"黄马"不即是"马"或不等同于"马"（"以黄马为非马"）吗？以为"黄马"不即是"马"，却又以为"白马"即是"马"，这简直就像是说飞鸟飞进了水池、棺椁埋在两地一样（"此飞者入池而棺椁异处"），真可谓有背天下常理的胡言乱语了（"此天下之悖言乱辞也"）。

论主接着指出，所谓"有白马不可以说没有马"（"有白马不可谓无马"），那是脱开了白色对马的限定的一种说法（"离白之谓也"），倘若不脱开白色对马的限定（"不离"），"有白马"就不可以说成是"有马"。人们之所以把"有白马"等同于"有马"，是因为单就马的形体而说有马，而不是既就马的形体也就马的毛色而说有马。所以那样说的"有马"，一旦细究起来，就难以具体说出是有这一种颜色的马，还是有那一种颜色的马了。

最后，论主的思趣触到了至可玩味的"白者不定所白"（白色不限定在某一白色事物上）和"白定所白"（被某一白色事物所规定了的白色）的话题。他没有称述"白者不定所白"——这个在《坚白论》中才被深入讨论的命题——的意致所在，只是就"白马"概念说到"白定所白"时申明：被某白色事物（例如"白马"）所规定的白色不再是纯粹或原初意义上的白色（"定所白者非白也"）。既然"白马"之"白"是和马"相与"因而被所与者规定了的"白"，而"白马"之"马"是和白"相与"因而被所与者规定了的"马"，那么这"白"和"马"就不再是未受限定的"白"和"马"。未受颜色限定的"马"不存在颜色上去彼取此的选择（"马者，无去取于色"），因此黄马、黑马都可以看作"马"，受白色限定的"白马"则存在颜色上去彼取此的选择("白马者，有去取于色")，黄马、黑马就都因为其颜色而被排除在"白马"之外了。论主遂由对颜色有取此去彼选择的"白马"不同于对颜色没有取此去彼选择的"马"，再一次论说了自己笃信的命题："白马"不就是"马"("白马非马")。

四 《坚白论》疏解

　　"坚白"是公孙龙取譬以喻说"名"理的又一著名辩题,其所辩之指归在于"坚白离"。《庄子·秋水》记述了这样一段逸闻:"公孙龙问于魏牟曰:'龙少学先王之道,长而明仁义之行;合同异,离坚白,然不然,可不可;困百家之知,穷众口之辩,吾自以为至达矣!今吾闻庄子之言,汒焉异之,不知论之不及与?知之弗若与?今吾无所开吾喙。敢问其方?'"这可能只是庄子后学借公孙龙之"辩"衬托庄学"大道不称"、"大辩不言"(《庄子·齐物论》)之说以自高的一则"寓言",而其中提到的"合同异"亦更当为惠施"历物之意"(《庄子·天下》)的微旨所在,但"离坚白"则确然系着公孙龙名辩之言的一以贯之的命意。韩非曾依"令者,言最贵者也;法者,事最适者也。言无二贵,法不两适"(《韩非子·问辩》)的法家绳墨贬责儒、墨、名诸家说:"儒服带剑者众,而耕战之士寡;坚白无厚之词章,而宪令之法息。"(同上)其所谓"无厚"或主要隐指惠施的论辩,而以"坚白"代称公孙龙之学则当毋庸置疑。

　　《道藏》本《公孙龙子》序列《坚白论》于第五,今与原编次为第三的《指物论》对调。

[曰:]①坚、白、石三②,可乎?

曰:不可。

曰:二③,可乎?

曰:可。

曰:何哉?

曰:无坚得白,其举也二④;无白得坚,其举也二⑤。

曰:得其所白,不可谓无白;得其所坚,不可谓无坚。而之石也之于然也⑥,非三也?

曰:视不得其所坚而得其所白者,无坚⑦也;拊不得其所白而得其所坚者⑧,无白也。

【注释】

①一如《白马论》,《坚白论》行文亦为对话体。所据《道藏》本原文篇首无"曰"字,此"曰"乃依下文皆以"曰"分别主客的体例增补。

②坚、白、石三:指白石的坚性、白色、石形三种性状可同时感知。

③二:由下文可知,此"二"指白石的坚性、石形两种性状或其白色、石形两种性状可同时感知。

④无坚得白,其举也二:看不到坚性,看得到白色(和石形),所知可举出白色和石形二者。

⑤无白得坚,其举也二:摸不到白色,摸得到坚性(和石形),所知可举出坚性和石形二者。

⑥之石也之于然也:这块石它就是如此。之石,这石,此石;之,此。之于然,它就是如此;之,它;然,这样,如此。

⑦无坚:对于视觉说来坚性无从知晓。

⑧拊(fǔ)不得其所白而得其所坚者:《道藏》本原文为"拊不得其所白而得其所坚得其坚也",今据上文句式及明万历《子汇》本改为"拊不得其所白而得其所坚者"。拊,抚,摸。

【译文】

(问:)石的坚性、白色、形状三者,可以同时感知吗?

答:不可以。

问:石的坚性和形状或白色和形状二者,可以同时感知吗?

答:可以。

问:为什么呢?

答:看不到坚性,看得到白色和形状,所看只能举出白色和形状二者;摸不到白色,摸得到坚性和形状,所摸只能举出坚性和形状二者。

问:看到了白色,就不能说石头不是白色的;摸到了坚硬,就不能说石头不是坚硬的。而这块石头本来就是又白又坚而又有形状的,这不是三者俱有吗?

答:看不到石的坚性而只能看到石的白色,眼的视觉对坚性无从知晓;摸不到石的白色而只能摸到石的坚硬,手的触摸对白色无从知晓。

曰:天下无白,不可以视石①;天下无坚,不可以谓石。坚、白、石不相外②,藏三③可乎?

曰:有自藏④也,非藏而藏⑤也。

曰:其白也,其坚也,而石必得以相盈^⑥,其自藏奈何?

曰:得其白,得其坚,见与不见离^⑦。一一不相盈^⑧,故离。离也者,藏也。

【注释】

①不可以视石:不可能看到(此)石。

②坚、白、石不相外:坚性、白色、石形相互并不排斥。外,疏远,排斥。

③藏三:把第三者藏起来。三,这里是指从坚性、白色、石形三者中或举出坚性与石形或举出白色与石形,而相应地把白色或坚性作为不露面的第三者。

④有自藏:有(白色或坚性)自己把自己藏起来的情形。

⑤非藏而藏:不是人为地要藏(白色或坚性)才被藏起来。

⑥相盈:《道藏》本原文为"相盛盈",据俞樾《读公孙龙子》校释删去衍字"盛"。相盈,相互容纳,相互充满。

⑦见与不见离:《道藏》本原文为"见与不见与不见离",今据文意删其重"与不见"三字。其意为:看得见与看不见、摸得见与摸不见的相离。

⑧一一不相盈:一为坚性,不为视觉感知;一为白色,不为触觉感知。二者不相容于视觉感知过程,也不相容于触觉感知过程。

【译文】

问:天下若没有白色,就不可能看到这石;天下若没有坚性,就不可以称其为石。坚性、白色和石形相互并不排斥，（只举出其中二者）而把坚性或白色作为第三者藏起来，这可以吗？

答：这是坚性或白色自己（对于视觉或触觉）藏了起来，不是别人要藏它们才被藏起来的。

问：那白色，那坚性，是白石所必然包含了的，它们怎么会自己把自己藏起来呢？

答：看得见白色（而看不见坚性），摸得着坚性（而摸不着白色），（发生）看见与看不见、摸见与摸不见的相离。一是（不为触觉所感知的）白色，一是（不为视觉所感知的）坚性，二者不相含容（于触觉感知过程或视觉感知过程），所以它们相离。其相疏离，就总有一个会因为"不见"而藏起来。

曰：石之白，石之坚，见与不见，二与三①，若广修而相盈②也。其非举③乎？

曰：物白焉，不定其所白④；物坚焉，不定其所坚。不定者兼⑤，恶乎其石也⑥？

曰：循石⑦，非彼无石⑧；非石，无所取乎白石⑨。不相离者，固乎然⑩，其无已⑪！

曰：于石，一也；坚白，二也，而在于石。故有知焉，有不知焉；有见焉，有不见焉⑫。故知与不知相与离⑬，见与不见相与藏⑭。藏故⑮，孰谓之不离？

【注释】

①见与不见，二与三：（石的白色，石的坚性，）有看得见看

不见或摸得见摸不见的差别,(因此)有举白、石二者或举坚、石二者与举坚、白、石三者的争辩。二,指眼睛看时所见白色、石形二者或手触摸时所摸坚性、石形二者。三,指坚性、白色、石形三者。

②若广修而相盈:就像宽和长那样相互含纳。

③非举:不妥当的说法。举,言说;《广韵·语韵》:"举,言也。"这里可引申为说法或提法。

④物白焉,不定其所白:某物是白色的,白色却并不限定在这一物上(而只白这一物)。定,限定,固定。

⑤不定者兼:不限定在某一物上,而为其他物所兼有。

⑥恶乎其石也:为什么要只限于那石呢?《道藏》本原文为"恶乎甚石也",现据清陈澧《公孙龙子注》校释改"甚"为"其"。

⑦循石:即抚石。循,抚摩,抚摸。

⑧非彼无石:没有那坚性就不是石。彼,指坚性。

⑨非石无所取乎白石:没有石就无从求取白石。

⑩固乎然:固然,原本如此。

⑪无已:没有终结。已,停止,终结。

⑫有不见焉:《道藏》本原文无此四字,现据上下文意增补。

⑬相与离:相互分离。相与,相互,交相。

⑭相与藏:相互隐藏,不同时出现在触觉或视觉中。

⑮藏故:由于相互隐藏的缘故。

【译文】

　　问:石的白色,石的坚性,有看得见看不见或摸得见摸不见的差别,有举白、石二者或举坚、石二者与举坚、白、石三者的争辩,(但它们毕竟)就像宽和长那样相互含纳。难道这说法有什么不妥吗?

答:某物是白色的,白色却并不限定在这一物上(而只白这一物);某物是坚硬的,坚性却并不限定在这一物上(而只坚这一物)。不限定在某一物上,即是说它(白色、坚性)可以为其他物所兼有,怎么能(让白色、坚性)只限于那块石呢?

问:触摸石(而知其坚硬),若没有那坚硬感就不是石,没有了石也就无从求取白石。(坚、白与石)不可相分离,原本如此,这情形不会有终了的时候。

答:(的确,)石只是一个,坚和白作为两种性状,都关联于石。所以有可触知的坚硬,有不可触知的白色;有可看见的白色,有不可看见的坚硬。正因为如此,可触知的坚硬与不可触知的白色才相互分离,可看见的白色与不可看见的坚硬才相互隐藏。由于相互隐藏(而不同时出现于触觉或同时出现于视觉)的缘故,谁能说它们(坚与白)不是相分离的呢?

曰:目不能坚①,手不能白,不可谓无坚,不可谓无白。其异任②也,其无以代也。坚白域于石③,恶乎离?

曰:坚未与石为坚而物兼④,未与物为坚而坚必坚⑤。其不坚石物而坚,天下未有若坚,而坚藏。

白固不能自白⑥,恶能白石、物乎?若白者必白,则不白石、物而白⑦焉。黄、黑与之然⑧。石其无有⑨,恶取坚白石乎?故离也。离也者,因是⑩。力与知果不若⑪,因是。

且犹[12]白以目[13]，而目以火见[14]，而火不见[15]，则火与目不见而神见[16]。神不见而见离。坚以手，而手以捶[17]，是捶与手知，而不知，而神与不知[18]。

神[19]乎！是之谓离焉。离也者天下，故独而正[20]。

【注释】

①目不能坚：眼睛不能看到坚硬。

②异任：职能不同。任，职能，职责。

③坚白域于石：坚性和白色都寓于石中。域，居住，寓居。

④坚未与石为坚而物兼：坚硬不只与石结合而成为石那样的坚硬，而且也为其他（坚硬的）物所兼有。

⑤未与物为坚而坚必坚：不只与某物结合而成为某坚硬物的坚硬，而且坚硬自身必定成其为坚硬。《道藏》本原文为"未与为坚而坚必坚"，依文意，"未与"后增一"物"字。

⑥白固不能自白：白色如果不能自身成其为白色。固，如果。

⑦不白石、物而白：（即使）不与石、物结合而有白石、白物，白色也成其为白色。《道藏》本原文为"不白物而白"，鉴于上文有"不坚石物而坚"，这里当补一"石"字而为"不白石物而白"以与之对应。

⑧黄、黑与之然：黄色、黑色与白色一样。之，其；指白色。

⑨石其无有：石如果不能自存（自己成其为石）。其，如果。有，具有，存在。

⑩因是：因为这缘故；原因就在这里。

⑪力与知果不若：视觉、触觉的功能与智思终究不同。力，

能力,(视觉、触觉的)功能。知,同"智";智思。果,终究,究竟。不若,不同;若,同,一样。

⑫且犹:何况,况且。

⑬白以目:白色是凭借眼睛看见的。以,凭借,依靠。

⑭目以火见:《道藏》本原文为"以火见",今据《墨子·经说下》校改为"而目以火见"。其意为:眼睛凭借光亮才看得见。火,光,光亮。《墨子·经说下》:"智以目见,而目以火见。"高亨注:"墨子所谓火,犹今人所谓光也。"

⑮火不见:光本身是看不见什么的。

⑯火与目不见而神见:单凭光亮和单凭眼睛是看不见的,而只有靠心神才看得见。神,精神,心神,心智。

⑰捶:通"棰"。棍,杖。

⑱神与不知:心神所与只在于坚这一概念,却无从知晓与石、物结合着的那种坚硬。与,参与。

⑲神:神奇。

⑳独而正:概念独立而可用来厘正与名不相副的实际事物。

【译文】

　　问:眼睛看不到坚性,手摸不到白色,但不能(因此)说没有坚性,不能(因此)说没有白色。眼和手的职能不同,它们无从相互替代。(然而,)坚性和白色存在于同一块石中,怎么可以说它们相互分离呢?

　　答:坚性不只与石结合而成为石那样的坚性,而且也为其他(坚硬的)物所兼有,不只与某物结合而成为这一坚硬物的坚性,而且坚性自身必定成其为坚性。不过,那种不与石、物结合而独立自在的坚性是天下所没有的,这样的坚性(对于天地万物）隐藏着。

白色如果不能自身成其为白色，又如何能以它指称石或其他物的那种白色呢？如果白色必定是自身为白色，那它即使不与石或他物结合也成其为白色。黄色、黑色与白色的情形一样。同样，石如果不能自己成其为石，又怎样能与坚性、白色结合而成为又坚又白的石呢？所以，坚、白、石（的概念）是可以分别开说的，其相离，就是因为这个缘故。视觉、触觉的功能与智思终究不同，原因就在这里。

况且，白色是凭借眼睛看见的，而眼睛要看又须凭借光亮，但光亮本身是看不见白色的。这样看来，单凭着光或单凭眼睛都看不见白色，而只有靠心神了。心智见不到与石结合着的白色，而见到的只是与石相离的白色（概念）。（同样，）坚性是凭借手知道的，而手又要凭借棍棒的敲击，棍棒和手可感知与石结合着的坚性而不能得知与石相离的坚性（概念），而心神所参与的只在于坚性这一概念，却无从知晓与石或物结合着的那种坚性。

神奇啊！这就是所谓离。离是天下的通则，所以概念（名）各各独立而可用来厘正与名不相副的实际事物。

疏　解

《白马论》辨说"白马"、"马"、"白马非马"，都是就概念（"名"）而言的；虽然并不违弃经验，却也不执著于现存世界中那些实有的马。这样立论，一个不言而喻的前提是认可概念或"名"对于实际事物的独立性。作为一个概念或一个"名"的"白马"，不是对经验中的某匹马或某种马的如其既成状态的被动描摹,而"白"与"马"也因此在颜色("色")与形状("形")的性向上有自是其是的纯粹一维。"定所白者,非白也","白"成其为"白"不受"定所白者"的限制,因而"白"是"自白"其白。"白"的"自白"其白,是"白"这一色的性状对一切"定所白者"——例如"白马"、"白石"等白色某物或白色物种——的相"离";这个"离"的特征的得以成立,意味着指示事物性状的一切概念或"名"——"黄"、"黑"、"马"、"石"等——都可以与"定所名者"相"离"而独立。"名"与相应的实存相"离"而独立,才能以内涵稳定而具有某种绝对性的"名"衡量或评判当下的被命名的实存事物,这即是所谓以"名"正(端正、校正、矫正)"实"。

　　沿着"定所白者,非白也"的说法作一种思路的延伸,必然会从《白马论》引出《坚白论》。《坚白论》的主题在于"离坚白",即"白"、"坚"对"定所白者"、"定所坚者"的相"离";这"离"是公孙龙学说的根柢所在,它以与儒、道全然不同的方式吐露了语言自觉的消息。依然是设譬而论,鹄的则在于经由称"石"而"离坚白"的辩难把"离"的意蕴晓示于对言辞日用而不察的人们。

　　(一)仍是以拟托的客方向论主发问开篇,不过不像《白马论》那样径直拈出中心话语,而是从浅近、亲切而便于着手的某一边缘处说起。一块又白又硬的石头,它的坚性、白色和形状三者可以同时被感知吗("坚、白、石三,可乎")?这个在常识判断中似乎不成问题的问题,得到的回答是否定的("不可")。那么,三者中取其二,或者这石的白色和形状,或者这石的坚性和形状,可以被同时感知吗("二,可乎")?当客方这样询问时,论主则作了肯定的回答("可")。"二"则"可","三"则"不可",

其要害在于坚性（"坚"）与白色（"白"）不可同时被感知：得知白色时不能得知坚性（"无坚得白"），得知坚性时不能得知白色（"无白得坚"），无论哪一种情形，所可称举的只有二者（"其举也二"）——"坚"与"石"或"白"与"石"。于是，问题变得稍稍复杂起来。客方的疑惑是，既然能得知这石的白色，就不能说它不是白色的（"得其所白，不可谓无白"），既然能得知它的坚硬，就不能说它不是坚硬的（"得其所坚，不可谓无坚"），至于这块石头原本就有它的形状，这不是三者俱有吗（"非三也"）？论主则解释说：当你用眼睛看这块石头时，看不到它的坚硬而只看到它的白色（和形状），视觉对于坚硬无从知晓（"视不得其所坚而得其所白者，无坚也"）；当你用手触摸这块石头时，摸不到它的白色而只能摸到它的坚硬（和形状），触觉对于白色无从知晓（"拊不得其所白而得其所坚者，无白也"）。

这第一个回合的答问，把"坚白"的讨论推进到了这一步：石的"坚"性和"白"色不能被人的同一感官所感知，它们分别相应于人的触觉和视觉。倘换句话说，即是"坚"性和"白"色不能同时显现于人的视觉，也不能同时显现于人的触觉。所以，无论视觉还是触觉，同时感知"坚"、"白"、"石"三者是"不可"的，所"可"的只是感知其"二"（"坚"与"石"或"白"与"石"）。视觉与触觉的相分似乎注定了"坚"与"白"在同一感知维度上难以融合，其间"离"的意味虽尚未点破，却已是呼之欲出了。

（二）在客方看来，没有了白色固然看不见那块石头（"天下无白，不可以视石"），而没有了坚硬，石头也就称不上是石头（"天下无坚，不可以谓石"）了，坚性、白色、石形在同一块石头上原是相互含纳而并不排斥（"坚、白、石不相外"）的，若是说只可见（看见或摸见）其二，不可见（看不见或摸不见）其三，那就是有意把其中的坚性或白色作为第三者藏起来了。论主矫正客方的话说,确实可以称之为"藏",不过不是人刻意要藏("非藏而藏"),而是其"自藏"。但客方并未就此释疑,他坚持认为坚性、白色、石形在同一块石头中是相互含纳("相盈")的,既然可以相互含纳,它们中的坚性或白色又怎么可能自己把自己藏起来呢("其自藏奈何")?论主遂回答他:看得见"白"而看不见"坚",摸得见"坚"而摸不见"白",这看得见者与看不见者、摸得见者与摸不见者是相"离"的——既然相"离",就总有一个因为一定情境下的"不见"(看不见或摸不见)而"藏"起来。

至此,由"不见"说到"藏",由"藏"说到"离","离"作为立论的基点开始被提了出来。不过,这时所称述的"离"还在同感知关联着的经验的层次上。

(三)客方再度质疑:白色是这块石的白色("石之白"),坚硬是这块石的坚硬("石之坚"),形状是这块石的形状,尽管有看得见看不见、摸得见摸不见("见与不见")的不同,并且由此发生了感知过程中举其二还是举其三的争辩("二与三"),但它们毕竟就像任何一物品的宽和长一样相互含纳而成一体("若广修而相盈也"),而这样说难道会有什么不妥吗("其非举乎")?质疑者的这段话对所认定的道理可谓表述得很彻底,然而,正是在这彻底处,其对某块白石的实存的执著也清楚不过地显露出来。论主当然察觉到了这一点,他针对客方囿于实存的偏执,变换了一种角度,尽可能地让自己所说的"坚"、"白"在其各为一独立概念的意义上明确起来。他指出:某物是白色的,但白色并不限定在这一物上而只"白"这一物("物白焉,不定其所白");某物是坚硬的,坚硬也并不限定在这一物上而只"坚"这一物("物坚焉,不定其所坚")。既然"白"、"坚"都不会只限定在某一物上,它们就必定为所有白色的物、坚硬的物所兼有("不定者兼")。若是这样,——论主起而反问对方——却又为什么要把"坚"、"白"只限定在那块石头上去说呢("恶乎其石也")? 客方当然难以理解这"白"而"不定所白"、"坚"而"不定所坚"的诡谲意趣,他的累于实存的所思仍牵绊在那块坚硬的白石上。依他的看法,摸那块石("循石")会触到坚硬,没有了其坚硬即无所谓石("非彼无石"),没有了石也就无从去说白石("非石无所取乎白石"),"坚"、"白"和"石"原本不可分离,这是永远都不会改变("其无已")的事实。客方是固执的,也是认真的,这使论主只好在已反复讨究过的问题上再作申述。他接过客方的话说:的确,"石"是一个整体("于石,一也"),"坚"、"白"这两种性状都存在于石中("坚白,二也,而在于石")。不过,坚硬和白色终是有可触知与不可触知、可看见与不可看见("故有知焉,有不知焉;有见焉,有不见焉")的区别,而可触知者与不可触知者在触觉的感知中是相互分离("知与不知相与离")的,可看见者与不可看见者在视觉的感知中是相互隐藏("见与不见相与藏")的。由于相互隐藏而不可能同时出现于触觉或同时出现于视觉中的缘故("藏故"),谁能说"坚"和"白"不是相"离"的呢("孰谓之不离")? 于是,"坚"对于"白"或"白"对于"坚"的"藏"而相"离"被又一次肯定下来。

在这一轮的辩难中,对"坚"、"白"间的"藏"、"离"关系的讨论仍停留在经验层次上,但所谓"物白焉,不定其所白;物坚焉,不定其所坚"而"不定者兼,恶乎其石"的说法,则已经是"离"石而说"坚"、"白",它为"坚"、"白"概念对于包括"石"在内的所有经验之物的"离"的论证作好了铺垫。

(四)客方局守于经验的思维是一以贯之的,他抓住论主所

谓"知与不知相与离,见与不见相与藏"的话头继续质难:眼睛
看不到坚硬("目不能坚"),不能说坚硬就不存在("不可谓无
坚"),手摸不到白色("手不能白"),不能说白色就不存在("不
可谓无白");眼和手的职能不同,二者无从相互替代,但坚硬和
白色毕竟寓于同一块石中,怎么可以说它们相离呢? 对这最后
的质难,主方作了尽可能详尽的回答。借着应答,他把"坚"、
"白"和以此相喻的所有概念或"名"置于超出经验感知的格位
上,由此在某种绝对的意义上阐示了诸"名"(概念)相互间及其
对于一切实存事物的"离"。上承"物白焉,不定其所白;物坚
焉,不定其所坚"而"不定者兼"的思路,论主不再在视觉、触觉
的感知上盘桓,他从"坚"、"白"诸"名"(概念)对任何个别实物
或实物的某一性状既称谓又超离这一"兼"的属性顺理成章地
推演到了"藏":坚硬不只是与石结合而成为石那样的坚硬,而
且也为其他坚硬的物所兼有("坚未与石为坚而物兼"),这
"兼"意味着"坚"不限定在"石"上,也不限定在具有"坚"性的
任何一物上;既然"坚"性不限定在任何一物上,那也就意味着
不限定在一切经验之物上,就是说,这"坚"必定自在地使自己
成其为"坚"("未与物为坚而坚必坚")。而那种不与任何石、
物结合竟也独立自在的"坚"是天下或整个经验世界所没有的
("其不坚石物而坚,天下未有若坚"),因此无宁说这"坚"对于
天下万物或整个经验世界潜藏着("坚藏")。依论主的逻辑,
"白"如果不能自身成其为白,它又如何能够用来形容白石或其
他白物呢("白固不能自白,恶能白石物乎")? 倘若"白"必定
是自身成其为"白"的,那它即使不与任何物结合或不用来形容
任何物,它也成其为"白"("若白者必白,则不白物而白焉")。
"白"是如此,"黄"、"黑"的情形也是一样。同理,"石"如果不

能自己成其为"石"，又怎么能与"坚"、"白"相合而成为又坚又白的石呢？所以说，"坚"、"白"、"石"是可以分离开说的（"故离"），换言之，其可以分离开说，原因就在于此（"离也者，因是"）。

论主补充说，白色是靠了眼睛才看得见的（"白以目"），而眼睛要看见又要凭借光亮（"目以火"），但光本身是看不见白色的（"而火不见"），这样看来，单凭光亮或眼睛都看不见白色，而要看见还得靠神智（"火与目不见而神见"）。不过，神智见不着与石、物结合的白色，见到的只是与石、物相"离"的"白"的概念。同样，坚硬是凭着手知道的（"坚以手"），而手又要借助棰的敲击（"手以棰"）；棰和手可触到与石或其他物结合着的坚硬，却不知道与石或其他物相"离"的"坚"的概念（"棰与手知而不知"），而神智所可知的只是"坚"这一概念，却又无从知晓与石或其他物结合着的那种坚硬（"而神与不知"）。推讨至此，论主宣称：这煞似神奇的"离"乃天下之通则，正是由于"离"，各各独立自藏的诸"名"（概念）才可以用来厘正与名不相副的实存事物（"神乎！是之谓离焉。离也者天下，故独而正"）。这所谓"离也者天下，故独而正"是《坚白论》所论"离坚白"的点睛之笔，它所晓示的论主的祈愿只在于由如此的"独而正"以控名责实而"化天下"。

对于视觉、触觉与神智的关系，我们也许可以比公孙龙作更缜密的理会和更贴切的阐述，但重要的是，约两千三百年前，这位睿智的辩者已经觉悟到语言作为概念的排列组合在命名或描摹事物时其与经验事物相"离"的固有本性，这"离"使人在试图如其所是地谈论或认知事物时陷于被动，这"离"又使人在检勘而厘正事物的践履中得以心存应然而身处主动。用以命名、摹状的语词与天下实存的森然万象并不存在一一对应的关系,人却又不能不借助它辨识人生存于其中因而总会打上人的或此或彼烙印的世界,人是携带着语言与世界相遇相依的,但人运用语言走近世界时也由于语言的"离"的特征而与世界拉开距离。语言靠了"离"的性状而自成一个独立于经验实存的系统;人处在语言系统中,人也处在与其生存际遇的践履性关系中。同时处在这系统和关系中的人是受动而能动的,他只能因着这受动而能动的机缘赢得生命之自由。如何赢得更大程度的自由,这须得人对自己既处其中的境域达到相当的自觉,其中当然包括人对语言的自觉,而公孙龙"离坚白"之辩的意义正在于他从一个独特的运思向度上把这一重自觉启示给了人们。

五 《通变论》疏解

　　《通变论》在于论说两概念（"名"）相与（相结合）成一复合概念后其内涵变化的某种通则。"通变"，变化之通例之谓。"白马"、"坚白"皆设譬式论题，"通变"乃在于使这类设譬式论题之所论形式化，尽管为了喻示其普遍适用仍不免列举别一些相关例证。

　　《道藏》本《公孙龙子》序列《通变论》于第四，今依然以第四编其次。

　　曰：二^①有^②一^③乎？
　　曰：二无^④一。
　　曰：二有右^⑤乎？
　　曰：二无右。
　　曰：二有左^⑥乎？
　　曰：二无左。

曰:右可谓⑦二乎?

曰:不可。

曰:左可谓二乎?

曰:不可。

曰:左与⑧右可谓二乎?

曰:可。

【注释】

①二:指一个概念与另一个概念结合而成的复合概念。

②有:表示存在。

③一:指复合概念得以构成的原此一概念或彼一概念。

④无:与"有"相对,表示不存在。

⑤右:复合概念得以构成的原某一概念的代称。

⑥左:复合概念得以构成的与"右"相对的另一概念的
　　代称。

⑦谓:称呼,称谓。

⑧与:这里指两个"一"或"左"与"右"的结合。

【译文】

问:(由一个概念与另一个概念结合而成的)二(这个概念)中存在(原来的某)一(概念)吗?

答:(由一个概念与另一个概念结合而成的)二(这个概念)中不(再)存在(原来的某)一(概念)。

问:(由概念左与概念右结合而成的)二(这个概念)中存在(原来的概念)右吗?

答:(由概念左与概念右结合而成的)二(这个概念)中不(再)存在(原来的概念)右。

问:(由概念左与概念右结合而成的)二(这个概念)中存在(原来的概念)左吗?

答:(由概念左与概念右结合而成的)二(这个概念)中不(再)存在(原来的概念)左。

问:可以用(概念)右称谓(由概念左与概念右结合而成的)二(这个概念)吗?

答:不可以。

问:可以用(概念)左称谓(由概念左与概念右结合而成的)二(这个概念)吗?

答:不可以。

问:(概念)左与(概念)右结合可以称谓(由它们这种结合而产生的)二(这个概念)吗?

答:可以。

曰:谓变①非不变②,可乎?

曰:可。

曰:右有与③,可谓变乎?

曰:可。

曰:变奚④?

曰:右。

曰:右苟变,安可谓右⑤?

[曰:]苟不变,安可谓变⑥?

【注释】

① 变:这里指某概念("一")与另一概念("一")构成复合概念("二")后,其内涵和外延发生了改变。如"白马"之"白"(这一被"马"规定了的"白"),不再是未与"马"结合时独立自存("自藏")的"白"。由此"白"到彼"白"有变化。

② 不变:这里指未与其他概念构成复合概念前的某概念,其内涵和外延尚不曾发生变化。

③ 右有与:指以"右"代称的某概念有了与其相结合的概念,如概念"白"有了与其相结合者概念"石"因而构成"白石"这一复合概念。"白石"之"白"是为"石"所规定了的"白",所以不再是原先未曾被"石"所规定的"白";从此"白"到彼"白",其内涵和外延发生了变化。所以下文遂有"可谓变乎"之问。与,参与;这里指参与者,结合者。

④ 变奚:《道藏》本原文为"变只","只"繁体为"隻",与"奚"形似,可能由"奚"误为"隻"。今据俞樾《读公孙龙子》校释改为"变奚"。奚,什么,哪里。

⑤ 右苟变,安可谓右:概念"右"的内涵、外延如果已经改变了,怎么还可以以"右"相称。概念的内涵、外延虽然变了,但依然以原先的名称相称(如"白马"之"白"的内涵、外延已经不同于原先独立"自藏"的"白"这一概念,但仍以"白"这一名相称),所以有这一疑问。苟,如果。安,何以,怎么。

⑥ 苟不变,安可谓变:如果说这一概念是不变的,又怎么可以说它变了。这是以反问应对所问。其意说,名称虽

然还是那个名称,但由这名称所称的概念的内涵、外延毕竟变了。另,《道藏》本原文"苟不变,安可谓变"句前无"曰"字,今依上下文意及陈澧《公孙龙子注》、谭戒甫《公孙龙子形名发微》所校增补。

【译文】

问:说变化了的(概念)不再是(原先)不曾变的(概念),可以吗?

答:可以。

问:(概念)右有了(与其)相结合者,可以说(结合其他概念后的概念)右改变了吗?

答:可以。

问:改变了什么?

答:改变了(概念)右(原来的内涵和外延)。

问:(概念)右如果已经改变了,怎么还可以用(原来的名称)右相称?

答:如果(以右相称的概念是)不变(的),又怎么可以说(概念)右变了呢?

曰:二苟无左,又无右,二者左与右,奈何①?

[曰:]羊合牛非马,牛合羊非鸡②。

曰:何哉?

曰:羊与牛唯③异,羊有齿,牛无齿④,而牛之非羊也,羊之非牛也⑤,未可,是不俱有而或类⑥焉。

羊有角,牛有角,牛之而羊也,羊之而牛也⑦,未可,
是俱有而类之不同⑧也。羊牛有角,马无角,马有尾,羊
牛无尾⑨,故曰羊合牛非马也。非马者,无马也⑩。无马
者,羊不二,牛不二,而羊牛二⑪,是而羊而牛非马⑫可
也。若举而以是⑬,犹类之不同⑭。若左右,犹是举⑮。

牛羊有毛,鸡有羽。谓鸡足一,数足二,二而一故
三⑯。谓牛羊足一,数足四,四而一故五⑰。牛羊足五,
鸡足三,故曰牛合羊非鸡⑱。非,有以非鸡⑲也。

与马以鸡,宁马⑳。材不材㉑,其无以类,审㉒矣! 举
是乱名,是谓狂举㉓。

【注释】

①二苟无左,又无右,二者左与右,奈何:如果二(这个概
念)中既不再有(概念)左,又不再有(概念)右,那又怎么
能说二(这个概念)是由(概念)左与(概念)右结合而成
的呢? 这是拟托的客方换了一个角度对主方"二无一"
之说提出的诘难,其意在于使主方撇开常引以为例的
"白马"、"白石"等概念,对所谓"二无一"再作论证。

②羊合牛非马,牛合羊非鸡:羊(这一概念)与牛(这一概
念)相结合不同于马(这一概念),牛(这一概念)与羊
(这一概念)相结合不同于鸡(这一概念)。这是主方对
客方换了角度的诘难的应对,主方所举的"羊合牛非马,
牛合羊非鸡"的例子已不同于先前白与马非马("白马非
马")那样的设譬,因为"羊合牛非马"中的"马"既不是
"羊合牛"这一复合概念("二")中的"左"(羊),也不是

"羊合牛"这一复合概念("二")中的"右"(牛)。"牛合羊非鸡"在"鸡"非"牛合羊"中之"左"亦非其"右"的意义上,与"羊合牛非马"同理。实际上,"羊合牛"、"牛合羊"所隐示的是"有角牲畜"这一概念;其构成虽可不以"左"、"右"而言,但作为复合概念仍相当于"二"。就"牲畜"非"马"而"有角牲畜"非"羊"、"有角牲畜"非"牛"相推,依然可谓"二无一"。另,《道藏》本原文"羊合牛非马,牛合羊非鸡"句前无"曰"字,今依上下文意及谭戒甫《公孙龙子形名发微》所校增补。

③唯:虽,虽然。

④牛无齿:牛生来无上齿,仅有下齿。上文"羊有齿",指羊上下齿皆有,与牛相异。

⑤而牛之非羊也,羊之非牛也:而据此("羊有齿,牛无齿")断言牛不与羊同类或羊不与牛同类。非,不同类。《道藏》本原文为"而羊牛之非羊也,之非牛也",今相应于下文"牛之而羊也,羊之而牛也",据明陶宗仪编《说郛》本及清光绪元年湖北崇文书局所辑之《子书百家》本校改。

⑥不俱有而或类:即使不共同具有某些生理特征也可能是同类。俱有,共有;俱,都,共同。或,或许,可能。类,这里指同类。

⑦牛之而羊也,羊之而牛也:据此("羊有角,牛有角")而断言牛与羊同类或羊与牛同类。

⑧俱有而类之不同:即使共同具有某些生理特征也可能不是同类。

⑨羊牛无尾:指羊和牛没有马那样的长有长毛的尾。

⑩非马者,无马也:(牛和羊的概念结合而成的"有角牲畜"

的概念不同于"马"的概念,)不同于"马"的概念,是说"有角牲畜"概念中不包括"马"。

⑪无马者,羊不二,牛不二,而羊牛二:不包括马的那个有角牲畜的概念是由羊的概念和牛的概念结合而成的,但羊的概念不同于由羊、牛这两个概念结合而成的有角牲畜("二")的概念,牛的概念也不同于由牛、羊这两个概念结合而成的有角牲畜("二")的概念,而羊、牛概念的结合才是有角牲畜整体("二")的概念。

⑫而羊而牛非马:即"羊合牛非马"——羊的概念与牛的概念结合而成的"有角牲畜"的概念不同于"马"这种无角牲畜的概念。而,和,又。

⑬若举而以:以此而举例。若,语气助词,无义。举,举例。以是,以此;是,此。

⑭犹类之不同:由于(概念的)类的不同。犹,通"由";因,由于。

⑮若左右,犹是举:像"二无左"、"二无右"的道理,则有如这个例举所说。若,像,如。左,即所谓"二无左"。右,即所谓"二无右"。犹,如同,有如。

⑯谓鸡足一,数足二,二而一故三:笼统地说鸡足,得到一个关于鸡足的概念,数鸡足,又可以得到两个关于鸡足的概念,于是关于鸡足就有了三个概念。一,指"鸡足"这一个概念。二,指"鸡左足"、"鸡右足"这两个概念。三,指"鸡足"、"鸡左足"、"鸡右足"这三个关于鸡之足的概念;后文"鸡足三"即就此而言。

⑰谓牛羊足一,数足四,四而一故五:笼统地说牛足或羊足,得到一个关于牛足或羊足的概念,数牛足或数羊足,又可

以得到四个关于牛足或羊足的概念,于是关于牛足或羊足就有了五个概念。一,指"牛足"(或"羊足")这一个概念。四,指牛(或羊)"前左足"、"前右足"、"后左足"、"后右足"等四个概念。五,指"牛足"(或"羊足")及牛(或羊)的"前左足"、"前右足"、"后左足"、"后右足"这五个关于牛(或羊)之足的概念;后文"牛羊足五"即就此而言。

⑱牛合羊非鸡:牛的概念和羊的概念结合而成的(四足牲畜)概念与鸡不是同类概念。

⑲非,有以非鸡:这不同类,是有其与鸡不同类的原由的。以,原因,道理,缘故。

⑳与马以鸡,宁马:与其以"牛合羊非鸡"为例说明"二无一",宁可以"羊合牛非马"为例说明"二无一"。与,用。以,用。马,指"羊合牛非马"的例子。鸡,指"牛合羊非鸡"的例子。

㉑材不材:可用不可用。材,用。

㉒审:清楚,明白。

㉓举是乱名,是谓狂举:《道藏》本原文为"举是谓乱名,是狂举",有误。今据《子汇》本等改。其意为:举"牛合羊非鸡"的例子会把(牲畜和家禽)概念弄乱,这是狂谬的举例。是,这;这里指"牛合羊非鸡"的例证。乱名,搅乱概念。谓,通"为";是。

【译文】

问:如果二(这个概念)中既不再有(概念)左,又不再有(概念)右,那又怎么能说二(这个概念)是由(概念)左与(概念)右结合而成的呢?

答:羊(这一概念)与牛(这一概念)结合(可得到"牲畜"的概念,而"牲畜"这一概念)不同于马(这一概念),牛(这一概念)与羊(这一概念)结合(可得到"牲畜"的概念,而"牲畜"这一概念)不同于鸡(这一概念)。

问:什么意思?

答:羊和牛虽有差异,如羊有上齿,牛没有上齿,却不能据此判断牛和羊不是同类或羊和牛不是同类,这是因为即使它们不共有某些生理特征,也可能是同类。

(诚然,)羊有角,牛也有角,(但)据此断言牛和羊是同类或羊和牛是同类,那也是不行的,这是因为即使共有某些生理特征,它们也可能不是同类。羊和牛有角,马没有角,马长有长毛的尾,羊和牛没有这样的尾,因此羊和牛可归于(牲畜中有角的)一类,而不可与(无角的)马归于一类。牛和羊的概念结合而成的(有角牲畜)概念不与马的概念同类,没有马的概念参与。没有马的概念参与的(有角牲畜)概念是由羊的概念和牛的概念结合而成的,但羊的概念不同于羊和牛这两个概念结合而成的(有角牲畜)概念,牛的概念也不同于由牛和羊这两个概念结合而成的(有角牲畜)概念,而羊、牛概念的结合才是其整体的(有角牲畜)概念,这即是说,由羊的概念和牛的概念结合而成的(有角牲畜)概念有别于马这一(无角牲畜)概念。以此而举例,是由于(概念的)类的不同,像"二无左"、"二无右"的道理,则有如这个例子所说。

牛羊有毛,鸡有羽。笼统地说鸡的足,得到一个关于鸡足的概念,数鸡足,又可以得到两个关于鸡足的概念,即鸡左足的概念和鸡右足的概念,于是关于鸡的足就有了三个概念。笼统地说牛的足或羊的足,得到一个关于牛足或羊足的概念,数牛足或数羊足,又可以得到四个关于牛的足或羊的足的概念,即牛或羊前左足的概念、牛或羊前右足的概念、牛或羊后左足的概念、牛或羊后右足的概念,于是关于牛足或羊足就有了五个概念。关于牛足或羊足的概念有五个,关于鸡足的概念有三个,所以说由牛的概念和羊的概念结合而成的(四足牲畜)概念与鸡不是同类概念。这不同类是有其所以与鸡不同类的原由的。

与其用"牛合羊非鸡"为例,宁可用"羊合牛非马"为例。一个可用,一个不可用,二者不可类比,这一点是清楚不过的。举"牛合羊非鸡"的例子会使(牲畜和家禽)概念混淆,这是狂谬的举例。

曰:他辩[①]?

曰:青以白非黄[②],白以青非碧[③]。

曰:何哉?

曰:青白不相与而相与[④],反对[⑤]也;不相邻而相邻[⑥],不害其方[⑦]也。不害其方者,反而对,各当其所,若左右不骊[⑧]。故一于[⑨]青不可,一于白不可,恶乎其有黄矣哉[⑩]? 黄其正[⑪]矣,是正举[⑫]也。其有[⑬]君臣之于国焉,故强寿[⑭]矣!

而且青骊乎白而白不胜[⑮]也。白足[⑯]之胜矣而不胜,是木贼[⑰]金也。木贼金者碧,碧则非正举矣。青白不相与而相与,不相胜则两明[⑱]也。争而两明[⑲],其色碧也。

与其碧,宁黄[⑳]。黄其马也,其与类乎[㉑]! 碧其鸡也,其与暴㉒乎!

　　暴则君臣争而两明也。两明者,昏不明,非正举也。非正举者,名实无当,骊色章㉓焉。故曰两明也。两明而道丧,其无有以正㉔焉。

【注释】

　　①他辩:(可以)举其他例子说说(吗)。

　　②青以白非黄:青色(概念)与白色(概念)结合可得到"正色"的概念,而正色这一概念不同于黄色(概念)。这是说:黄色是正色(青色、白色、黄色、赤色、黑色)中的一种,正像"白马"不就是"马"那样,"黄色"不就是"正色"。此即所谓"二无一"。以,与。

　　③碧:青白色。一种间色。古人以青、赤、黄、白、黑为五方正色,以绿、红、碧、紫、骝(liú)黄为五方间色。

　　④青白不相与而相与:青色与白色不相接近而使它们结合。相与,相合。

　　⑤反对:彼此对立;依五行说,青色配东方,白色配西方,东、西方彼此相对。

　　⑥不相邻而相邻:指青色与白色不相为邻而使它们为邻。以五行配五方、五色而言,木配东方而色青,金配西方而色白,火配南方而色赤,水配北方而色黑,土配中央而色黄;木与金相隔火、土,金与木相隔水,与此相应,东方与西方相隔南方、中央,西方与东方相隔北方,青色与白色相隔赤色、黄色,白色与青色相隔黑色。所以说青色与白色不相邻。

⑦不害其方:不妨碍其(青、白)各代表一方(东方、西方)。
　　害,妨碍。方,方位,方向。

⑧若左右不骊:像左和右那样互不附丽。骊,通"丽",附
　　丽,附着,依附。

⑨一于:统一于。一,统一。

⑩恶乎其有黄矣哉:怎么可能会是黄色呢? 有,为,作为。

⑪黄其正:黄色是一种正色。

⑫正举:正当的举例,恰当的举例。

⑬其有:其犹,那就像。有,借为"犹"。

⑭强寿:强盛而久长。寿,长寿,长久。

⑮青骊乎白而白不胜:青色附着于白色而白色不能制胜。
　　依五行相胜之说,理当金胜木,白胜青,而青色一旦附着
　　于白色,白色便被青色所掩蔽以致不再能制胜,此即下文
　　所谓"白足之胜矣而不胜,是木贼金也"。

⑯足:可以,能够。

⑰贼:害,戕害。

⑱两明:(青色、白色)两者各显其明。

⑲争而两明:《道藏》本原文为"争而明",今据上文"不相胜
　　则两明"及下文"君臣争而两明",从王琯《公孙龙子悬
　　解》校注补一"两"字。

⑳与其碧宁黄:与其以"白以青非碧"为例,宁可以"青以白
　　非黄"为例。

㉑黄其马也,其与类乎:黄色就像(上面所说)"羊合牛非
　　马"的马那样,它与青色、白色同属正色这一类。其,前
　　一"其"义为"犹",后一"其"为代词"它"。

㉒暴:乱,混乱。

㉓骊色章:青、白相杂之色彰显。骊,通"丽",附丽。骊色,
　这里指青、白相附丽而成的青、白相杂之色,间色。
　章,彰。
㉔无有以正:没有什么"正"可言。有以,有何,有什么。

【译文】

问:还有别的例证可辩吗?

答:青色(概念)与白色(概念)相结合(可得到"正色"的概念,而正色这一概念)不同于黄色(概念),白色(概念)与青色(概念)相结合(可得到"正色"的概念,而正色这一概念)不同于碧色(概念)。

问:什么意思?

答:青色与白色不相接近而使它们结合,二者仍相反而对立;青色与白色不相为邻而使它们为邻,这并未妨碍它们各自代表东、西方位。所谓不妨碍它们各自代表东、西方位,是说它们正相反对,各处在其当处的位置上,就像是左和右那样互不连属。因此它们既不可以统一于青色,也不可以统一于白色,却又怎么可能会是黄色呢? 黄色是一种正色,以"青以白非黄"为例(说明"二无一"的道理)是恰当的举例。这犹如君臣各当其位,国家就会因此强盛而久长。

而青色若是附着在白色上,白色就会被青色遮蔽而不能制胜青色。白色(代表金)本可以胜(代表木的)青色而不能制胜,这叫做"木贼金"(木妨害了金)。代表木的青色妨害了代表金的白色就会出现碧这样的间色;碧色不是正色,以"青以白非碧"为例(说明"二无一"的道理)是不恰当的举例。青色与白色不相接近而使它们结合,致使白色不能制胜青色而两种颜色各

显其明。青白两色争相显示，其所显现的便是间于二者的碧
色了。

　　与其以"白以青非碧"为例（说明"二无一"的道理），宁可
以"青以白非黄"为例（说明"二无一"的道理）。黄色犹如上面
所说的"羊合牛非马"的马那样，它与青色、白色同属正色这一
类；碧色就像上面所说的"牛合羊非鸡"的鸡那样，它会带来不
同类的颜色（正色与间色）概念的混乱。

　　（名或概念）混乱表现在一个国家里就是君臣相争而各显
其高明。君臣各争其明，政局就会昏暗，这不是正当之举。所谓
非正当之举，是说名实不相副，杂色彰显，所以称其为"两明"
（有如青、白两色争明于碧）。两相争明而道义沦丧，那就没有
什么"正"理可言了。

疏　解

　　《通变论》通篇贯穿着"变"，称述这"变"的点睛之语是可
视为一典型论式的"二无一"。它提示并深化着某种与《白马
论》、《坚白论》共有的旨趣，把初始概念与定在化了的同名概念
的相异而相"离"以通则的方式确定了下来。

　　（一）一如对"白马"、"坚白"之说的辩析，"通变"话题的展
开所采用的仍旧是主客答问的言说体例。客方的问题开门见
山：在一个概念与另一个概念结合而成的概念中还存在原来的
某个概念吗（"二有一乎"）？论主的回答亦简明而直白："二无
一。"这即是说，在两个概念结合而成的新概念（"二"）中，不再
存在原来的这一概念（"一"）或那一概念（"一"）。为了把这

"二"与"一"的关系分辨得更清楚些,新概念("二")赖以产生的这一概念("一")和那一概念("一")相与或结合被改称为概念"左"和概念"右"的相与或结合。于是,"二有一乎"的问题就转换成了"二有右乎"、"二有左乎",而相应的答语也就成了"二无右"、"二无左"。而且,这逻辑的延伸则是,由"左"、"右"两概念结合而成的"二"这一概念,既不可以用概念"右"称谓,也不可以用概念"左"称谓,而只能以概念"左"和概念"右"的相合去称谓("左与右可谓二乎"?——"可")。在如此"有一"与"无一"、"有右"与"无右"、"有左"与"无左"、"不可"与"可"一类直言判别的问答中,论主要分外申说的是,当两个可结合的概念结合成一个概念后,其先前的意谓已经发生了变化,这"变"是由结合着的两概念的相互规定引起的。例如,一旦"白"和"马"相与而为"白马"后,无论是"白"还是"马",其意谓就都有了变化:"白马"之"马"是为"白"所定之"马",这为"白"所定之"马"的内涵、外延已不同于未被"白"所定之"马";同样,"白马"之"白"是为"马"所定之"白",这为"马"所定之"白"已不再是未被"马"所定之"白"。"白"与"白马"相"离","马"与"白马"相"离",其相"离"无不是因为"变"。

　　(二)拟托的客方很快就从这样的"变"中发现了疑点,于是,不容苟且的质疑把讨论引向深入。他先顺着主方的思路,按预设的伏笔连续发问:可以说变化了的概念不再是原先那不曾变化的概念吗("谓变非不变,可乎")?概念"右"有了与其相结合的概念后,可以说它改变了吗("右有与,可谓变乎")?当这些对于主方说来不成问题的问题得到肯定的回答("可")后,客方拈出了一个煞似陷主方于自相抵牾的问题:概念"右"如果已经变了,怎么还可以称其为"右"呢("右苟变,安可谓右")?

论主没有正面应答,他只是以诘问辩对诘问:倘使以"右"相称的概念是不变的,又怎么可以说这概念右变了呢("苟不变,安可谓变")?其实,辞锋咄咄的诘辩所涉及的是一种吊诡的语言现象,它正好从一个侧面吐露了语言在动态言说中的某种基本特征,此即语词在排列组合中依语境而确定其意谓:在语符或能指不变的情形下,语义或所指会因为它与其他语词搭配状况的不同而不同。"白马"之"白"不同于"白石"之"白",亦不同于"白羽"之"白"或"白雪"之"白",作为语符的"白"字在"白马"、"白石"、"白羽"、"白雪"中并无不同,但其所"白"的意谓已有了微妙的差异。在现代语言学畛域内,语符与语义或能指与所指关系的错落不定,倘用俄国形式主义者的话说,即是"词没有一个确定的意义;它是变色龙,其中每一次所产生的不仅是不同的意味,而且有时是不同的色泽"(梯尼亚诺夫:《诗歌中词的意义》,见方珊等译《俄国形式主义文论选》,北京:三联书店,1989,第41页);用结构主义语言学家索绪尔的话说,则是"语言像任何符号系统一样,使一个符号区别于其他符号的一切,就构成该符号","换句话说,语言是形式而不是实质"(索绪尔:《普通语言学教程》,高名凯译,北京:商务印书馆,1985,第168、169页)。公孙龙对同一语符因着"相与"(与其他语词相搭配)情境不同而引致语义或所指内涵、外延变化的发现,是纯然中国式的(参看其《指物论》),而洞察到这一点并予以不失其分际的表述则远在两千三百年前。

　　(三)并不是所有的单一概念("一")都可以两两"相与"而结合为复合性概念("二")的,诸如"白"和"夜"、"绿"和"雪"、"马"和"羽"、"虎"和"角"等都没有"相与"之缘。从《白马论》、《坚白论》中的"白马"、"白石"、"坚石"之喻,客方显然注意到《通变论》中所谓"左与右可谓二",不仅意味着构成"二"的"右"的概念("一")与"左"的概念("一")是可以"相与"的,而且"相与"的两概念往往因着语境对某一方的强调而呈一种偏正关系,甚至当时人们意识中以"右"为上的观念似亦可以印证这一点。然而,"二"这一复合性概念的构成是否还会有其他形态呢? 由此,他遂问疑于主方:如果构成"二"这个概念的两个单一概念不再有左、右这样的偏正之分,先前依着"左"、"右"概念相与而有的"二"该当怎样合成("二苟无左,又无右,二者左与右,奈何")? 论主又一次以设譬的方式作答:"羊"和"牛"的概念相合为"二"可得到有角牲畜的概念,而有角牲畜的概念不同于"马"的概念,"牛"和"羊"的概念相合为"二"可得到牲畜的概念,而牲畜的概念不同于"鸡"的概念("羊合牛非马,牛合羊非鸡")。不用说,"羊"和"牛"相合的"二"这一偶蹄反刍牲畜中,"羊"、"牛"不再是左、右偏正的关系。但为什么只能是"羊"和"牛"相结合或"牛"和"羊"相结合而不能是"羊"和"马"或"牛"和"鸡"的结合呢? 论主并没有径直提出偶蹄、反刍等概念作解释,但他的近于繁冗细琐的说明终是隐隐指向家畜、家禽分类所当把握的某种尺度。他说:羊和牛虽然有差异,如羊有上齿,牛没有上齿,却不能就此认为牛和羊不是同类或羊和牛不是同类,这是因为它们即使不共有某些生理特征,也依然可能是同类("羊与牛唯异,羊有齿,牛无齿,而牛之非羊也,羊之非牛也,未可,是不俱有而或类焉")。诚然,羊有角,牛也有角,不过单凭这一点就认为牛和羊为同类也是不行的,因为它们即使共有某些生理特征,仍可能不是同类("羊有角,牛有角,牛之而羊也,羊之而牛也,未可,是俱有而类之不同也")。但如果以羊、牛和马作比较,羊、牛毕竟更类似些——羊和牛有角,马没有角，马尾巴长有长长的毛，羊和牛没有这样的尾巴，因此羊和牛可归于一类，而不可与马归于一类（"羊牛有角，马无角，马有尾，羊牛无尾，故曰羊合牛非马也"）。"羊"和"牛"的概念可以结合成有角牲畜的概念，与"马"不能结合成这个概念，因为有角类的牲畜中没有马（"非马者，无马也"）。不包括"马"的有角牲畜的概念是"羊"这一概念和"牛"这一概念结合而成的"二"，单是"羊"不能构成这个"二"，单是"牛"也不构成这个"二"，"羊"和"牛"的概念的结合才是这个"二"，这即是说由"羊"、"牛"概念的结合而产生的有角牲畜的概念不与"马"的概念同类（"无马者，羊不二，牛不二，而羊牛二，是羊而牛非马可也"）。说到"羊不二，牛不二，而羊牛二"时，实际上已是在重申前面所断言的"右"不可谓"二"、"左"不可谓"二"而"左与右可谓二"，所以他在此尤其要指出：以"羊合牛非马"举例，是由于概念的类的不同，像"二无左"、"二无右"的道理，则有如这个例子所体现的那样（"若举而以是，犹类之不同。若左右，犹是举"）。事实上，"羊不二"、"牛不二"也正可以说是"二不羊"、"二不牛"，而这"二不羊"、"二不牛"换一种表述即是所谓"二无一"，尽管这时作为"一"的"羊"或"牛"不再有左右、偏正之分。

接着，论主对"牛合羊非鸡"的譬语作了解析和评说：牛羊有毛，鸡则有羽。笼统地说鸡之足，可得到一个关于鸡足的概念，数鸡足，又可以得到两个关于鸡足的概念，即鸡左足的概念和鸡右足的概念，于是关于鸡的足就有了三个概念。笼统地说牛之足或羊之足，可得到一个关于牛足或关于羊足的概念，数牛足或数羊足，又可以得到四个关于牛足或羊足的概念，即牛或羊前左足的概念、牛或羊前右足的概念、牛或羊后左足的概念、牛或羊后右足的概念，于是，关于牛的足或羊的足就有了五个概念。关于牛足或羊足的概念有五个，关于鸡足的概念有三个，所以说由"牛"和"羊"的概念结合成"二"的牲畜概念与鸡不是同类概念。不过，以"鸡"与"羊"、"牛"不同类而说明"牛合羊"为"二"的合理性，毕竟不如以"马"与"羊"、"牛"不同类而说明"羊合牛"为"二"的合理性更切当，因为"鸡"是禽类，与"羊"、"牛"可比的程度要小些，"马"与"羊"、"牛"同属牲畜，其可比性要大得多，正由于可比性大，与"马"的概念比勘，"羊合牛"为"二"的概念才会更具体而规定性更丰赡。就是说，比勘于"鸡"的"牛合羊"为"二"的概念只是"牲畜"概念，比勘于"马"的"羊合牛"为"二"的概念则不只是"牲畜"而且是"有角牲畜"（严格地说，是"反刍牲畜"）的概念。由此，论主强调说，与其以"鸡"为比勘对象来说"牛合羊"为"二"而"羊不二，牛不二"（"二无一"）的道理，不如以"马"为比勘对象来说"羊合牛"为"二"而"羊不二，牛不二"（"二无一"）的道理（"以马与鸡，宁马"）。

（四）客方进而要求主方举别一种"一"、"一"相与为"二"的例证以印合"二无一"的论题，论主则由"羊合牛非马，牛合羊非鸡"转而称说"青以白非黄，白以青非碧"。犹如"白马"之"白"、"马"分别"命色"、"命形"，"羊合牛非马，牛合羊非鸡"之"羊"、"牛"、"马"、"鸡"皆以"形"而言，"青以白非黄，白以青非碧"之"青"、"白"、"黄"、"碧"则皆就"色"而论。但无论以"形"还是就"色"，主方所据之以分辩的都是概念，而不是实物。因此，"青以白"或"白以青"并非以"青"、"白"相配以调色，却在于借此以"色"的分类而隐证一个概念（"一"）与另一个概念（"一"）结合后所得之概念（"二"）与先前概念（此"一"或彼"一"）的相异相"离"（"二无一"）。论主指出：使青色与白色本不相吻接的概念相结合，其结果，二者仍相反而对立（"青白不相与而相与,反对也");其不相为邻而使它们为邻,这并未妨碍它们各自代表东、西方位("不相邻而相邻,不害其方也")。所谓不妨碍它们各自代表东、西方位,是指它们依"五行"之说色青之木在东方、色白之金在西方,它们正相反对,各处在其当处的位置,就像左和右那样互不连属("不害其方者,反而对,各当其所,若左右不骊")。所以它们既不会统一于青色,也不会统一于白色,自然亦不会是黄色("故一于青不可,一于白不可,恶乎其有黄矣哉")。论主如此解释"青以白非黄",不外是说"青"("一")与"白"("一")二者相合只能统一于"正色"("二")这一概念;相应于木、火、土、金、水五行及东、南、中、西、北五方,青、赤、黄、白、黑五色为正色,黄色虽是正色的一种,却不能说正色即是黄色。与此构成一种比勘,论主认为"白以青"("一"合之以"一")产生"正色"("二")的概念,而碧色属于间色,正色非间色,所以"白以青非碧"。不过,在他看来,比勘于"碧"色概念的"白以青"为"二"的概念只是颜色的概念,比勘于"黄"色概念的"青以白"为"二"的概念则不只是颜色而且亦是"正色"的概念,二者相较,"青以白非黄"略相当于"羊合牛非马","白以青非碧"略相当于"牛合羊非鸡",后者不如前者喻说"一"与"一"为"二"因而"二无一"的道理更恰切而精当("与其碧,宁黄")。

"碧"因着青色附着于白色而发生,与之相随的可能是"木贼金"——代表金的白色原可以胜代表木的青色而反倒未能制胜——这一非正当之举("青骊乎白而白不胜也。白足以胜矣而不胜,是木贼金也。木贼金者碧,碧则非正举")。其"青"与"白"本"不相与"却强使它们"相与",以致"白"不胜"青"而两色相争,各显其明,论主称这种情形为"两明"("青白不相与而相与,不相胜则两明也")。此所谓"两明",是对貌似"一"(某一概念)与"一"(某另一概念)相合为"二"而实际上并未构成真实整体的那个"二"的隐在弊端的揭示,说穿了,这种由"不相与"的两个概念取"相与"外观而得到的"二",不是"无一"之"二",而是有"一"之"二"。正当的"一"(某一概念)、"一"(某另一概念)"相与"之"二"是"二无一"之"二","两明"则以其"二"有"一"带来的两"一"相争的后果反证了真实之"二"必得体现的"二无一"的定则。

论主以"青"、"白"相争警示"君臣争","两明而道丧,其无有以正焉"这一终篇之言所告白的正可谓公孙龙"欲推是辩,以正名实,而化天下"的心迹。

六 《指物论》疏解

　　《指物论》是《公孙龙子》中理致最晦涩的篇章,其所论在于
"指"与"物"的关系。任何"物"总是在被指认("指")中才被人
把握为某物的,而指认("指")又只能是以内涵处于确定中的某
一概念("名")对实际事物的描摹,这便有了概念或"共相"与
由这概念或"共相"所指称的事物的关系问题——中介于其间
并因此反倒成为焦点话题的,则是对指认"物"("与物")时的
概念或"共相"与未指认物时"自藏"自在的同名概念或"共相"
之差异的分辨。

　　《道藏》本《公孙龙子》序列《指物论》于第三,今与原编次
为第五的《坚白论》对调。

　　[曰:]①物莫非指②,而指③非指④。

　　[曰:]天下无指,物无可以谓物⑤。非指者天下,而
物可谓指乎⑥?

指⑦也者,天下之所无也;物也者,天下之所有也。以天下之所有,为⑧天下之所无,未可。

[曰:]天下无指,而物不可谓指也⑨。不可谓指者,非指也⑩?非指者,物莫非指也。天下无指,而物不可谓指者,非有非指也⑪。非有非指者,物莫非指也。物莫非指者,而指非指也。

【注释】

①与《白马论》、《坚白论》、《通变论》同一体例,《指物论》亦以设问、应答方式行文,只是原文通篇无"曰"字,现依其脉络、语势并参酌诸注本之校释,在答、问的交接处逐一补"曰"以区别主、客。

②此"指"指人的命名、指认活动,凡进入人的视野的"物",总是人以某一名或概念予以指认的物。

③此"指"即后文所谓"与物"之指,亦即所谓"物指"。如"白雪"之"白"、"白马"之"白"、"白石"之"白",其"白"或形容"雪"而为雪的那种"白",或形容"马"而为马的那种"白",或形容"石"而为石的那种"白";"白雪"之"白"、"白马"之"白"、"白石"之"白"是"与物"之"白",因而如此进入具体指认情境的"白"这种"指"是"物指"。

④此"指"指未"与物"时"自藏"着的名或概念。"指非指",即"与物"之"指"不再是未"与物"时的"自藏"之"指",就是说参与到具体指认情境中的名或概念不同于未参与具体指认的以自藏方式自在的同名概念。如"白雪"之"白"是与"雪"之"白","白马"之"白"是与"马"

之"白","白石"之"白"是与"石"之"白","白雪"之"白"不同于"白马"之"白",也不同于"白石"之"白",而"白雪"之"白"、"白马"之"白"、"白石"之"白"皆可谓"与物"之"白";"与物"之"白"由其所"与"之"物"而有所规定,它不同于未"与物"之"白"或未规定其具体白色之"白"。

⑤天下无指,物无可以谓物:这是客方在提出诘难前以退而求进的姿态顺承主方"物莫非指"的看法所说的话,如此说是为了突出下文质疑的分量。意为:诚然,若是天下没有人的指认、命名活动,物将无法被称之为某物。这里的"指",指人的指认活动。谓,称,称谓。

⑥非指者天下,而物可谓指乎:这是客方接着上面的话说出的疑问。意为:天下所有的事物都不同于指认它时所用的概念,这些与指认时所用概念不同的物怎么可以用概念称谓呢? 这里,"非指者"之"指"指命名或指认物时所用的名或概念,"非指者"指不同于概念的实存之物。

⑦此"指"指用以指认事物的名谓、概念。

⑧为:归于;属于。文中所说"以天下之所有,为天下之所无,未可",意为:以天下所实存的物归于天下所没有的名或概念,是不行的。

⑨天下无指,而物不可谓指也:这是主方在应答客方时对客方看法的复述。意为:在你看来,天下既然不存在名或概念,那天下实存的事物就不可以用名或概念去称谓。

⑩不可谓指者,非指也:这是主方在复述了客方的看法后对客方的反问。意为:当你说某某物不可以用名或概念相称时,你不就是在称呼着某某物而谈物吗? 这里,"非指

也"之"也"为表疑问的语气助词,相当于古汉语的"耶"或现代汉语的"吗"、"呢"。

⑪天下无指,而物不可谓指者,非有非指也:意为:所谓"天下既然不存在名或概念,那事物就不可以用名或概念相称谓",并不能说明有什么事物不可以被指认。"非有非指"之"有",指实存的事物;"非指"之"指"指指认。

【译文】

(主方:)(为人所认识的)物没有不是被(概念所)指认的,用以指认物的名或概念(指)一旦出现在对物的具体指认中而成为"与物"之指,就不再是原来概念的那种指了。

(客方:)(依这种说法,)天下若没有了指认活动,物将无法称之为(某)物。(但)天下所有的物都不同于指认它时所用的名或概念(指),(这些与指认时所用概念不同的)物怎么可以用名或概念(指)称谓呢?

用以指认事物的名或概念(指)并不实存于天下,实存于天下的只有物。以天下所实存的物归于天下所没有的名或概念(指),这是不可以的。

(主方:)(你是说,)天下既然不存在名或概念这样的指,那事物就不可以用名或概念之指相称谓。(然而,)当(你)说(某某)物不可以用名或概念(指)相称时,(你)不就是在称呼(指)着(某某)物而谈论物吗?(这样说)物不同于指认它时所用的名或概念(指),正表明(对于人说来)物没有不是被(人用)名或概念所指认的。

所谓"天下既然不存在名或概念这样的指,那事物就不可以用名或概念相称谓",并不能说明有什么事物不可以被指认。

没有什么事物不能被指认,即是在说(对于人说来)物总是被指认的物;既然没有什么物不是被名或概念指认的,那么,名或概念那样的指一旦因指认物而成为"物指"("与物"之"指"),它也就不再是原来意义上的名或概念之指了。

[曰:]天下无指者,生于物之各有名,不为指也。不为指而谓之指,是无不为指①;以有不为指之无不为指②,未可。

[曰:]且指者,天下之所兼③。天下无指者,物不可谓无指也④。不可谓无指者,非有非指也⑤。非有非指者,物莫非指。指,非非指也⑥;指与物非指也⑦。

使天下无物指,谁径谓非指⑧? 天下无物,谁径谓指? 天下有指无物指,谁径谓非指⑨? 径谓无物非指⑩?

且夫⑪指固自为非指⑫,奚待于物而乃与为指⑬?

【注释】

①不为指而谓之指,是无不为指:《道藏》本原文为"不为指而谓之指,是兼不为指"。其"兼"或由于与"無"(无)字形相近而误,今据俞樾《读公孙龙子》之校释改。意为:把不是(抽象)概念那样的指说成是由(抽象)概念那样的指而来的指("物指"),这就没有什么不是指了。

②以有不为指之无不为指:把不是指说成没有什么不是指。有,助词,无义。为,是。之,出,生出;这里引申为出口说成。

③且指者,天下之所兼:名或概念可兼称天下之物。且,句
　首助词,表示提挈,犹"夫"。"天下之所兼"之"兼",俞
　樾等校改为"無"(无),或误。

④天下无指者,物不可谓无指也:名或概念(指)并不实存
　于天下,但不能因此说物不可以用名或概念指认。此句
　中,前一"指"为名词,指名或概念;后一"指"为动词,意
　为指认、指示。

⑤不可谓无指者,非有非指也:不能说物不可以用名或概念
　指认,亦即是说没有什么不可以用概念指认。"非有非
　指"之前一"非"意为没有,后一"非"意为不可。

⑥指,非非指也:前一"指"为名词,指名或概念,后一"指"
　为动词,指指认、指示。意为:名或概念,不是不可以用来
　指认物。

⑦指与物非指也:名或概念指认物(与物)而被所指认对象
　规定后,就不再是原来的名或概念了。与物,指认物而被
　所指认对象规定。

⑧使天下无物指,谁径谓非指:假使天下没有"与物"之指
　或"物指",谁还径直去说这"与物"之指或"物指"不同
　于未参与指认事物时的名或概念。使,假使,如果。物
　指,因指认事物而被指认对象规定了的名或概念。

⑨天下有指无物指,谁径谓非指:假使天下有作为名或概念
　的指而这种指不"与物"或不与事物的具体指认发生关
　系因而没有"物指",谁还径直去说"物指"不同于指。此
　句中之"物指"亦如上句中的"物指",是《指物论》的专有
　概念。

⑩无物非指:没有什么事物不可以指认。指,指认。

⑪且夫：况且。

⑫指固自为非指：名或概念这样的指原本是自己使自己不同于"物指"或"与物"之指的。前后"指"皆名词，前者为离物自藏的名或概念，后者为与物发生指认关系的"物指"。固，原来，本来。自为，自己使自己；为，使。

⑬奚待于物而乃与为指：哪里是靠了物才成为不同于"物指"的指呢？这句话在于强调名或概念（指）的"自藏"对于物的"离"。奚，哪里。待，靠，依靠。乃，才。

【译文】

（客方：）天下不存在概念那样的指，（这看法）是由物（原本）各有其名（这一点）得出的，这名不是概念那样的指。不是概念那样的指，而要说它是由概念那样的指而来的指（"物指"），这样就没有什么不是指了。把不是概念那样的指说成没有什么不是概念之指，这是不可以的。

（主方：）名或概念（指），可兼称天下之物。名或概念（指）不实存于天下，但不能因此说物不可以用名或概念指认。不能说物不可以用名或概念指认，即是说没有什么不可以用概念指认。没有什么不可以用概念指认，也就是说物总是被概念所指认之物。名或概念，不是不可以用来指认（物），（只是）名或概念一旦指认物（"与物"）而被所指认对象规定，就不再是原来的不受规定的名或概念了。

假使天下没有"与物"之指或"物指"，亦即没有指认事物时受所指认对象规定的名或概念，谁还会径直去说这"与物"之指或"物指"不同于"指"，或这具体指认事物的概念不同于未具体指认事物的同名概念？假使天下没有（须待指认的）物，谁还会

径直去说(指认物所不能没有的)作为名或概念的"指"？假使
天下有作为名或概念的"指"而(这种指不"与物"或不与事物的
具体指认发生关系因而)没有"物指",谁还会径直去说(作为具
体指认事物时受指认对象限定之概念的)"物指"不同于(作为
自藏状态之概念的)"指"？谁还会径直去说没有什么事物不可
以(为人所)指认？

　　况且,(自藏状态的)名或概念之"指"原本是自己使自己不
同于(作为指认事物时受指认对象规定之概念的)"物指"的,哪
里是有待于物才成为不同于"物指"的"指"呢?

疏　解

　　《指物论》之论旨在于"物莫非指,而指非指"。文中设问与
答难的层递推绎,所喻示的不外"物"、"指"、"指物"、"物指"间
愈益抉发而愈见其诡奇的理趣。

　　(一)与《白马》、《坚白》、《通变》诸论皆由客方的发问开篇
略异,《指物论》劈头便是论主立论:"物莫非指,而指非指。"在
论主看来,为人所认知的"物"没有不是被概念或"名"所指认或
命名的,这指认或命名可简称为"指",所以他说:"物莫非指。"
指认或命名总是以某个概念或"名"对某事物的描摹,而概念或
"名"一旦出现在具体的指认或命名情境中就不再是原来的概
念或"名"了;一个概念或一个"名"可以兼指一类事物中的所有
事物,这种兼指之"指"与它出现在一次具体指认中的那种"指"
是不同的,所以他又说:"而指非指"——这"指"不是那"指",
尽管这"指"与那"指"用的是同一字符。依论主之意属,我们或

可举出下例以疏解他所谓的"指非指"：当我们用"坚"这个概念或"名"形容一块木材的坚硬时，这当然是一种"指"，是用一个类名指认或指示一个个别物的某种性质，不过，出现在这具体的"指"中的"坚"显然已经不同于那个可以兼"指"一切坚硬物的"坚"了，因为兼指一切坚硬物的"坚"可以指示这块木材的坚，也可以指示那块木材的坚，还可以指示这块石料或那块石料的坚，以至于指示这一铁器或那一铁器的坚等等。这能够兼"指"一切坚硬物的"坚"不同于那专"指"某一坚硬物的"坚"，因此可以说"坚"（"定其所坚"之"坚"）非"坚"（"不定其所坚"之"坚"）而"指非指"（定其所指之"指"不同于不定其所指之"指"）。

（二）"指非指"的概念分辨是从"物莫非指"说起的，因此客方的诘难便首先指向了"物莫非指"。依他的理解，论主所谓"物莫非指"，无非是说"天下若没有了指认活动，物将无法称之为某物"（"天下无指，物无可以谓物"），于是质疑随之而生——实存于天下的所有事物都不同于指认它时所用的概念，这些与指认时所用概念不同的物怎么可以用概念称谓呢（"非指者天下，而物可谓指乎"）？他所以如此质疑的理由是：用以指认事物的名或概念并不实存于天下（"指也者，天下之所无也"），实存于天下的只有物（"物也者，天下之所有也"），以天下所实存的物归于天下所没有的名或概念是不可以的。论主显然无意否认名或概念并不实存于天下因而与实存于天下的物终究不同这一判断，不过他毕竟看到了客方辩理的破绽，因此径直以陷对方于自相扞格的反问作一种抗辩——当你说天下不存在名或概念（"指"）而"物"不可以用名或概念称谓或命名时，你不就是在"指"（指认）着"物"或称呼着"物"而谈论物吗（"天下无指，而物不可谓指也。不可谓指者,非指也")?论主的思路是前后一贯的,他把客方之所辩笼罩在自己这样一种逻辑下:只要你说"物"不可"指"或这"物"那"物"如何如何与"指"没有关系,你就是在"指"着"物"而谈"物",换句话说,不"指"物就无从说"物",而这正表明了,对于人说来,物没有不是被人以名或概念指认或命名的物("非指者,物莫非指也")。

论主进而指出:所谓天下不存在名或概念这样的"指"("天下无指"),因而事物不可以用名或概念相称谓的说法("而物不可谓指者"),并不能说明有什么事物不可以被指认("非有非指也")。没有什么事物不能被指认,则意味着对于人说来物总是被指认的物("非有非指者,物莫非指也")。既然没有什么物不是被名或概念指认的,那么名或概念一旦因指认物而被指认对象所规定,它也就不再是原来意义上的名或概念了("物莫非指者,而指非指也")。当论主这样说时,他返回到他一开始就确立了的命意,但这是在经历了客难主答的一层坎陷之后。这坎陷是必要的,它引出的是人以认知方式面对他生存于其中的世界时"名"或概念——语言的基本单元——必致相伴而生的问题。

人认识或指认物不能不凭借在语言系统中相互关联着的名或概念,除此,认知的触角无从伸向世界的森然万象。是人的"指物"这一认知活动把"指"和"物"关联在一起,而当不在时空中存在而仅与人的观念相系的"指"关联于"物"时,一个奇崛而有趣的现象就发生了,这即是作为不定其所指之"指"的概念与作为指认事物时定其所指之"指"的同名概念的诡异关系——它们在联系中相区别,在区别中相联系。例如上面所提到的"坚"这一概念,它既可以是兼"指"任何坚硬事物因而可以不定在于一切坚硬事物上以至于"自藏"的"坚",也可以是专"指"某一坚硬事物的"与物"之"指"亦即被所指事物规定了的那种"坚"。在这"坚"非那"坚"中,"坚"保持着既"自藏"而又显现的张力。正是同样体现于其他所有"指"的这一种张力,使"指"得以在"指非指"中维系一份不可少的灵动的生机。

(三)客方对论主的答辩当然难以真正领悟,在主方借着其所谓天下不存在概念这样的"指"因而不可以用如此的"指"命名天下实存之"物"的说法,将其逼到逻辑的自相抵牾处时,他竟至于以对"物之各有名"的独断认定来自圆其说。他以为,天下不存在概念那样的"指",人们所以能够称"物"而谈是因为"物"原本各有其名,而这名并不就是抽象的"指"("天下无指者,生于物之各有名,不为指也")。由此,他指责论主不该把不是概念那样的"指"说成没有什么不是概念之"指"("不为指而谓之指,是无不为指;以有不为指之无不为指,未可")。以"物"原本各有其名为由对自己何以鄙弃"指"所作的辩解是不堪一驳的,客方置辞如此已显见其理路之穷迫。事实上,"物"不能自申其名,"物之各有名"总是人命名的结果,而命名则离不开被称作"指"的概念。世界上没有两片相同的树叶,世界上亦没有两根相同的毛发,多如树叶、毛发的森然万有不可能各各以专名称谓;而且即使是空间意义上的同一物,在时间的刹那推移中,其此一刻也一定有别于其彼一刻,因此便是以某一专名称谓这一物,也不可能以更多而至于无数的专名分别称谓刻刻不同的它。所以论主没有纠缠在客方"物之各有名"这一一望即知其谬妄的无谓之谈上,而是由以"指"(概念)命名所必至带出的"与物"之"指"与"自藏"之"指"相牵相离的问题把所论导向纵深。他分辨说:名或概念之"指",可兼指天下之物("且指者,天下之所兼")。名或概念不实存于天下,但不能因此说物不可以用名或概念指认("天下无指者,物不可谓无指也")。不能说物不可以用名或概念指认,即是说没有什么不可以用概念指认("不可谓无指者,非有非指也")。所谓没有什么不可以用概念指认,也就是说,物总是被概念所指认之物("非有非指者,物莫非指")。名或概念,不是不可以用来指认物("指,非非指也"),不过,名或概念一旦指认物而成为"与物"之指,就不再是原来的不为所指认对象规定的名或概念了("指与物非指也")。其所说"非有非指者,物莫非指"而"指与物非指",是对初始主题"物莫非指,而指非指"的再度申示,这次申示作为对客方"物之各有名"之说的回应,分外标举了名或概念可"兼"而指认某一类事物或事物的某一类性状的特征。"兼"即意味着名或概念不拘定在某一个别事物上或事物的某一个别性状上;既然不拘定在某一个别事物或事物的某一个别性状上,那也就不拘定在任何个别事物或事物的任何个别性状上,亦即不拘定在一切实存事物或实存事物的所有性状上。所以,"兼"在表明名或概念同某一类事物或事物的某一类性状的关联的同时,本身即表明着名或概念同此类事物和事物的此类性状的游离。

　　论主是严谨而慎于辩对的,在对客方的诘问一一作了应答后,他以设言反问的口吻概括了"物"、"指"、"指物"、"物指"诸概念之意谓的贯属与错落:假使天下没有"与物"之指或"物指",亦即没有指认事物时受所指认对象规定的名或概念,谁还会径直去说这"与物"之指或"物指"不同于"指",或这具体指认事物的概念不同于未具体指认事物的同名概念("使天下无物指,谁径谓非指")?假使天下没有须待指认的物,谁还会径直去说作为名或概念而用以指认物的"指"("天下无物,谁径谓指")？假使天下有作为名或概念的"指"，而这种"指"不"与物"或不与事物的具体指认发生关系，因而没有"物指"，谁还会径直去说作为具体指认事物时受指认对象规定之概念的"物指"不同于作为自藏状态之概念的"指"（"天下有指无物指，谁径谓非指"）？谁还径直去说没有什么事物不可以为人所指认（"径谓无物非指"）？这里，论主由人的指认事物的活动（"指物"）把事物（"物"）关联于概念（"指"），把概念（"指"）关联于事物（"物"），并由这"物"和"指"的关联而道破了"与物"之"指"——不同于"指"的"物指"——和"自藏"之"指"同名却又相"离"的闳机。从《白马论》《坚白论》以"白马"、"坚白"设譬相喻，到《通变论》以"二无一"的论式提示某种通则，再到《指物论》凭着纯粹的逻辑运思推演所谓"物莫非指，而指非指"，公孙龙辩谐之神趣无不在于概念对于物、概念对于概念在"相与"中的相"离"。其实，这"指物"中的"指"和"物"、"指"和"物指"的"相与"而"离"、"离"而"相与"，正是语言由连缀词符、概念成一自洽系统的慧命所在，也恰是语言终究指向语言之外的契机所由。它规定了语言的可能限度，也因此养润了语言的勃勃生意。

七 《名实论》疏解

"名实"之辩是对"白马"、"坚白"、"通变"、"指物"等篇所论之指归的点破,是公孙龙著书立说的初衷的吐露。本篇赋予"名"、"实"之意谓与墨家所说"所以谓,名也;所谓,实也"(《墨子·经说上》)大旨略通,而二者所求"名实耦,合也"(同上)似亦逻辑相应,唯公孙龙之名学重在"控名责实"(《史记·太史公自序》),而墨学重在"以名举实"(《墨子·小取》),前者之"名"有其绝对、理想之意趣,后者之"名"则多少囿于实存之经验,两家之学遂由此而见其分野。

《名实论》是《道藏》本《公孙龙子》的最后一篇,如此编次恰与战国之后古人著述将序或绪论置于卷末的惯例相合。今一仍其旧。

天地与其所产焉,物也。物以①物②其所物③而不过④焉,实也。实以实⑤其所实而⑥不旷⑦焉,位也。出⑧其所位非位,位⑨其所位焉,正也。

【注释】

①以：如果。

②物：以动词解，体现。

③物：事物的实质。与"言之有物"、"言之无物"之"物"同。

④过：过失，失误；偏差。

⑤实：以动词解，满，充满。

⑥而：《道藏》本无此字，今据王琯《公孙龙子悬解》、谭戒甫《公孙龙子形名发微》校释增补。

⑦旷：空缺；亏缺。

⑧出：脱离，超出。

⑨位：处，处在。

【译文】

天地及其所产生的一切，都可称之为"物"。（某）物如果体现了（这类）物所具有的实质而没有偏差，可称之为"实"。这"实"——物体现其实质而没有偏差——如果完满到它应有的程度而没有亏缺，可称之为"位"（当位）。越出这位置是不当其位，处在其所当处的位置上，这叫做"正"。

以其所正，正①其所不正；不以其所不正②，疑其所正。其正者，正其所实也；正其所实者，正其名也。

【注释】

①正：端正，矫正，匡正。

②不以其所不正：此句《道藏》、《说郛》、《备要》及守山阁、

崇文诸本皆无,《子汇》及马骕《绎史》本为"以其所不正",胡适、伍非百据《墨子·经说下》所谓"夫名以所知,正所不知;不以所不知,疑所明",于"以其所不正"五字前补一"不"字。今从胡、伍之说。

【译文】

以这正矫正那不正,不以那不正怀疑这正。这正,在于矫正那事物使其体现该类事物的实质,矫正事物使其体现该类事物的实质即是所谓正名。

其名正,则唯①乎其彼此焉。谓彼②而彼不唯乎彼,则彼谓③不行;谓此而此不唯乎此④,则此谓不行。其以⑤当⑥不当⑦也。不当而当⑧,乱也。

【注释】

①唯(wěi):应答声。这里可引申为相应。

②谓彼:称其为彼。谓,称,称谓。

③彼谓:彼这个名称、称谓。

④谓此而此不唯乎此:《道藏》本原文为"谓此而行不唯乎此",今依上文"谓彼而彼不唯乎彼"之句式,改其中之"行"字为"此"字。

⑤以:由于,因为。

⑥当:充任,充当。

⑦当:适当,恰当。

⑧不当而当:此句《道藏》本原文为"不当而",参照下文"以

当而当"当增补一"当"字。

【译文】

　　所谓名正,就在于彼名相应于彼之实,此名相应于此之实。如果称某事物为彼,而彼这个名与以彼相称的事物之实(所体现实质)不相应,那么彼这个称谓就不适用;如果称某事物为此,而此这个名与以此相称的事物之实(所体现实质)不相应,那么此这个称谓就不适用。这是由于充当称谓的彼、此不恰当。以不恰当的彼或此的称谓充当称谓,(名与实的关系)就乱了。

　　故彼彼当乎彼^①,则唯乎彼,其谓行彼^②;此此当乎此,则唯乎此,其谓行此。其以当而当^③也。以当而当,正也。故彼彼止于彼^④,此此止于此,可;彼此而彼且此^⑤,此彼而此且彼,不可。

【注释】

　　①彼彼当乎彼:以彼这个名称称彼一事物而适合于彼一事物。当,适合,符合。

　　②其谓行彼:这个彼的名称对于所称的彼这个事物可行。其谓,指彼这一名称。

　　③以当而当:以恰当的名称来充当称谓。

　　④彼彼止于彼:《道藏》本原文为"彼故彼止于彼",其中"故"为衍字,今予删落。其意为:称彼为彼而仅限于彼。止乎彼,到彼为止。

⑤彼此而彼且此：称此为彼而又彼又此。彼且此，又彼又此；且，又。

【译文】

所以，以彼这个名称称彼一事物而适合于彼一事物，是彼这个名与以彼相称的事物之实相应，这个彼的名称对于所称的彼这个事物可行。以此这个名称称此一事物而适合于此一事物，是此这个名与以此相称的事物之实相应，这个此的名称对于所称的此这个事物可行。这是由于以恰当的（名称）来充当（称谓）。以恰当的（名称）来充当（称谓），即是正。因此，称彼为彼而仅限于彼，称此为此而仅限于此，是可行的。称此为彼而又彼又此，称彼为此而又此又彼，那就行不通了。

夫名，实谓^①也。知此之非此^②也，知此之不在此^③也，则不谓也^④；知彼之非彼也，知彼之不在彼也，则不谓也。

【注释】

①实谓：称谓实；对实的称谓。

②此之非此：《道藏》本原文为"此之非"，当有脱漏，今据下文"彼之非彼"增补一"此"字。其意为：此这个事物不能体现此一类事物的实质。

③此之不在此：此这个事物不在此一类事物所当处的位置上。

④则不谓也：《道藏》本原文为"明不谓也"，今依下文"则不谓也"校改。

【译文】

名,是对实的称谓。如果已知此这个事物不能体现此一类事物的实质,已知此这个事物不在此一类事物所当处的位置上,那就不能以此这个名称称此这个事物了;如果已知彼这个事物不能体现彼一类事物的实质,已知彼这个事物不在彼一类事物所当处的位置上,那就不能以彼这个名称称彼这个事物了。

至①矣哉,古之明王②!审其名实③,慎其所谓。至矣哉,古之明王!

【注释】

①至:大;伟大。《易·坤象》:"至哉坤元,万物资生。"王引之《经义述闻·周易下》:"至,亦大也。《尔雅》曰:'旺,大也。'郭璞作'至'。《释文》曰:'旺,本又作至。'郑注《哀公问》曰:'至矣,言至大也。'高诱注《吕氏春秋·求人》及《秦策》并曰:'至,大也。'至哉,犹大哉也。"

②明王:贤明的君王。

③审其名实:详察名实的关系。审,考察,详察。

【译文】

伟大啊,古时的贤明君王!(他们)详察名实关系,慎重地对待事物的称谓。伟大啊,古时的贤明君王!

疏　解

如果说"离"——"白"与"定所白者"（"白马"、"白石"等）相离、"坚"与"定所坚者"相离、"指"与"与物"之"指"或"物指"相离——是《公孙龙子》中一以贯之的逻辑主脉，那么，这逻辑主脉中的价值神经则可谓"独而正"——"离也者天下，故独而正"——所指示的在公孙龙看来可以"化天下"的"正名"。明确说出"正名"之名并以一种独异思路和用语阐绎了这"正名"之意谓的，是《公孙龙子》中被置于压轴位置的《名实论》。

《名实论》从"物"说到"实"，从"实"说到"位"，从"位"说到"正"，由"正"而道出了以"离"为契机的"名"、"实"之辨的宗趣："其正者，正其所实也，正其所实者，正其名也。"如此"正名"，乃是要引"名"责"实"以求其正。公孙龙是把这种"审其名实，慎其所谓"的"正名"托始于"古之明王"的，从这里或正可窥见其与"先王之道"、"仁义之行"（《庄子·秋水》）关联着的价值趣尚。

（一）"天下无物，谁径谓指？"《指物论》的这一设问，倘稍作变换，即可谓为："天下无物，谁径谓名？"因此，正像"指非指"——"与物"之"指"（"物指"）并非就是"自藏"之"指"——的判断须由"物莫非指"说起而从一开始就不可不把"指"关联于"物"一样，"正名"的话题追溯到始初，亦不可不从"物"说起。公孙龙在《名实论》中提出的第一个命题即是关于"物"的，他说："天地与其所产焉，物也。"

把"天地"及其"所产"称作"物"，即是把时空中存在的一切称作"物",公孙龙从这里获得他所由辨说名实的支点。如此寻取运思的支点是合于常识的,但从一开始这常识中已经蕴含了常识的眼光所难以察觉的东西。诚然,此"物"是对天地万有的通称,这颇似墨家后学所谓"达"名,亦颇似荀子所谓"大共名"。但公孙龙没有像墨家后学那样由此述及"类"名、"私"名遂有"名:达、类、私"(《墨子·经上》)之说:"名:'物',达也,有实必得之名也;命之'马',类也,若实也者,必以是名也;命之'臧',私也,是名也,止于是实也"(《墨子·经上说》);也没有像荀子那样由其"大共名"推至"共"名、"大别名"、"别名":"万物虽众,有时而欲遍举之,故谓之物。物也者,大共名也。推而共之,共则有共,至于无共然后止。有时而欲遍举之,故谓之鸟兽,鸟兽也者,大别名也。推而别之,别则有别,至于无别然后止。"(《荀子·正名》)公孙龙所取的是另一种致思路径,它比起墨家后学及荀子式的名谓分类来,使名谓对于所名对象更具一种主动性,因而更大程度地涵贯了名谓与所名对象、名谓与名谓间那种相"与"而相"离"的张力。作为对天地万有通称的"物",用公孙龙的术语说也可谓之一种"指",当这种可指认天地万有中一切存在者因而可指谓任何存在者的"指"一旦"与物",亦即一旦用于指认某类、某种、某个具体事物时,它遂成为"与物"之"指",而与它原来作为遍称或泛称的"物"这种"指"相"离"而意谓不再相同。比如,石这一"物"不同于树这一"物",树中的杨树这一"物"不同于柳树这一"物",柳树中的旱柳这一"物"不同于垂柳这一"物",垂柳中的此一垂柳这一"物"不同于彼一垂柳这一"物",虽石、树、柳树、旱柳、垂柳、此垂柳、彼垂柳皆以"物"称,但以"物"所指认的对象不同,这作为诸多"与物"之"指"的"物"的意谓已经有所不同,而所有这些

"与物"之"指"的"物"与笼统的尚未确指某一对象的"物"或泛指万有的"物"的意谓也已大不相同。单是这一点，就足以由"物"这一"指"的"与物"——与不同种类、不同个体的存在者的"相与"——派生出语言中的种种名谓之"指"；而对不同类、属、种以至于个体存在者的摹状，则又必致产生种种摹状之"指"，诸如方、圆、肥、瘦、高、矮等；对不同类、属、种以至于个体存在者的绘色，则又必致产生种种绘色之"指"，诸如青、黄、赤、白、黑等；……"物"这一通称之"指"的"与物"，其实始终涉及两个全然不同的领域，一是时空中存在的广延世界，一是非广延而对于时空"可与"而又可"自藏"的语言王国；世界中的万有各各相异，语言王国的"指"除专名外，却都只是不与任何个别存在对应的所谓共相——尽管这些共相亦各各独立。对于人说来，这两个领域是相"与"而相"离"的；"指"的领域或概念、名谓、语言领域似在为时空世界的森然万有命名、摹状、绘声、绘色……而"立法"（康德），而这"立法"却又无宁是把后者纳入前者时只纳入了被前者所可能纳入的"现象"（康德）。而正是因为这一点，在概称"天地与其所产焉，物也"之后，公孙龙才能谈到"物以物其所物而不过焉，实也"。

（二）公孙龙称"物以物其所物而不过"为"实"，表明他所谓"实"并不就是当下之物的实际情形，但显然，这"实"又是从"物"说起的。依公孙龙的逻辑，撇开物，无所谓"实"，而既有的形形色色的物却未必都称得上"实"；称得上"实"的物，须合于一个尺度，这尺度即是"物其所物而不过"。"物以物其所物而不过"，其第一个"物"是指各各自在的个体事物；其第二个"物"，在词性上相当于庄子所说"明乎物物者之非物也，岂独治天下百姓而已哉"（《庄子·在宥》）的第一个"物"，属动词，但在"物其所物"中不径直作"主使"或"宰制"解,而略具"体现"、"实现"义;第三个"物"与"所"连用,则指事物的实质或本真。总核"物以物其所物而不过焉,实也",其意当为:某物("物")如果("以")体现("物")了这类物("其")所具有的实质("所物")而没有偏差("不过"),可称之为"实"。

如此所说的"实"是一类事物的共相,而共相总是由某一概念或"名"称说的。于是,问题进于复杂。称呼某一个别事物所用的"名"往往与表述它所属种类之事物的共相所用的"名"是同一个,这便有了同一个"名"在意谓上可能发生的扞格。如果某事物体现了某一类事物的共相或实质,用指称其共相或实质的"名"称呼此事物可谓"名"、"实"相副,"名"的意谓在对个体事物的称呼和对一类事物的共相或实质的指称上没有抵牾;如果某事物不能或不再能体现某一类事物的共相或实质,用指称其共相或实质的"名"称呼此物便是"名"、"实"不相副,这时,"名"的意谓在对个体事物的称呼和对一类事物的共相或实质的指称上就大异其致了。比如,一块岩石因为风化或其他缘故虽然保持了岩石的外观,但已不再有坚硬可言,这时称它为"石"实际上已是名不副实,因为"石"所指称的那类存在物所具有的"坚"的共相或实质在它这里没有了。同样,一个人在全然丧失人性的情况下,似乎仍不能不称呼其为"人",但从这个或被喻为"衣冠禽兽"或被詈以"猪狗不如"的人身上,已确然不再能找到为"人"这个名所指称的人类之共相或实质。同一个"名",既指称一类事物的共相或实质,又用来称呼某一个别事物,而它所指称和称谓的两者却可能相副,也可能不相副,这纠葛的发生是命名或称谓这一语言现象的难堪所在;先秦时期的名辩思潮从萌动到畅行,固然有其深刻的社会历史根由,却终是不无语言学意义上的缘因。

　　如果说孔子提出"正名"已是对同一个"名"在指称共相（"实"）和称谓个别对象时意谓可能疏离这一点的自觉，而他的自觉还主要出于对伦理的关切和对人的践履的看重，那么公孙龙则可说是让这样的自觉真正进到了语言现象的考察中。孔子所谓"君君，臣臣，父父，子子"（《论语·颜渊》），其意不外以君道为尺度要求君，以臣道为尺度要求臣，以父道为尺度要求父，以子道为尺度要求子。"君君"，同一"君"名，前一"君"是对现实中各各存在的为君者的称谓，后一"君"则在于指称君主的共相或实质（君之"实"），亦即所谓为君之道。因此，说到底，"君君"乃是要现实的为"君"者在自己的所作所为中体现"君"的共相或实质（君之"实"）；至于臣臣、父父、子子，其理致亦然。依公孙龙的逻辑，伦理所要求的"君君，臣臣，父父，子子"，未始不可推扩到命名或称谓这一语言现象所涉及的所有领域，比如石石、马马、草草、木木……——一块石应体现"石"的共相或实质（石之"实"），一匹马应体现"马"的共相或实质（马之"实"），一株草应体现"草"的共相或实质（草之"实"），一棵树应体现"树"的共相或实质（树之"实"）……这里，重要的在于以指称事物之共相（"实"）的"名"校雠那被同样的名称呼的某事物，而"离"——对指称共相（"实"）的"名"与称谓某事物的"名""离"而视之——是如此"正名"得以成为可能之慧命所系。

　　（三）当"物以物其所物而不过"的"实"完满到它应有的程度而没有缺欠时，公孙龙称其为"位"。此即他所谓"实以实其所实而不旷焉，位也"。这"位"与《易·系辞上》"天尊地卑，乾坤定矣。卑高以陈，贵贱位矣"之"位"略相当，意为处在应处的位置，或谓之"当位"。"位"意味着一种分际，它标示着在以某名称谓个体事物时其与同一名所指称的此类事物共相契合无间而至为完满的那种情形。

"位"是"实"的完满境地或绝对境地,确立了"位"的观念也就确立了用以衡量"实其所实"达到怎样程度的一个具有绝对性的标准。由"物以物其所物而不过"所界说的"实",重在申示某事物对此类事物之共相或实质的体现;由"实以实其所实而不旷"所界说的"位",则在于申示某事物所当体现的此类事物之共相或实质的那种至高范型。比如,一棵其名为"松"的树,它如果体现了以"松"为名的一类树的共相或实质,即可谓其名副其实,但名副其实到怎样的程度则不能不借助一个恒常的标准来衡量。苍劲、挺拔、耐寒而"后凋"等可视为乔木类松树的共相,而作为共相的苍劲、挺拔、耐寒而"后凋"等生理性状又自当有其最佳形态或极致形态;这共相的最佳或极致形态是任何一棵现实的松树都不可能全然体现的,但其作为某种恒常的标准,以用来衡量现实中任何一棵以"松"为名称的树体现"松"所指称的那些共相达到了何等程度,则不可不予以确认。显然,"位"这一经由"物以物其所物而不过"之"不过"以至"实以实其所实而不旷"之"不旷"得以确拟的分际,是虚灵而不委迹于经验事物的,却也是理致信实而不可指为妄谈的。也许正是由于这一点,有学者据以断言:公孙龙以"位"厘定的那种指示某种极致情形的绝对的"名",是"与柏拉图的理念或共相相同的概念"(冯友兰:《中国哲学简史》,涂又光译,北京:北京大学出版社,1985,第 106 页)。然而,柏拉图论说"理念"毕竟重心落在伦理、政治及人所创制的事物上,相对而言,公孙龙以"位"厘定的绝对的"名"所指示的情形似乎更近于歌德所说的"本原现象"(Urphänomen)。"本原现象"不是可感知的自然现象,但脱开可感知的自然现象,"本原现象"便无从理解。歌德曾举例说:橡树原是可以长得很美的一种树,只是一棵真正美的橡树的产生总须有相应的外部环境的成全。如果它生长在密林中,它会因为与近旁树木争夺空气和阳光而一味向上蹿长,当它终于长成时,苗条的树干与高高在上的树冠的不成比例势必有损于它原本可以展露的那种美;如果它生长在土壤瘠薄的山坡上,它会因为养分不足而过早枯凋,固然很难显现其应有之美;而如果它生长在低洼潮湿的沃土中,它又会因着毫无外在制约地横生枝杈而失去橡树的美所当有的那种盘根错节、嶙峋挺拔的丰姿。事实上,橡树尽其天性完美长成的情形是绝无仅有的,好在我们尚可从外部条件的理想状态去设想一棵在理想条件下长成的理想的橡树,这理想的橡树即是现实自然中有着种种遭际的诸多橡树的"本原"形态(参见爱克曼辑录:《歌德谈话录》,朱光潜译,北京:人民文学出版社,1978,第 132 - 133 页)。但不能不指出的是,歌德拟想"本原现象"是以确信自然物各有其内在"意图"或"目的"为前提的,而公孙龙从"位"说起的那种由绝对的"名"指称事物之极致情境的逻辑推绎,却并没有任何目的论的预设掺杂其中。

其实,孔子由"君君,臣臣,父父,子子"所说的"正名",其作为世俗中被称作君、臣、父、子的人所当笃守之名分的"君"(尽致地体现为君之道)、"臣"(尽致地体现为臣之道)、"父"(尽致地体现为父之道)、"子"(尽致地体现为子之道)等,都指向某种虚灵而至高的范型,而这些范型又无不连着在孔子那里由"依于仁"厘定其方向并晓示其可能达致之形而上境地的"道"。可以说,从孔子提出"正名"开始,"正名"就同确立一种指示理想或极致境地因而具有绝对性的"名"的努力关联着;如此"正名",往往使正名者成为关注世俗却又超越世俗的理想主义者。孔子这样,公孙龙亦未尝不是这样。不过,孔子"正名"诉诸伦理实践,这使他成为道德而伦理的理想主义者,公孙龙借重于语言分析和逻辑推求而"正名",则使他成为逻辑的理想主义者。

（四）在对逻辑相贯而意趣相承的"物"、"实"、"位"作了界说后,公孙龙继而厘定了所谓"正":"出其所位非位,位其所位焉,正也。""正"是前此的诸运思纽结的纽结,是层层深进之理绎的指归所在。"正",看似由"位"推演而出,实际上其义谛涵淹在"物"而"实"、"实"而"位"的整个致思路向中。倘作一种追根溯源的推寻,论主迂曲所思的脉络当可如是觑探:"位其所位"——处在其所当处的位分上——谓之"正",然则"位其所位"者为何者? 于此由"位"必至于推究到"实",因为"实以实其所实而不旷"谓之"位";既然"位其所位"是就"实"而言,那么"实"以至于"实其所实"的问题则又从何说起? 于此由"实"必至于推原到"物",因为"物以物其所物而不过"谓之"实"。综而论之,所谓"正",即是"物"之"实"当其"位",亦即如下这种情形:当以某"名"称谓的某物体现了由此"名"指称的这一类物的共相或实质,并且这被"名"指称的共相或实质尽其完满而达到其极致状态时,方可以谓之"正"。

这样的"正"永远不可能全然实现于经验的世界,但它由一种实副其名而名副其实的理想情境所引发的名实相副至更大程度的逻辑祈求,对于人是绝对必要的。人生活在森然万象的物态世界,人也生活在同物态世界相"与"相"离"的语言世界;人既不能不对事物命名,却又不能对各各自在、数量无穷而又变动不居的事物皆以专名相称。于是,在依类、属为事物命名并以同一名谓称呼类、属中的个体时便发生了"物莫非指,而指非指"

的问题,也随之发生了"名"、"实"关系的问题。对于公孙龙说来,"正"说到底乃是"正名",亦即以某种赋有绝对性的"名"——这"名"指称一类事物之共相的极致情境——衡鉴或察验以同一名称谓之的个别事物体现此类事物共相的程度。所以,他在指出"位其所位焉,正也"之后,分外要申明:"正"在于验正一事物体现此类事物共相的那种"实"("其正者,正其所实也"),验正一事物体现此类事物共相的那种"实"即是所谓"正名"("正其所实者,正其名也")。显然,此"正名"之说,首在确立一指称一类事物共相的极致情境之"名"为标准,标准既立,遂由之检责同名个别事物体现事物共相的状况,以判断其"实"(对共相的体现)与此"名"相副之多寡。就其以某种绝对的"名"为终极依据而言,公孙龙之"正名"或正当视为对孔子之"正名"的遥相呼应;其"正名"方式虽系殊途,而其皆责实以求副名则亦多少可谓之同归。正是在这一意义上,在我看来,司马谈谓名家"控名责实,参伍不失"(《史记·太史公自序》)诚可叹为深中肯綮之语,而刘歆、班固引孔子语"必也正名乎"、"名不正则言不顺,言不顺则事不成"(见《汉书·艺文志·诸子略》)以说名家,亦未必不可予之相当的同情理解。

惠施"合同异"之辩发微[1]

一 从"濠梁之辩"说起

《庄子·秋水》的篇末,载有一则庄周与惠施辩说"鱼乐"的逸闻,其意趣颇耐人寻味:

> 庄子与惠子游于濠梁之上。
>
> 庄子曰:"儵鱼出游从容,是鱼之乐也。"
>
> 惠子曰:"子非鱼,安知鱼之乐?"
>
> 庄子曰:"子非我,安知我不知鱼之乐?"
>
> 惠子曰:"我非子,固不知子矣;子固非鱼也,子之不知鱼之乐,全矣。"

---

[1]此文曾发表于《哲学研究》2008年第10期,兹作为附录辑于书后。其所论凡与本书正文相出入者,当以书之正文为准。

　　庄子曰:"请循其本。子曰'汝安知鱼乐'云者,既已知
吾知之而问我,我知之濠上也。"

　　单以逻辑而论,当惠施对庄周所说"儵鱼出游从容,是鱼之
乐也"提出"子非鱼,安知鱼之乐"的质疑时,质疑者就已经处在
自相矛盾中了。惠施问难的一个前提性预设是:唯有鱼才知道
"鱼之乐";由这个前提,他有了他的似乎理所必致的推断:庄周
"非鱼",所以庄周无从知道"鱼之乐"。然而,他忽略了这一点,
即他的前提性预设既是对庄周能否知"鱼之乐"的限定,却也还
是对他是否有权就"鱼之乐"向庄周问难的限定。因为所谓唯
有鱼才知道"鱼之乐"的预设必当引出唯有庄周才知道庄周之
感受的推论,而依这样一个推论,惠施既然不是庄周本人,他便
无从了解庄周的所思所感,因而未可对庄周之所言说三道四。
正是看准了个中的破绽,庄周反诘惠施说:"子非我,安知我不
知鱼之乐?"诚然,即使在这时,惠施仍可以从自相牴牾的困境
中为自己多少争回一点主动的,他完全可以申明他只是在类属
(人类与鱼类)之间划了一道相互不可晓知的界限,并未把这界
限延伸到同类中的个体(如人这个类中的庄周和惠施)之间,但
他没有这样做,反倒是把很成问题的逻辑推演到了极端:"我非
子,固不知子矣;子固非鱼也,子之不知鱼之乐,全矣。"于是,在
这逻辑的彻底处,庄周开始"循其本"而折辩。倘作一种寻源竟
委的检讨,可以说,惠施由所谓"非鱼"而"不知鱼"招致的"非
子"而"不知子"的断语即是问题的症结所在。既然自称"我非
子,固不知子矣",那便不应当对自己所"不知"的对象妄加责
问,责问自己所不当责问者,乃是责问者的逻辑的失误。换一种
说法,"非鱼"而"不知鱼"、"非子"而"不知子"这一逻辑预设是
为惠施认可而不为庄周认可的,不为庄周认可的前提在逻辑上

不构成对庄周的限制,为惠施认可的前提则构成对惠施的制约——它要求"非子"而"不知子"者对其所称之"子"终止判断,以"子之不知鱼之乐"在自己所当终止判断的地方下判断使如此作判断者陷于自相扞格的境地。

庄子是黠慧而示人以诡恢的。他所说"我知之濠上",其知或不尽于"知鱼之乐",亦当涵括对惠施辩言的逻辑歧误的洞悉。

但问题并不只在于逻辑的乖失,重要的还在于作为逻辑推理的前提的悬设。从"子非鱼"而"不知鱼之乐"到"我非子,固不知子","知"被作这样的限定无异于昭布万物和他人的不可知,而这不仅有违于庄子"天地与我并生,而万物与我为一"的"齐物"(《庄子·齐物论》)之旨,也有违于惠施由"合同异"而提出的"天地一体"(见《庄子·天下》)的拟论。在庄子看来,万物都有着同一种源("万物皆种也"),它们以不同形体相嬗替("以不同形相禅")。由同一种源来,又回到同一种源去,如同环那样首尾相衔("始卒若环"),无从理清它的伦次("莫得其伦"),其所遵从的是被称为"天均"(《庄子·寓言》)的自然均平之理。他由"相禅"淡化以至消解了"不同形"的物与物之间的界限和对立,并由这物与物之间的界限和对立的淡化启示人们泯除物我关系的对待性,化人对物的有所待为无所待。以这无所待的心境欣赏出游从容的"鱼之乐"原是极自然的事,如此"知鱼之乐"之"知"是一种悟知,一种体味,一种物我相忘中的心之所感或情之所通。惠施与庄周之道术不无径庭,但以其二人终生为友而相晤论学可断言,其各自学术的个性里必有某种可视为二者之通性的运思的共感,而这通性的深刻或正在于其个性的灵动。《庄子·徐无鬼》中讲到这样一个故事:

　　庄子送葬,过惠子之墓,顾谓从者曰:"郢人垩慢其鼻端,若蝇翼,使匠石斫之。匠石运斤成风,听而斫之,尽垩而鼻不伤,郢人立不失容。宋元君闻之,召匠石曰:'尝试为寡人为之。'匠石曰:'臣则尝能斫之。虽然,臣之质死久矣!'自夫子之死也,吾无以为质矣,吾无与言之矣!"

　　讲述故事的庄周是自比于那位斧艺绝伦的姓石的匠人的,这当然可看出他那恣纵不傥的生命情调,而他把惠施比作那个面对挥动的利斧"立不失容"的为"质"者,也足见被其引为论辩搭档的惠施是何等沉着、从容而涵养深厚的人物。其实,庄周和惠施所以有可比之匠石与其质者关系的那份学缘,乃是因着庄周的"齐物"与惠施的"合同异"的卓识之间有着足够大的通而不同的张力。庄、惠的濠梁"鱼乐"之辩,惠施终究为庄周所屈,不是由于惠施的辩才不济,而是因为前者所持的"齐物论"在其言辩中是贯彻始终的,而后者却在不意中未能恪守其"合同异"的见地。

　　无论是庄周借孔子之口所说"自其异者视之,肝胆楚越也;自其同者视之,万物皆一也"(《庄子·德充符》),还是他径直所称"天地一指也,万物一马也"(《庄子·齐物论》),都表明庄周对惠施的"合同异"之说有所留意,亦有所汲取,但惠施对于庄周的"坐忘"(《庄子·大宗师》)、"心斋"(《庄子·人间世》)而至于"明白入素,无为复朴,体性抱神"(《庄子·天地》)的理致则未必了然于心,也未必能够以其"合同异"的可能大的局量予以包举,这彼此相知的深浅或许已经注定了"濠梁之辩"的高下。然而惠施的"合同异"究竟何所谓呢?

二 "历物之意"十题疏解(上)

据庄子说,"惠施多方,其书五车",可惜他的著述到汉代时就已经逸失殆尽了。《汉书·艺文志》所著录的《惠子》仅有一篇,而至少在隋唐之后,人们想一睹惠施当年"辩说"的风采,就只能借助那些散见于《庄子》、《荀子》、《韩非子》、《吕氏春秋》等古籍的辑录或评说性文字了。在这类文字中,《庄子·天下》中所辑录的惠施"历物之意"的十个论题,最能表达立论者假物取譬、"遍为万物说"的措思意趣。这十个论题是:

(一)"至大无外,谓之大一;至小无内,谓之小一。"

(二)"无厚不可积也,其大千里。"

(三)"天与地卑,山与泽平。"

(四)"日方中方睨,物方生方死。"

(五)"大同而与小同异,此之谓小同异;万物毕同毕异,此之谓大同异。"

(六)"南方无穷而有穷。"

(七)"今日适越而昔来。"

(八)"连环可解也。"

(九)"我知天下之中央,燕之北,越之南是也。"

(十)"泛爱万物,天地一体也。"

这十个论题都在于借"合同异"的辩说来提示一种"泛爱"的价值取向。荀子称其为"琦辞"、"怪说"(《荀子·非十二子》),其实辐辏于"泛爱"趣旨的所论是极其郑重而真切的。十题中,首先值得留意的是(一)、(五)、(十)三个论题。

论题(一):"至大无外,谓之大一;至小无内,谓之小一。"这是一个看似并不难解但在诸多注家那里往往被误整的论题。冯友兰解"大一"、"小一"说:"真正大的东西('大一')应该'无外',即无限大;真正小的东西('小一')应该'无内',即无限小",这当然是对的;然而他又说"这个论点大概是就稷下唯物派所说的'道'说的……道既是至大,又是至小,这就是'道'的自身同一中的差别"(冯友兰:《中国哲学史新编》第一册,北京:人民出版社,1963,第314-315页),而如此把"至大"、"至小"关联于"道",则已出离惠施的视野而与"大一"、"小一"之说了不相涉。这之前,郭沫若曾以"道"衍绎"大一",并就此论及"小一"。他认为"这'大一'便是黄老派的本体,也就是'道'","'小一'的观念,是惠施的独创,这无疑很类似于印度古代思想的极微与希腊的原子"(郭沫若:《十批判书》,见《郭沫若全集·历史编》第二卷,北京:人民出版社,1982,第268页),遂指出:"惠施承继着老聃的'大一'的思想,似乎把它扩展到了无神,他是把本体来代替了天的。但他的思想比老聃更进了一步是提出了'小一'来。这个观念颇如今之原子电子,他是说万物都有其'大一'的本体,而万物之实现是由'小一'所积成的。无论由'大一'言或由'小一'言,天地万物都是一体。"(郭沫若:《先秦天道观之进展》,见《郭沫若全集·历史编》第一卷,人民出版社,1982,第366页)尽管这说法被侯外庐等所引述,并为引述者申明"大体可以同意"(见侯外庐等:《中国思想通史》第一卷,北京:人民出版社,1957,第431页),但如此谈论"大一"、"小一",显然与惠施"历物"的本意或初衷已经相去很远了。近有学人以"'大一'和'小一'是一种形式上的规定,是纯逻辑的定义",这固然并不错的,然而其又称"'大一'、'小一'囊括了一切的物质现象,是通用的符号"(朱前鸿:《先秦名家四子研究》,北京:中央编译出版社,2005,第 84 页),这以"物质现象"说"大一"、"小一"则正可谓范畴的误置。

真正说来,惠施这一论题所指示的是"合同异"之说的适用范围,或"合同异"这一观念所能笼罩的领域,此即为"大一"与"小一"之间的"实"的世界。至大无外——大到没有边际因而没有它之外可言的境地——的"大一",至小无内——小到没有迹象因而没有它之内可言的境地——的"小一",是"大"、"小"的两极或所谓两个极端,这两极只能由下定义或作界说得到,不能从经验的世界中获取,因此,它们只能存在于我们的观念中,永远不可能被我们的经验所证实。"大一"与"小一"只有"异"而没有"同",两者无从讲"合同异",也就是说,"合同异"的说法不适用于对"实"(实际事物)无所指的纯"名"(纯概念)或绝对的"名"(绝对概念)的领域。除此之外,"实"的世界或经验世界——"至大"与"至小"或"大一"与"小一"之间的世界——中的一切,所有事物相互间的"同"、"异"都是相对的,都可以"合"其"同"、"异"而将"同"、"异"作一体把握。

论题(五):"大同而与小同异,此之谓小同异;万物毕同毕异,此之谓大同异。"对这一论题,诸多学人的诠解于大端处并无异议,这里要分外指出的是"小同异"、"大同异"之分所强调的乃在于"合同异"的层次:经验事物的个体在"种"内的"同异"之辨或经验事物的"种"在其所"属"范围的"同异"之辨是"小同异"之辨;"万物"各各相"异",而相异的万物毕竟在它们各各为"物"这一点上有它们的相同之处,这样的"同异"之辨是整个经验世界的"大同异"之辨。"小同异"之辨是一定范围的"同异"之辨,由此而有一定范围的事物之间既"同"又"异"的

"合同异"之辩;"大同异"之辩是整个经验世界范围内万事万物既"异"又"同"之辩,由此而有天地万物范围的"合同异"之辩。对于惠施说来,"合同异"之辩,既包括了对这一物与那一物、这一种物与那一种物、这一物与所有其他物在同一时刻的既"异"又"同"的分辨,又包括了对某一物或某一种物在这一时刻与那一时刻既"同"又"异"的分辨;因此,无论是"小同异",还是"大同异",都既可以在空间扩展的意味上去说,也可以在时间推移的意味上求取,因而,正可以说,所谓"合同异"之辩总是那种动态的时空视野中的"异"中求"同"或"同"中求"异"之辩。

　　论题(十):"泛爱万物,天地一体也。"这个收摄前九个论题的论题,申示的是"合同异"之辩的价值内涵:既然"大一"与"小一"之间的天地万物都既相"异"又相"同",那末,从相对的"同"处看,天地原只是"一体",一个不可割裂的整体,人处在这样的"一体"世界中,就应该同类相惜、同体相爱而"泛爱万物"。"泛爱"是"合同异"之说的主题,是惠施所有"苛察缴绕"之辞的命意所在、谜底所在。这由"天地一体"而说"泛爱万物",看似诸多论题因果必至的一个结论,实际上作为价值祈求赋有对于所有其他论题说来的前导性。它虽然只是在最后才被道破,却自始就默寓于各论题的具体演述中。

　　以上三个论题都是"合同异"之说创意、立制的元论题;它们是其他若干论题的意义最后得以确定的依据。论题(一)、(五)的原创特征是显而易见的,"合同异"之说只是从这里出发才有了它的统绪可辨的格局。论题(十)则如上面所指出的,一开始就赋予了其他论题某种内在的韵致,而使那些奇诡的措辞最终不至于落为机辩的游戏。

三　"历物之意"十题疏解(下)

论题(二)、(三)、(四)、(六)、(七)、(八)、(九)等,是在论题(一)的前提下对论题(五)所作的取譬式发挥,出语虽然"琦"、"怪",但都别有深趣。前人或时贤对这些论题有过种种疏解,然而尚多有未能尽致之处。下面,将按照论题(一)、(五)、(十)的提示对它们逐一重新予以破译。

论题(二):"无厚不可积也,其大千里。"

破译这一论题的要害在于"无厚"一语,前人对此考辨颇多,但大都似是而非,不足为训。《庄子·养生主》中,记着一段庖丁解牛的故事,其中庖丁在谈到自己解牛的诀要时说:"彼节者有间,而刀刃者无厚,以无厚入有间,恢恢乎其于游刃,必有余地矣。"这话的意思是:牛的骨节相接的地方总有间隙,而锋利的刀刃却薄得几乎没有厚度,以这"无厚"的刀刃进入骨节间的空隙,游刃其中必有大得多的余地。冯友兰引用了这个典故,以"刀刃者无厚"的"无厚"解"无厚不可积也"的"无厚",这对于论题的破译迈出了决定性的一步,但很快,他的思路就出现了歧误。他说:"无厚者,薄之至也。薄之至极,至于无厚,如几何学所谓'面'。无厚者,不可有体积,然可有面积,故可'其大千里'也。"(冯友兰:《中国哲学史》,上海:商务印书馆,1934,第247页)当"无厚"最终被确定为"几何学所谓'面'"时,他丢弃了他起初找到的那个出发点。事实上,惠施所说"无厚"是就经验世界的"实"——如"刀刃"的"无厚"——而言的,是对薄的东西的一种形容,不是指"几何学所谓'面'"那样的纯"名"或纯概念意义上的"无厚"。冯友兰一方面认为惠施的这一论题重在强调"在形象之内"的"实的相对性",一方面又把"无厚"理解为"几何学所谓'面'"那样的"超乎形象"而非可"实"指的状态,这是他的逻辑的自相乖离。此后,学界探讨名家者,几乎无一例外地以几何学意义上的"面"理解惠施的"无厚",如所谓:"平面只有面积而无体积,所以从'厚'(体积)来说即使是至小的,从'面'(无厚)来说仍然可以是至大的"(任继愈主编:《中国哲学史》第一册,北京:人民出版社,1979,第 172 页);"'无厚'实际上只是相当于今天数学的'面'的一个抽象概念而已"(杨俊光:《惠施公孙龙评传》,南京:南京大学出版社,1992,第 52 页);"没有形位、不占据空间,就是无厚,这也是一个形式上的定义。从几何的角度看,面是无厚的,是一个逻辑上的概念"(朱前鸿:《先秦名家四子研究》,第 84 页);"'无厚'便是抽去了'厚'的'面'。……惠施从具体物的面积中抽象出'面积'本身,并力图认识'面积'之为'面积'的语义普遍性,即对纯粹'面积'的存在性本质的理性把握"(刘利民:《在语言中盘旋》,成都:四川大学出版社,2007,第 160 页)等。

然而,如果以"无厚"为"刀刃者无厚"那种对"实"有之薄的形容,而不是对几何学的面那样的"无厚"的称谓,那末,这个论题就应该作如下的解释:"不可积"——难以见到体积而几乎不可量度——的"无厚"之物,仍可以使它薄而又薄,在动态的薄下去而趋近几何学的面时,它可以延展到千里之大。可以用"无厚"来形容的极小极薄的"实"物(如金箔、锡箔等),在上下维度上薄而又薄的动态延展中却在长宽维度或四围维度上可大到千里,这小大的相对正说明着"异"(大小有别)、"同"(同一个"无厚"之物)的相"合"。换句话说,这是小(厚度小)与大

(面积大)的"合同异"。

论题(三):"天与地卑,山与泽平。"

这里的"卑"与"比"相通,"比"有"近"、"靠近"、"亲近"的意思。因此,荀子也把这一论题转述为:"山渊平,天地比。"(《荀子·不苟》)唐人杨倞注《荀子》一书,在注"山渊平,天地比"时援引了一段话,他说:"或曰:天无实形,地之上空虚者尽皆天也,是天地长亲比相随,无天高地下之殊也。在高山则天亦高,在深泉则天亦下,故曰天地比。地去天远近皆相似,是山泽平也。"这个被引述的"或曰",对"天与地卑,山与泽平"破译得很透彻,后世学人凡所解与此多少相左者,可以断言,其亦将多少与惠施之学无缘相谋。胡适所谓"天与地卑,山与泽平"是指"地圆旋转,故上面有天,下面还有天;上面有泽,下面还有山"(胡适:《中国哲学史大纲》卷上,上海:商务印书馆,1926,第204页),郭沫若所谓"那有形的天地的距离和山泽的悬异,把来和'大一'的大比较起来,实在小到等于没有,这就是所谓'天与地卑,山与泽平'"(郭沫若:《十批判书》,见《郭沫若全集·历史编》第二卷,第269页),冯友兰所谓"向远处看,又都好像是天与地是接联的,所以也可以说:'天与地卑'……在海拔高的地方的湖泊,可能跟在海拔低的地方的山一样高,所以说:'山与泽平'"(冯友兰:《中国哲学史新编》第二册,北京:人民出版社,1984,第152页),任继愈所谓"实际上远处的天和地几乎是连接起来的,而高山的湖泊比低处的山还要高"(任继愈主编:《中国哲学史》第一册,第172页),杨俊光所谓"'天地比'亦即天地相同、相类即一样卑下的意思"而"('山泽平')应该是山平坦、泽(渊)平坦、山泽(渊)都平坦的意思"(杨俊光:《惠施公孙龙评传》,第53页)等,所有这些诠释或皆可聊备一说,但与惠施设论宗趣相去之远又何可以道里计？这里对诸解无暇一一评点，确认唐人杨倞注中的"或曰"为"天与地卑，山与泽平"的谛解，原只是要强调这一点，即："卑"（"比"）天地、"平"山泽不过是"合同异"的一个例说——山与泽一高一下两者相"异"，但高下相"异"的山泽在吻接天地而使天地处处亲比无间这一点上又完全相"同"，"同"、"异"由此相"合"于一体。

论题（四）："日方中方睨，物方生方死。"

这是在说万物处在不舍刹那的时间之流中每一刻都在变化，不会有瞬息的停顿。在古人的观念中，地是静止的，"日"是不停地在大地上空依一定的方向移动的。依惠施的看法，不停地移动着的"日"在它刚刚处于天的正"中"的那一刻就已经在偏斜（"睨"），这正和偏或"中"和"睨"在太阳看似正中的一刹那同时存在于移动着的"日"。同样，"物"有"生"必有"死"，它的"生"的开始也是它的"死"的开始，"生"历经着一个过程，"死"也历经着一个过程，并且这是顷刻不离的同一个过程；物"生"着的时候物也"死"着，"生"、"死"在同一有生之物上如影随形。一旦"生"的过程结束，"死"的过程也就结束了，它"生"的刹那就是"死"的刹那，这叫"方生方死"。"中"与"睨"（斜）对于"日"相"异"而又相随，"生"与"死"对于"物"相异而又相即，这是"同"、"异"相"合"或"合同异"的又一个例证。

一般说来这一论题的意指并不难把握，只是学者们的诠释往往仍会与其有一间之隔。胡适解"日方中方睨"说"才见日中，已是日斜；刚是现在，已成过去"，这本是不错的，但他又谓"即有上寿的人，千年的树，比起那无穷的'久'，与'方中方睨'的日光有何分别？竟可说'方生方死'了"（胡适：《中国哲学史大纲》卷上，第233页），如此以"大一"（其谓"大一是古往今来的久")漫言生死显然已经是文不对题。郭沫若以"一切都流徙无常,一切都在变"阐释"日方中方睨,物方生方死"固然亦略近题中之义,然而,当他就此批评惠施"依然还是免不掉循环的观念"(郭沫若:《十批判书》,见《郭沫若全集·历史编》第二卷,第 270 页)时,其所云则可谓与评说对象风马牛不相及了。杨俊光援引恩格斯所谓"运动本身就是矛盾"理解"日方中方睨",援引恩格斯所谓"生命的否定实质上包含在生命自身之中"而"生就意味着死"申论"物方生方死"(见杨俊光:《惠施公孙龙评传》,第 54、55 页),应该说是切中论题的,不过,他终究把惠施的说法视为对辩证运动观、生命观的"一种猜测",则可能对古代中国人的独特智慧多少有所委屈。

论题(六):"南方无穷而有穷。"

论题(七):"今日适越而昔来。"

论题(八):"连环可解也。"

对这三个论题,有的学者是关联在一起求解的,为了便于指出其思路之歧误,这里也把三个论题一并提出来。近人张默生在他所著的《庄子新释》一书中说:"今日适越而昔来"句,"殊违反逻辑,不免涉于诡辩,[古来]各家所解,均难使人心服"(张默生原著、张翰勋校补:《庄子新释》,济南:齐鲁书社,1993,第 754页)。其实,如果过多地执著于文词的表面推理,论题(六)和(八)也同样可以用"殊违反逻辑,不免涉于诡辩"去指责的。"[古来]各家所解,均难使人心服",也许是一个事实,但由此对面前的论题以"诡辩"相贬斥可能恰恰表明了认真的解释者的困窘。从胡适编撰《中国哲学史大纲》(卷上)(1919)以来,西学东渐背景下的中国学人往往以惠施已谙晓地圆说为预设来解释其相关论题。胡适指出:"惠施论空间,似乎含有地圆和地动的道理,如说:'天下之中央,燕之北,越之南,是也。'燕在北,越在南。因为地是圆的,所以无论那一点,无论是北国之北,南国之南,都可说是中央。又说:'南方无穷而有穷。'因为地圆,所以南方可以说有穷,可以说无穷。南方无穷,是地的真形;南方有穷,是实际上的假定。又如'天与地卑,山与泽平',更明显了。地圆旋转,故上面有天,下面还有天;上面有泽,下面还有山。又如'今日适越而昔来',即是《周髀算经》所说'东方日中,西方夜半;西方日中,东方夜半'的道理。我今天晚上到越,在四川西部的人便要说我'昨天'到越了。"(胡适:《中国哲学史大纲》卷上,第231–232页)尽管胡适在推断惠施论空间"含有地圆和地动的道理"时,用了"似乎"这样的字眼以表明他的出语谨慎,但他对惠施论题的解读毕竟始终立足在这个"似乎"上。

上承胡适,当代新儒家著名代表人物牟宗三甚至沿着同一思路进而把论题(六)、(七)、(八)联为一题以寻求答案。这个有趣的失误是值得一提的,它至少表明,生活在今天的人们想要求得与古人心灵的相通是件多么不容易的事。牟宗三认为:"'连环可解也'并不是独立的一条,而是对前两句的提示。'连环'是副词,《天下篇》言'其书虽瑰玮,连犿无伤也。'语中的'连犿'用字虽不同,但意思相同。'连犿无伤也'意为'宛转无妨碍','连环可解也'意为'圆转可理解',也是个提示语,并不是独立的一条。……'南方无穷而有穷,今日适越而昔来,连环可解也'就是把宇宙看成圆的。……惠施于此有个洞见,即'宇宙是圆的'。"(牟宗三:《中国哲学十九讲》,上海:上海古籍出版社,1997,第195页)"宇宙是圆的"被说成是惠施的"洞见",但正是这一"洞见"的发现又使他发现了惠施的一个"错觉",他说:"惠施这句话中包含了一个错觉。'南方无穷而有穷'是从空间而言,而'今日适越而昔来'则是个时间的问题。惠施把时间问题空间化而将时空混一。"(同上书,第196页)这别出心裁的说法当然可以在名家研究中聊为一家之言的,不过,比起前人的其他解释来,新提法的逻辑上的矛盾反倒更多了一层。如果"连环可解也"果真不过是"提示语",为什么它只是被放在第六、七两论题后作"提示"而不是放在第九论题后一并作"提示"呢?而第九论题"我知天下之中央,燕之北,越之南也"原是可以与前两个论题归为一类的。至于说惠施"将时空混一",那完全是因为责备惠施的牟宗三把六、七两论题合而为一("混一")的缘故,如果对几个论题分别求解,那末,"时"原本只是"时","空"也原本只是"空",所谓"时空混一"自然也就无从说起了。

把"宇宙是圆的"推想为惠施的"洞见",似乎是得了"南方无穷而有穷"的真解,但当论题被框进一种科学视野时,其中所蕴含的哲学意趣也就被遮蔽了。战国时期的惠施是否已经有"地圆和地动"的"洞见"是不能轻率下断语的,而重要的是,由"无穷"和"有穷"所表达的"南方"的相对性也并不需要以"地圆"或"宇宙是圆的"为前提去解说。在惠施看来,任何一个被称作"南方"的地方对于比它稍南的地方来说都是北方,在"实"的世界或经验世界里,永远不会有绝对意义的"南方"。换句话说,正是因为"南方"没有边际("无穷"),所以无论怎样"南"的"南方",都会相对地成为"北方"("有穷");动态地看"南方","南方"可以说到"无穷"远处,但在这动态的"南方"中,每一处"南方"又无不可以说是更南方的某个地方的北方。南方在"无穷"地延续着,而构成这无穷延续的是无限多个"有穷"的可称作某某地方的"南方"。

与"南方无穷而有穷"所表述的空间维度上的"南"、"北"

的相对性相应,"今日适越而昔来"要告诉人们的是时间维度上的"今"、"昔"的相对性。破译这一论题的关键在于松开"今日"的执著。时光如水,原是刹那刹那都在流逝的。人们通常以"今日"、"昔日"计时,把时间分成有节奏的段落,只是为了生活上的方便,但习惯也往往使人们静态地看待某一时段,以致把这一时段与那一时段绝对地间隔开来。张默生说"今日适越而昔来"的说法"违反逻辑,不免涉于诡辩",就是失误于今昔时段的机械划分。实际上,"日"在古代兼有"时"的意思,因此"今日"也可以解释为"今时"。如果以"今时"解"今日","今"与"昔"的相对就是当下的相对而不只是某个较长时段的相对。在时间之流中,"今"当下即是"昔",才说是"今","今"已成"昔"。时间的方"今"方"昔",正好与"日方中方睨"的理趣相贯;才"中"即"睨"方有日影的移动,才"今"即"昔"方有时间的永无止息的流逝。"适越"在"今",但"今"在刹那间即变为"昔",由"今"、"昔"的刹那转换领会"今日(时)适越而昔来",并没有逻辑上的不通,称这一论题"不免涉于诡辩",实在是委屈了论题的提出者的灵动的智慧。

　　至于"连环可解",当然也可以表述为"环方连方解",这样,这个论题的寓意就和论题(四)"物方生方死"完全一致了。冯友兰解这个论题说:"连环是不可解的,但是当它毁坏的时候,自然就解了。"(冯友兰:《中国哲学简史》,涂又光译,北京:北京大学出版社,1985,第105页)这样破解论题大体上是说得通的,不过,如果把连环的自己解除看作一个过程,由"环"的方"连"方"解"——"连"的过程同时也是"解"的过程——理解"连环可解",那会使意味更圆融些。

　　论题(九):"我知天下之中央,燕之北,越之南是也。"这对于以燕之南、越之北的中原地区为"天下之中央"的习惯性看法是一个悖论，这样断言"中央"的位置等于是在告诉人们无边无际的"天下"本来就无所谓中央。西晋经学家司马彪在他撰述的《庄子注》中诠释这一论题说："天下无方，故所在为中；循环无端，故所在为始也。"这个解法与惠施对空间方位的相对性的指示是契合的，可以称得上是一种达解了。

惠施还有"卵有毛"、"马有卵"、"龟长于蛇"、"白狗黑"一类诡异的辩说之辞，这些"琦辞"正像上述论题（二）、（三）、（四）、（六）、（七）、（八）、（九）一样，只有关联着论题"大同与小同异，此之谓小同异；万物毕同毕异，此之谓大同异"，才能从逻辑上获得相当的理解，也只有关联到论题"泛爱万物，天地一体"，也才能透过措辞的诡异真正领悟这种种说法的意趣所归。

四　对惠施之学的几点评说

庄子对惠施的学术有"骀荡而不得，逐万物而不反"（《庄子·天下》）之叹，但他毕竟没有轻忽惠施之学在当年有过的所谓"儒、墨、杨、秉四，与夫子（指惠施——引者注）为五"（《庄子·徐无鬼》）的风行一时的影响。同样，荀子也曾苛责惠施"不法先王，不是礼义，而好治怪说，玩琦辞，甚察而不惠，辩而无用，多事而寡功，不可以为治纲纪"，而他却仍不能不承认这些琦辞、怪说"其持之有故，其言之成理"（《荀子·非十二子》）。倘不囿于庄、荀所言及自此以降诸多学人陈陈相因的成见，惠施的那些煞似怪诞的辩言其实是可以重新评说的，尽管深藏其间的灵动的智慧早已经是往世的绝响。

（一）惠施虽"以善辩为名"（《庄子·天下》）而被称作"辩者"、"察士"（《吕氏春秋·不屈》），但其所辩所察终是统之有宗，会之有元。所谓"万物毕同毕异"的"合同异"当是其"历物之意"的逻辑枢纽，而蕴含于逻辑进退中的价值取向则在于一体天地而"去尊"（《吕氏春秋·爱类》）以"泛爱"。那些被认为"逐万物"或"散于万物"的论题——诸如"天与地卑，山与泽平"、"日方中方睨，物方生方死"等——不过是就近取譬的种种隐喻，其辞散，其意不散，在看似"逐"于"万物"的言辩中始终贯穿着一种"爱"的规劝。对这一份"爱"不能了悟，不足以讨论"合同异"，更不足以评说以辩难"合同异"为能事的惠施。

早期杂家人物尸佼曾撮其要论列他视野中的先秦各家说："墨子贵兼，孔子贵公，皇子贵衷，田子贵均，列子贵虚，料子贵别囿。其学之相非也数世矣而已，皆弇于私也。天、帝、皇、后、辟、公、弘、廓、宏、溥、介、纯、夏、忆、冢、晊、昄，皆大也，十有余名而实一也。若使兼、公、虚、均、衷、平易、别囿一实也，则无相非也。"（《尸子·广泽》）他当然不可能品评比他晚出的惠施，但没有问题的是，为惠施所推重的"去尊"、"泛爱"则略与"兼"（兼而爱之）、"公"（天下为公）、"衷"（中正）、"均"（均平）、"虚"（不执著于任何一物）、"别囿"（不局限于任何一隅）相通。"兼"、"公"、"衷"、"均"、"虚"、"别囿"和"去尊"、"泛爱"皆为价值范畴，而非认识或知解范畴，它们名称不同，但祈向公、正、均、平的价值追求实际上确有一致之处。惠施没有明确提到儒、道、墨三家皆有称说的"道"，但处于人文眷注的重心在老子、孔子之后由"命"向"道"转换的时潮中，他不可能不受其陶染。他"遍为万物说"，而所说并不牵累于与利害相系的"命"；他倡导"泛爱"，这"泛爱"必至于为关联着人的心灵境界的"道"所笼罩。诚然,"道"对于惠施尚嫌朦胧,并不像它在儒、道、墨诸家那里虚灵而可辨。

（二）同是倡说一种不落于褊狭的"爱",墨子"以天为法"（"法天"）,取法"天之行广而无私,其施厚而不德,其明久而不衰"（《墨子·法仪》）而鼓吹"兼爱",孔子由一以贯之的"仁"道教诲人们"爱人"（《论语·颜渊》）而"泛爱众"（《论语·学而》）,惠施却是以"万物毕同毕异"的"合同异"之辩论说"泛爱万物"。单从字面上说,惠施所谓"泛爱万物"似乎与孔子的"泛爱众"之说更贴近些,但"泛爱万物"之"泛爱"是从一种道理讲起的,而"爱"就其根柢而言却并不就是一种道理。孔子所创始的儒家之学由"亲亲"讲"爱",这"爱"缘起于真切生命中的一种自然而然、油然而发的"情"。"亲亲"之"爱"以情相感,可从"老吾老"顺着人情之自然推及"人之老",从"幼吾幼"顺着人情之自然推及"人之幼"（《孟子·梁惠王上》）;"爱"而及于"人之老"、"人之幼",此"爱"即是"泛爱众"。由这样的"泛爱众"进而相推,以情相感的人对人的爱可扩展至情及于物的人对物的爱,于是儒家之"爱"便有了"亲亲而仁民,仁民而爱物"（《孟子·尽心上》）的局度。"亲亲"之爱、"仁民"之爱、"爱物"之爱,这是一个"爱"有"等差"的过程,然而如此的"等差"并不构成"爱"的止碍,反倒显出润泽于"爱"中的情之自然。由"万物毕同毕异"的"合同异"证衍的"泛爱万物"之"爱"没有情之自然所呈现的等差,它犹如墨家的"兼爱",在把普泛的"爱"讲成一种应然的理时削夺了"爱"中自然而本然的那份情愫。

墨子以"天志"为"兼爱"的终极依据,"兼爱"最终所遵从的是他律（以他在的"天"为"法仪"）原则;孔子把"爱人"而"泛爱众"的那种情怀归结于人心中内在的"仁",由"亲亲"到"泛爱"所凭借的是"人能弘道"(《论语·卫灵公》)的价值自律。但无论是孔子,还是墨子,在"爱"的祈向上都有"形而上"的信念,尽管墨子的"天志"所指示的是某种外在超越的形而上学,孔子的由"仁"而"圣"("仁"的极致)的"中庸"之道(执"过"与"不及"之两端而用其"中"的修养之途)所开辟的是一种相契于生命体认的价值形而上学。惠施是取论理——辩说"物"理——的方式对"泛爱"作论证的,这使他终于与形而上的祈求无缘。少了形而上眷注的"爱"没有它的极致情境或理想之境,缺了这种极致情境或理想之境的论理无从立以为教而引导天下的风化。

(三)惠施的异乎寻常的论题,在古代或被认为"特与天下之辩者为怪"(《庄子·天下》),或被称作"怪说"、"琦辞"(《荀子·非十二子》),而在近现代则常被归之于"诡辩"——如思想史家侯外庐等就曾说"惠施为诡辩主义的有力开创者"(侯外庐等:《中国思想通史》第一卷,第424页),而逻辑史家汪奠基则指出:"由于惠施采取了离形而言名的抽象观点,结果陷进了诡辩的逻辑谬论。"(汪奠基:《中国逻辑思想史》,上海:上海人民出版社,1979,第83-84页)古人以"怪"、"琦"置评,原是囿于己见的逞意之谈,未可深诘,但今人责以"诡辩",则既已明确触及逻辑范畴,便不可不悉心予以分辩。关于"诡辩",黑格尔作过这样的界说:"诡辩这个词通常意谓着以任意的方式,凭借虚假的根据,或者将一个真的道理否定了,弄得动摇了,或者将一个虚假的道理弄得非常动听,好像真的一样。"(黑格尔:《哲学史讲演录》第二卷,贺麟、王太庆译,北京:商务印书馆,1960,第7页)如果没有更好的界说可资循守,那么依黑格尔的说法,倘要责诮某一命题、判断或推理为"诡辩",就须指出其所采取的"任意的方式"或其所凭借的"虚假的根据"。然而,从上面对惠施"历物之意"十题的疏解看,所谓"任意的方式"或"虚假的根据"显然是无从说起的。

诚然,惠施的论题将人们惯常认可的某些道理"否定"了,但问题在于那被人们视为常识的道理是否是"一个真的道理"。如果一个人们习焉不察而确实有问题的道理被"弄得动摇了",动摇这道理的言辞一定会使人们感到"怪"、"琦"的,不过这带给人们"怪"、"琦"的或正是一种富于创意的东西。事实上,常识总是把"中"与"睨"、"生"与"死"、"南"与"北"、"今"与"昔"置于相互对立的地位,依这种静态的没有转换的对立为前提,人们对时空、事物、境况的判断往往取"非此即彼"——非"中"即"睨"、非"生"即"死"、非"南"即"北"、非"今"即"昔"——的态度,而在这态度中起作用的是多数人日用而不知的形式逻辑。惠施以"日方中方睨"、"物方生方死"、"南方无穷而有穷"、"今日(时)适越而昔来"的论题把"非此即彼"的判断转换成了既"非此即彼"而又"亦此亦彼"(亦"中"亦"睨"、亦"生"亦"死"、亦"南"亦"北"、亦"今"〔当下〕亦"昔"〔刚才〕),为形式逻辑所不能范围,于是有人便以"诡辩"相申斥。以"诡辩"责备惠施的人多是言必称"辩证法"的,但他们的失误恰恰在于:他们以自己的"形而上学"的眼光终于未能看出惠施那里业已运用却还不曾达到自觉的"辩证"思维。

(四)在惠施"历物之意"诸论题留给人们的智思遗产中,取"譬"这一言说方式分外值得一提。除开"至大无外,谓之大一;至小无内,谓之小一"、"大同而与小同异,此之谓小同异;万物毕同毕异,此之谓大同异"、"泛爱万物,天地一体也"三题外,惠施其他论题无一不是设"譬"而谈,而且这些譬语大都是隐喻。刘向《说苑·善说》辑有一段惠施辩释"譬"这一言说方式的对话。其云:"客谓梁王曰:'惠子之言事也,善譬;王使无譬,则不能言矣。'王曰:'诺。'明日见,谓惠子曰:'愿先生言事则直言耳,无譬也。'惠子曰:'今有人于此,而不知弹者,曰:"弹之状何若?"应曰:"弹之状如弹",则谕乎?'王曰:'未谕也。''于是更应曰:"弹之状如弓,而以竹为弦",则知乎?'王曰:'可知矣。'惠子曰:'夫说者,固以其所知,谕其所不知,而使人知之。今王曰无譬,则不可矣。'王曰:'善。'"可见,"譬"的设用原在于"直言"难以"谕"其意。取"譬"出于说者达意的不得已,这不得已透露的是"直言"的局限,而惠施辩"譬"则正表明了他对"直言"所固有局限的觉知。

"直言"是纯概念性语言,它由表达抽象共相的语词依语法连缀成句,又由若干这样的句子构成有序的话语以言说。这样的言说借重语词的相互规定、句子的相互制约把某种意思陈述出来,总的说来属于与结构性思维相应或与结构性思维一而不二的结构性表意。表意的结构性注定了其所表之意的非动态、非有机、非整体性,而惠施既要述说那种赋有动态、浑整性状的"亦此亦彼"(亦"中"亦"睨"、亦"生"亦"死"、亦"南"亦"北"、亦"今"亦"昔")的道理,便不能不舍"直言"而取"譬"语以另谋言说蹊径。"譬"把人带进一种情境,使人以其全副阅历去感受、体味设"譬"者所感受、体味到的意趣,这意趣得以整全而非支离、生动而非孤静的传递乃在于非可解析的生命的感通。当柏拉图说"除了靠举例,阐述任何较重大的思想都是困难的"(柏拉图:《政治家》,黄克剑译,北京:中国青年出版社,2002,第64页)时,他显然意识到了"直言"或直接言说对于表述那种必要曲尽其致的道理的不堪；而当孔子说"能近取譬，可谓仁之方也已"（《论语·雍也》）时，他则已经洞晓儒家的修道之教的传布须得怎样的言喻或默识的方式。从孔子到惠施，先秦的语言自觉在持续，尽管孔子的设"譬"和惠施的设"譬"所欲尽致以悟的情境和理境大有径庭。

公孙龙"离坚白"之辩探赜[1]

公孙龙之学,先贤或以"辟言"(荀况)、"诡辞"(扬雄)相讥,近人亦以"帮闲"(郭沫若)、"诡辩"(侯外庐)置议。时移势易,学界好思之士注疏、诠释《公孙龙子》者渐多,但对其所遗六篇——《迹府》、《白马论》、《坚白论》、《通变论》、《指物论》、《名实论》——就整体予以通洽领会者仍嫌寥寥。这里,愿冒昧尝试,拟由所谓"离也者天下"之"离"切入公孙龙之运思,对其间所蕴义理作一种纵贯式的疏解。

一 "白马非马"中的"离"的消息

"白马非马"是公孙龙《白马论》的中心论题,《迹府》篇所谓"'守白'之论"即是就此而言。此说或非公孙龙首创,至少,

---

[1]此文曾发表于《哲学研究》2009年第6期,兹作为附录辑于书后。其所论凡与本书正文相出入者,当以书之正文为准。

韩非就曾将其关联于比公孙龙约早一代之久的兒说：

> 兒说，宋人，善辩者也。持"白马非马"也，服齐稷下之辩者；乘白马而过关，则顾白马之赋。故籍之虚辞则能胜一国，考实按形不能谩于一人。（《韩非子·外储说左上》）

不过，兒说所辩已无文字可考，倘其与公孙龙之"白马非马"说前后相承，而韩非以"籍之虚辞则能胜一国，考实按形不能谩于一人"诮讽辩士或"言谈者"，以至于称其为"五蠹"之一，则反倒显出诮讽者为功利所囿而略输于人文局量了。

诚然"白马非马"可谓诡谲之谈，不过，其中的道理虽已不局守于惯常的言议、思维，却也并不与常识相背。其实，用语方式的陌生化毕竟融进了遣词造句者的匠心，由陌生的一维引出的思路反倒可能使人们发现那以前一直熟视无睹的认知的死角。公孙龙指出：

> 马者，所以命形也；白者，所以命色也。命色形非命形也。故曰：白马非马。（《公孙龙子·白马论》）

"命者，名也"（《广雅·释诂三》），而"名，自命也。从口从夕。夕者，冥也；冥不相见，故以口自名"（《说文·口部》）。"命"本在于称呼、告诉，以使冥昧中的事物有所明了，因此，"命"、"名"又与"明"通——"名，明也，名实使分明也。"（刘熙：《释名·释言语》）命名使浑沌中的世界得以依类判物，从而为人所分辨。这依类分辨固然赋予了森然万象一种秩序而使其明见于人，但先前浑沌中的那种圆融也因着如此的察识而被打破。换句话说，"命"或命名这一行为从一开始就涉及可命名的人和人生存于其中的世界。命名是对原本浑沌而完整的世界的抽象化，这抽象化的结果是一个观念世界在人这里的形成，而与这观念世界一体的是人的语言世界。当公孙龙说"马者，所以命形也;白者,所以命色也"时,他以"命"(命名)晓示了他所谓"马"、"白"、"白马"乃是就与语言世界密不可分的概念世界而发论,尽管这概念世界与实存世界不无关联。实存世界所有的只是这一匹马,那一匹马,当千差万别的马被命名为"马"时,这"马"作为一个概念固然不能说与无数各别的马没有瓜葛,但它毕竟已脱开一个又一个的个体的马而被用于人的言议、思维,这脱开即是"离"。同样,"白"这一概念对于种种不同的可见的白色也只是因着相牵而相"离"才为人所思议。在《白马论》中,公孙龙还没有明确说到"离",但"离"的消息从"命形"、"命色"、"命色形"之"命"(命名)中已经透露出来。就概念而论,"马"是对一种形体的命名,"白"是对一种颜色的命名,"白马"则是既对某种形体而又对这形体的颜色的命名,既对形体而又对这形体的颜色的命名不同于仅仅对形体的命名,所以"白马"不同于"马"或"白马非马"。公孙龙对"白马非马"作如此论证,是以概念——"马"、"白"、"白马"——对于以之命名的实存事物的相对独立因而得以运用逻辑推理为前提的,而概念对于以之命名的实际事物的相对独立,亦即是它对以之命名的实存事物的"离"。

《白马论》是问答式的对话体文字,拟托的客方的再三诘难无一不是把概念混同于实存,而公孙龙的回答则在于把混同了的概念和实存重新分开,并在其相牵却又相"离"的分际上予以分辩。当客方以"有白马不可谓无马"(有白马就不能说没有马)为理由提出"有白马为有马,白之非马何也"(既然有白马即是有马,怎么可以说以白称其颜色的马就不是马了呢)的质疑时,公孙龙以主方身份回答说:

　　求马,黄、黑马皆可致;求白马,黄、黑马不可致。……

[使]所求不异,如黄、黑马有可有不可,何也? 可与不可,其相非明。故黄、黑马一也,而可以应有马,不可以应有白马,是白马之非马,审矣。(《公孙龙子·白马论》)

这意思是说:如果有人要一匹马,那么黄马、黑马都可以给他;如果要一匹白马,送上黄马、黑马就不行了。倘使要一匹马和要一匹白马没有什么差别,那么送上黄马、黑马有时可以,有时就不可以,又怎么作解释呢? 可以给黄马、黑马和不可以给黄马、黑马,其区别是明显的,因此,同是黄马、黑马,可以说是有马,却不可以说是有白马。由此看来,这"白马非马"的道理,可以说是再明白不过了。公孙龙在此所作的全部辩说,不外是要告诉人们:"马"这一概念的内涵少(只是"命形"),因而外延大,它包括了黄马、黑马、白马以及其他毛色的马;"白马"这一概念的内涵多(除了"命形",也还"命色",所以"命色形"),因而外延小,它不能包括黄马、黑马及白色之外的其他毛色的马。从外延的角度讲,"白马"当然属于"马",但包括了黄马、黑马等的"马"却不能说属于"白马",所以二者不相等同,"白马"(的概念)不即是"马"(的概念)。

论辩至此,拟托的客方话锋略转。他指出,若是"白马非马"之说可以成立,那就等于承认了马有了颜色后便不再是马。在把命题"白马非马"转换为"马之有色为非马"后,客方的诘难就成了这样:天下的马都有颜色("天下非有无色之马"),说马有了颜色就不再是马,岂不等于说天下没有马("天下无马")吗? 论主的回答则是:

马固有色,故有白马。使马无色,有马如已耳,安取白马? 故白者非马也。白马者,马与白也。马与白,马也? 故曰:白马非马也。(同上)

　　这是在说:马原本有颜色,所以才有"白马"可言,要是马没有颜色,那就只有"马"而已,又何从说起"白马"呢? 白马是那种由白色限定了其颜色的马,它不同于未作颜色限定的马。"白马"(的概念)是由"马"(的概念)和"白"(的概念)的结合所规定了的;"马"和"白"的结合不同于未和"白"结合的"马",所以说"白马非马"。这段答话中,所谓"马与白"的"与"的用法是意味深长的,它表达了"马"(的概念)和"白"(的概念)的结合,而这结合则正表明概念相互间的相"离"及概念对于以之命名的实存事物的相牵而相"离"。这"与"同《坚白论》中所谓"坚未与石为坚而物兼,未与物为坚而坚必坚"的"与"趣致相通,也同《指物论》中所谓"指与物非指也"的"与"一脉相贯。

　　从论主所谓"马与白"的灵动措辞中,客方敏锐抓住了"与"这个语词的独特意指。于是便有了进一层的质难:既然"马"在未与"白"结合时就只是"马"("马未与白为马"),"白"在未与"马"结合时就只是"白"("白未与马为白"),而把"马"和"白"结合起来才有了"白马"这个复合的名称("合马与白,复名白马"),那就意味着你是在用起先分离的"马"和"白"组成了一个复合名称来命名原本就浑然一体的白马("是相与以不相与为名"),这样做本身即是不可取的。而"白马非马"恰恰就立论在"相与以不相与为名"上,所以这个命题讲不通。实际上,客方如此质难已涉及《指物论》中客方用以诘难的话题:"指(例如'马'、'白'等用以指称事物的名——引者注)也者,天下之所无也;物(例如被称为'白马'的那一匹又一匹实存的马——引者注)也者,天下之所有也。以天下之所有,为天下之所无,未可。"但论主把正面辩答这一问题留给了《指物论》,却由客方对"白马非马"的否定重返客方所认定的"有白马不可谓无马"之

说,而借此转守为攻:

　　[主]曰:以有白马为有马,谓有马为有黄马,可乎?

　　[客]曰:未可。

　　[主]曰:以有马为异有黄马,是异黄马于马也;异黄马于马,是以黄马为非马。以黄马为非马,而以白马为有马,此飞者入池而棺椁异处,此天下之悖言乱辞也。(同上)

最后,论主的思趣触到了至可玩味的"白者不定所白"(白色不限定在某一白色事物上)和"白定所白"(被某一白色事物所规定了的白色)的话题。他没有称述"白者不定所白"——这个在《坚白论》中才被深入讨论的命题——的意致所在,只是就"白马"概念说到"白定所白"时申明:被某白色事物(例如"白马")所规定的白色不再是原初意义上的白色("定所白者非白也")。既然"白马"之"白"是和马"相与"因而被所与者规定了的"白",而"白马"之"马"是和白"相与"因而被所与者规定了的"马",那么这"白"和"马"就不再是未受限定的"白"和"马"。这里,公孙龙对"白定所白"、"定所白者非白"的指出,鹄的在于论说"马者,无去取于色"("马"这一概念对颜色没有去彼取此的选择)、"白马者,有去取于色"("白马"这一概念对颜色有去彼取此的选择),以确证"白马非马",虽未径直说出"白"对于"白者"的"离",说出概念对于实存、概念对于此概念同他概念"相与"产生的概念的"离",但其意趣一直隐在并贯穿于《白马论》全部逻辑的"离"至此已可谓呼之欲出了。

二　"离也者,藏也"

《白马论》辨说"马"、"白马"、"白马非马",都是就概念("名")而言的;虽然并不违弃经验,却也不执著于现存世界中那些实有的马。这样立论,一个不言而喻的前提是认可概念或"名"对于实际事物的独立性。作为一个概念或一个"名"的"白马",不是对经验中的某匹马或某种马的如其既成状态的被动描摹,而"白"与"马"也因此在颜色("色")与形体("形")的性向上有自是其是的纯粹一维。"定所白者,非白也","白"成其为"白"不受"定所白者"的限制,因而"白"是"自白"其白。"白"的"自白"其白,是"白"这一色的性状对一切"定所白者"——例如"白马"、"白石"等白色某物或白色物种——的相"离";这个"离"的特征的得以成立,意味着指示事物性状的一切概念或"名"——"黄"、"黑"、"马"、"石"等——都可以与"定所名者"相"离"而独立。"名"与相应的实存相"离"而独立,才能以内涵稳定而具有某种绝对性的"名"衡量或评判当下被命名的实存事物,这是所谓以"名"正"实"。

沿着"定所白者,非白也"的说法作一种思路的延伸,必然会从《白马论》引出《坚白论》。《坚白论》的主题在于"离坚白",即"白"、"坚"对"定所白者"、"定所坚者"的相"离";这"离"是公孙龙学说的根柢所在,它以与儒、道全然不同的方式吐露了"名家者流"对语言的自觉。依然是设譬而论,指归则在于经由称"石"而"离坚白"的辩难,把"离"的意蕴喻示于对言辞日用而不察的人们。

仍是以拟托的客方向论主发问开篇,不过不像《白马论》那样径直拈出中心话语,而是从浅近、亲切而便于着手的某一边缘处说起。一块又白又硬的石头,它的坚性、白色和形状三者可以同时被感知吗("坚白石三,可乎")?这个在常识判断中似乎不成问题的问题,得到的回答是否定的("不可")。那么,三者中取其二,或者这石的白色和形状,或者这石的坚性和形状,可以被同时感知吗("二,可乎")?当客方这样询问时,论主则作了肯定的回答("可")。"二"则"可","三"则"不可",其要害在于坚性("坚")与白色("白")不可同时被感知:

> 视不得其所坚而得其所白者,无坚也;拊不得其所白而得其所坚者,无白也。(《公孙龙子·坚白论》)

这第一个回合的答问,把"坚白"的讨论推进到了这一步:石的"坚"性和"白"色不能被人的同一感官所感知,它们分别相应于人的触觉和视觉。视觉和触觉的相分似乎注定了"坚"与"白"在同一感知维度上的"离",尽管这"离"尚未被径直点破。

在客方看来,没有了白色固然看不见那块石头("天下无白,不可以视石"),而没有了坚硬,石头也就称不上是石头("天下无坚,不可以谓石")了,坚性、白色、石形在同一块石头上原是相互含纳而并不排斥("坚、白、石不相外")的,若是说只可见(看见或摸见)其二,不可见(看不见或摸不见)其三,那就是有意把其中的坚性或白色作为第三者藏("藏三")起来了。论主矫正客方的话说,确实可以称之为"藏",不过不是人刻意要藏("非藏而藏")。但客方并未就此释疑,他坚持认为坚性、白色、石形在同一块石头中是相互含纳("相盈")的,既然可以相互含纳,它们中的坚性或白色又怎么可能自己把自己藏起来呢("其自藏奈何")?论主遂回答他:

得其白,得其坚,见与不见离。——不相盈,故离。离也者,藏也。(同上)

至此,由"不见"(看不见或摸不见)说到"藏",由"藏"说到"离","离"作为立论的基点开始被提了出来。不过,这时所称述的"离"还在同感知关联着的经验的层次上。

客方再度质疑:白色是这块石头的白色("石之白"),坚硬是这块石头的坚硬("石之坚"),形状是这块石头的形状,尽管有看得见看不见、摸得见摸不见("见与不见")的不同,并且由此发生了感知过程中举其二还是举其三的争辩("二与三"),但它们毕竟就像任何一物品的宽和长一样相互含纳而成一体("若广修而相盈也"),而这样说难道会有什么不妥吗("其非举乎")?论主则针对客方囿于实存的偏执,变换了一种角度,尽可能地让自己所说的"坚"、"白"在其各为一独立概念的意义上明确起来。他指出:某物是白色的,但白色并不限定在这一物上而只"白"这一物("物白焉,不定其所白");某物是坚硬的,坚硬也并不限定在这一物上而只"坚"这一物("物坚焉,不定其所坚")。既然"白"、"坚"都不会只限定在某一物上,它们就必定为所有白色的物、坚硬的物所兼有("不定者兼")。若是这样,——论主起而反问对方——却又为什么要把"坚"、"白"只限定在那块石头上去说呢("恶乎其石也")?客方当然难以理解这"白"而"不定所白"、"坚"而"不定所坚"的诡谲意趣,他的累于实存的所思仍牵绊在那块坚硬的白石上。依他的看法,摸那块石头("循石")会触到坚硬,没有了其坚硬即无所谓石("非彼无石"),没有了石头也就无从去说白石("非石无所取乎白石"),"坚"、"白"和"石"原本不可分离,这是永远都不会改变("其无已")的事实。客方是固执的,也是认真的,这使论主只好在已反复讨究过的问题上再作申述。他接过客方的话说：

> 于白，一也；坚白，二也，而在于石。故有知焉，有不知焉；有见焉，有不见焉。故知与不知相与离，见与不见相与藏。藏故，孰谓之不离？（同上）

在这一轮的辩难中，对"坚"、"白"间的"藏"、"离"关系的讨论仍停留在经验层次上，但所谓"物白焉，不定其所白；物坚焉，不定其所坚"而"不定者兼，恶乎其石"的说法，则已经是"离"石而说"坚"、"白"，它为"坚"、"白"概念对于包括"石"在内的所有经验之物的"离"的论证作好了铺垫。

客方局守于经验的思维是一以贯之的，他抓住论主所谓"知与不知相与离，见与不见相与藏"的话头继续质难：眼睛看不到坚硬（"目不能坚"），不能说坚硬就不存在（"不可谓无坚"），手摸不到白色（"手不能白"），不能说白色就不存在（"不可谓无白"）；眼和手的职能不同（"其异任也"），二者无从相互替代（"其无以代也"），但坚硬和白色毕竟寓于同一块石头中（"坚白域于石"），怎么可以说它们相离呢（"恶乎离"）？对这最后的质难，论主作了尽可能详尽的回答。借着应答，他把"坚"、"白"和以此相喻的所有概念或"名"置于超出经验感知的格位上，由此在某种绝对的意义上阐示了诸"名"（概念）相互间及其对于一切实存事物的"离"：

> 坚未与石为坚而物兼，未与物为坚而坚必坚。其不坚石物而坚，天下未有若坚，而坚藏。
>
> 白固不能自白，恶能白石物乎？若白者必白，则不白石物而白焉。黄、黑与之然。石其无有，恶取坚白石乎？故离也。离也者，因是。（同上）

"不坚石物而坚"的"坚"是独立于一切坚硬物的"坚"的概念,"不白石物而白"的"白"是独立于一切白色物的"白"的概念;这"坚"、"白"概念对于天下万物或整个经验世界潜藏着("坚藏","白"亦"藏"),而如此的"藏"亦正是对天下万物或整个经验世界的"离"。

用以命名、摹状的"名"或语言与天下实存的森然万象并不存在一一对应的关系,而人却不能不借助它去辨识人生存其中因而总会打上人的或此或彼烙印的世界。"名"或语言靠了"离"的性状而自成一个独立于经验实存的系统;人处在"名"或语言系统中,人也处在与其生存际遇的践履性关系中。人在这两重关系中如何赢得更大程度的自由,这有赖于人对自己既处其中的境域达到相当的自觉,其中当然包括人对"名"或语言的自觉,而公孙龙"离坚白"之辩的意义正在于他从一个独特的运思向度上把这一重自觉启迪给了人们。

三　"离"与"变"

《公孙龙子》的《通变论》通篇贯穿着"变",称述这"变"的点睛之语是可视为一典型论式的"二无一"。它提示并深化着某种与《白马论》、《坚白论》共有的旨趣,把初始概念与定在化了的同名概念的相异而相"离"以通则的方式确定了下来。

一如对"白马"、"坚白"之说的辩析,"通变"话题的展开所采用的仍旧是主客答问的言说体例。客方的问题开门见山:在一个概念与另一个概念结合而成的概念中还存在原来的某个概念吗("二有一乎")?论主的回答亦简明而直白:

二无一。(《公孙龙子·通变论》)

这即是说,在两个概念结合而成的新概念("二")中,不再存在原来的这一概念("一")或那一概念("一")。为了把这"二"与"一"的关系分辨得更清楚些,新概念("二")赖以产生的这一概念("一")和那一概念("一")相与或结合被改称为概念"左"和概念"右"的相与或结合。于是,"二有一乎"的问题就转换成了"二有右乎"、"二有左乎",而相应的答语也就成了"二无右"、"二无左"。而且,这逻辑的延伸则是,由"左"、"右"两概念结合而成的"二"这一概念,既不可以用概念"右"称谓,也不可以用概念"左"称谓,而只能以概念"左"和概念"右"的相合去称谓("左与右可谓二乎"?——"可")。在如此"有一"与"无一"、"有右"与"无右"、"有左"与"无左"、"不可"与"可"一类直言判别的问答中,论主要分外申说的是,当两个可结合的概念结合成一个概念后,其先前的意谓已经发生了变化,这"变"是由结合着的两概念的相互限定引起的。例如,一旦"白"和"马"相与而为"白马"后,无论是"白"还是"马",其意谓就都有了变化:"白马"之"马"是为"白"所定之"马",这为"白"所定之"马"的内涵、外延已不同于未被"白"所定之"马";同样,"白马"之"白"是为"马"所定之"白",这为"马"所定之"白"已不再是未被"马"所定之"白"。"白"与"白马"相"离","马"与"白马"相离,其相"离"无不是因为"变"。

拟托的客方很快就从这样的"变"中发现了疑点,于是,不容苟且的质疑把讨论引向深入。他先顺着主方的思路,按预设的伏笔连续发问:可以说变化了的概念不再是原先那不曾变化的概念吗("谓变非不变,可乎")?概念"右"有了与其相结合的概念后,可以说它改变了吗("右有与,可谓变乎")?当这些对于主方说来不成问题的问题得到肯定的回答("可")后,客方拈出了一个煞似陷主方于自相抵牾的问题:"右苟变,安可谓右"(同上)——概念"右"如果已经变了,怎么还可以称其为"右"呢? 论主没有正面应答,他只是以诘问辩对诘问:

　　苟不变,安可谓变?(同上)

　　——倘使以"右"相称的概念是不变的,又怎么可以说这概念"右"变了呢? 其实,辞锋咄咄的诘辩所涉及的是一种吊诡的语言现象,它正好从一个侧面吐露了语言在动态言说中的某种基本特征,此即语词在排列组合中依语境而确定其意谓:在语符或能指不变的情形下,语义或所指会因为它与其他语词搭配状况的不同而不同。"白马"之"白"不同于"白石"之"白",亦不同于"白羽"之"白"或"白雪"之"白",作为语符的"白"字在"白马"、"白石"、"白羽"、"白雪"中并无不同,但其意谓因为与"马"、"石"、"羽"、"雪"的结合已经有了微妙的差异——"白马"的那种"马"之"白"无论如何不同于"雪"或"石"、"羽"的那种"白"。在现代语言学畛域内,语符与语义或能指与所指关系的错落不定,倘用俄国形式主义者的话说,即是"词没有一个确定的意义;它是变色龙,其中每一次所产生的不仅是不同的意味,而且有时是不同的色泽"(梯尼亚诺夫:《诗歌中词的意义》,见方珊等译:《俄国形式主义文论选》,北京:三联书店,1989,第41 页);用结构主义语言学家索绪尔的话说,则是:"语言像任何符号系统一样,使一个符号区别于其他符号的一切,就构成该符号","换句话说,语言是形式而不是实质"(索绪尔:《普通语言学教程》,高名凯译,北京:商务印书馆,1985,第168、169 页)。公孙龙对同一语符因着"相与"(与其他语词相搭配)情境不同而引致语义或所指内涵、外延变化的发现,是纯然中国式的,而洞察到这一点并予以不失其分际的表述则远在两千三百年前。

从《白马论》《坚白论》中的"白马"、"白石"、"坚石"之喻，客方显然注意到《通变论》中所谓"左与右可谓二"，不仅意味着构成"二"的"右"的概念（"一"）与"左"的概念（"一"）是可以"相与"的，而且"相与"的两概念往往因着语境对某一方的强调而呈一种偏正关系，甚至当时人们意识中以"右"为上的观念似亦可以印证这一点。然而，"二"这一复合性概念的构成是否还会有其他形态呢？由此，他遂问疑于主方："二苟无左，又无右，二者左与右，奈何"（《公孙龙子·通变论》）——如果构成"二"这个概念的两个单一概念不再有左、右这样的偏正之分，先前依着"左"、"右"概念相与而有的"二"该当怎样合成？论主再一次以设譬的方式作答：

　　羊合牛非马，牛合羊非鸡。（同上）

——"羊"和"牛"的概念相合为"二"可得到有角牲畜的概念，而有角牲畜的概念不包括"马"的概念，"牛"和"羊"的概念相合为"二"可得到有角牲畜的概念，而有角牲畜的概念不包括"鸡"的概念（"羊合牛非马，牛合羊非鸡"）。不用说，"羊"和"牛"相合的"二"这一有角牲畜概念中，"羊"、"牛"是并列关系而不再是左、右偏正的关系。不过，"二无一"这一通则对于此类复合概念依然有效。论主指出：

　　羊合牛非马也。非马者，无马也。无马者，羊不二，牛不二，而羊牛二，是而羊而牛非马可也。（同上）

事实上，"羊不二，牛不二，而羊牛二"是在重申前面已经断言的"右"不可谓"二"，"左"不可谓"二"而"左与右可谓二"的道理，并且，"羊不二"、"牛不二"也正可以说是"二不羊"、"二不牛"，而这"二不羊"、"二不牛"换一种表述即是所谓"二无一".

　　客方显然并未满足于这一例说,他要求主方举别一种"一"、"一"相与为"二"的例子以印证"二无一"的论题。于是,论主由"羊合牛非马,牛合羊非鸡"转而称说:

　　　　青以白非黄,白以青非碧。(同上)

　　犹如"白马"之"白"、"马"分别"命色"、"命形","羊合牛非马,牛合羊非鸡"之"羊"、"牛"、"马"、"鸡"皆以"形"而言,"青以白非黄,白以青非碧"之"青"、"白"、"黄"、"碧"则皆就"色"而论。但无论以"形"还是就"色",主方所据之以分辩的都是概念,而不是实物。因此,"青以白"或"白以青"并非以"青"、"白"相配以调色,却在于借此以"色"的分类而隐证一个概念("一")与另一个概念("一")结合后所得之概念("二")与先前概念(此"一"或彼"一")的相异相"离"("二无一")。"青以白非黄",不外是说"青"("一")与"白"("一")二者相合可统一于"正色"("二")这一概念;相应于木、火、土、金、水五行及东、南、中、西、北五方,青、赤、黄、白、黑五色为正色,黄色虽是正色的一种,却不能说正色即是黄色。与此构成一种比勘,论主认为"白以青"("一"合之以"一")产生"正色"("二")的概念,而碧色属于间色,正色非间色,所以"白以青非碧"。二者相较,"青以白非黄"略相当于"羊合牛非马","白以青非碧"略相当于"牛合羊非鸡",后者不如前者喻说"一"与"一"为"二"因而"二无一"的道理更恰切而精当。

　　"碧"因着青色附着于白色而发生,与之相随的可能是"木贼金"——代表金的白色原可以胜代表木的青色而反倒未能制胜——这一非正当之举("青骊乎白而白不胜也。白足以胜矣而不胜,是木贼金也。木贼金者碧,碧则非正举")。其"青"与

"白"本"不相与"却强使它们"相与",以致"白"不胜"青"而两色相争,各显其明,论主称这种情形为"两明":

> 青白不相与而相与,不相胜则两明也。(同上)

此所谓"两明",是对貌似"一"(某一概念)与"一"(某另一概念)相合为"二"而实际上并未构成真实整体的那个"二"的隐在弊端的揭示,说穿了,这种由"不相与"的两个概念取"相与"外观而得到的"二",不是"无一"之"二",而是有"一"之"二"。正当的"一"(某一概念)、"一"(某另一概念)"相与"之"二"是"二无一"之"二","两明"则以其"二"有"一"带来的两"一"相争的后果反证了真实之"二"必得体现的"二无一"的定则。

四　"指非指"的"离"的闳机

《指物论》是《公孙龙子》中理致最晦涩的篇章,其所论在于"物"、"指"、"指物"、"物指"间愈益抉发而愈见其诡奇的理趣。对指认"物"("与物")时所用概念与未指认物时"自藏"着的同名概念之差异的分辩是这里的焦点话题,而差异本身即意味着此概念("与物"之"指")与同名的彼概念(未"与物"之"指")的相"离"。"离"是"指物"之思路推绎的底蕴所在,公孙龙道破这一点已不再借重假物取譬的言喻方式。

与《白马》、《坚白》、《通变》诸论皆由客方的发问开篇略异,《指物论》劈头便是论主立论:

> 物莫非指,而指非指。(《公孙龙子·指物论》)

在论主看来,为人所认知的"物"没有不是被概念或"名"所指认或命名的,这指认或命名可简称为"指",所以他说:"物莫非指。"指认或命名总是以某个概念或"名"对某事物的描述,而概念或"名"一旦出现在具体的指认或命名情境中就不再是原来的概念或"名"了;一个概念或一个"名"可以兼指一类事物中的所有事物,这种兼指之"指"与它出现在一次具体指认中的那种"指"是不同的,所以他又说:"而指非指"——这"指"不是那"指",尽管这"指"与那"指"用的是同一字符。依论主之意属,我们或可举出下例以疏解他所谓的"指非指":当我们用"坚"这个概念或"名"形容一块木材的坚硬时,这当然是一种"指",是用一个类名指认或指示一个个别物的某种性质,不过,出现在这具体的"指"中的"坚"显然已经不同于那个可以兼"指"一切坚硬物的"坚"了,因为兼指一切坚硬物的"坚"可以指示这块木材的坚,也可以指示那块木材的坚,还可以指示这块石料或那块石料的坚,以至于指示这一铁器或那一铁器的坚等等。这能够兼"指"一切坚硬物的"坚"不同于那专"指"某一坚硬物的"坚",因此可以说"坚"("定其所坚"之"坚")非"坚"("不定其所坚"之"坚")而"指非指"(定其所指之"指"不同于不定其所指之"指")。

　　"指非指"的概念分辨是从"物莫非指"说起的,因此客方的诘难便首先指向了"物莫非指"。依他的理解,论主所谓"物莫非指",无非是说天下若没有了指认活动,物将无法称之为某物("天下无指,物无可以谓物"),于是质疑随之而生——实存于天下的所有事物都不同于指认它时所用的概念,这些与指认时所用概念不同的物怎么可以用概念称谓呢("非指者天下,而物可谓指乎")? 他所以如此质疑的理由是:用以指认事物的名或概念并不实存于天下("指也者,天下之所无也"),实存于天下的只有物("物也者,天下之所有也"),以天下所实存的物归于天下所没有的名或概念是不可以的。论主显然无意否认名或概念并不实存于天下因而与实存于天下的物终究不同这一判断，不过他径直以陷对方于自相扞格的反问作一种抗辩：

> 天下无指，而物不可谓指也。不可谓指者，非指也？（同上）

——当你说天下不存在名或概念（"指"）而"物"不可以用名或概念称谓或命名时，你不就是在"指"（指认）着"物"或称呼着"物"而谈论物吗？论主就此把客方之所辩笼罩在自己这样一种逻辑下：

> 天下无指，而物不可谓指者，非有非指也。非有非指者，物莫非指也。物莫非指者，而指非指也。（同上）

这意思是说：所谓天下不存在名或概念这样的"指"，因而事物不可以用名或概念相称谓的说法，并不能说明有什么事物不可以被指认。没有什么事物不能被指认，则意味着对于人说来物总是被指认的物。既然没有什么物不是被名或概念指认的，那么名或概念一旦因指认物而被指认对象所限定，它也就不再是原来意义上的名或概念了。当论主这样说时，他返回到他一开始就确立了的命意，但这是在经历了客难主答的一层坎陷之后。事实上，人认识或指认物，总要凭借在语言系统中相互关联着的名或概念，除此，认知的触觉无从伸向世界的森然万象。是人的"指物"这一认知活动把"指"和"物"关联在一起，而当着不在时空中存在而仅与人的观念相系的"指"关联于"物"时，一个奇崛而有趣的现象就发生了，这即是作为不定其所指之"指"的概念与作为指认事物时定其所指之"指"的同名概念的诡异关系——它们在联系中相区别，在区别中相联系。正是这一种联系而区别、区别而联系的张力，使"指"得以在"指非指"

中维系一份不可少的灵动的生机。

当客方被论主所谓"天下无指,而物不可谓指也。不可谓指者,非者也"的说法逼到逻辑的自相抵牾处时,他竟至于以对"物之各有名"的独断认定来自圆其说。他认为,天下不存在概念那样的"指",人们所以能够称"物"而谈是因为"物"原本各有其名,而这名并不就是抽象的"指"("天下无指者,生于物之各有名,不为指也")。由此,他指责论主不该把不是概念那样的"指"说成没有什么不是概念之"指"("不为指而谓之指,是无不为指;以有不为指之无不为指,未可")。以"物"原本各有其名为由为自己鄙弃"指"所作的辩护是不堪一驳的,客方置辞如此已显出其理路的穷诘。真正说来,任何"物"都不可能自申其名,"物之各有名"原是人命名的结果,而命名则总离不开被称作"指"的概念。所以论主没有纠缠在客方"物之各有名"这一望即知其谬妄的无谓之谈上,而是由以"指"(概念)命名所必至带出的"与物"之"指"与"自藏"之"指"相牵相离的问题把所论导向纵深。他分辩说:

> 且指者,天下之所兼。天下无指者,物不可谓无指也。不可谓无指者,非有非指也。非有非指者,物莫非指。指,非非指也;指与物非指也。(同上)

这即是说:名或概念之所指,是天下之物所兼有的。名或概念不实存于天下,但不可以因此说物不可以用名或概念指认。不能说物不可以用名或概念指认,即是说没有什么不可以用概念指认。所谓没有什么不可以用概念指认,也就是说物总是被概念所指认之物。名或概念,不是不可以用来指认物,不过,名或概念一旦指认物而成为"与物"之"指"就不再是原来的不为所指认对象限定的名或概念了。

　　论主是严谨而慎于辩对的,在对客方的诘问一一作了应答后,他以设言反问的口吻概括了"物"、"指"、"指物"、"物指"诸概念之意谓的贯属与错落:假使天下没有"与物"之指或"物指",亦即没有指认事物时受所指认对象限定的名或概念,谁还会径直去说这"与物"之指或"物指"不同于"指",或这具体指认事物的概念不同于概念之指本身("使天下无物指,谁径谓非指")? 假使天下没有须待指认的物,谁还会径直去说作为名或概念而用以指认物的"指"("天下无物,谁径谓指")? 假使天下有作为名或概念的"指",而这种"指"不"与物"或不与事物的具体指认发生关系,因而没有"物指",谁还会径直去说作为具体指认事物时受指认对象限定之概念的"物指"不同于作为"自藏"状态之概念的"指"("天下有指无物指,谁径谓非指")? 谁还径直去说没有什么事物不可以为人所指认("谁径谓无物非指")? 这里,论主由人的指认事物的活动("指物")把事物("物")关联于概念("指"),把概念("指")关联于事物("物"),并由这"物"和"指"的关联而揭示了"与物"之"指"——不同于"指"的"物指"——和"自藏"之"指"同名却又相"离"的闶机。

　　从《白马论》、《坚白论》以"白马"、"坚白"设譬相喻,到《通变论》以"二无一"的论式提示某种通则,再到《指物论》凭着纯粹的逻辑运思推演所谓"物莫非指,而指非指",公孙龙辩谘之神趣无不在于概念对于物、概念对于概念在"相与"中的相"离"。其实,这"指物"中的"指"和"物"、"指"和"物指"的"相与"而"离"、"离"而"相与",正是语言由连缀词符、概念成一自洽系统的慧命所在,也恰是语言终究指向语言之外的契机所由。它规定了语言的可能限度,也因此养润了语言的勃勃生意。

五　由"离"而"正"

如果说"离"——"白"与"定所白者"（"白马"、"白石"等）相离、"坚"同"定所坚者"相离、"指"与"与物"之"指"或"物指"相离——是《公孙龙子》中一以贯之的逻辑主脉，那么，这逻辑主脉中的价值神经则可谓"离也者天下，故独而正"（《公孙龙子·坚白论》）所指示的在公孙龙看来可以"化天下"的"正名"。明确说出"正名"之名并以一种独异思路和用语阐绎了这"正名"之意谓的，是《公孙龙子》中被置于压轴位置的《名实论》。

公孙龙在《名实论》中提出的第一个命题是关于"物"的，他说：

> 天地与其所产焉，物也。（《公孙龙子·名实论》）

把"天地"及其"所产"称作"物"，即是把时空中存在的一切称作"物"，公孙龙从这里获得他所由辨说名实的支点。如此寻取运思的支点是合于常识的，但从一开始这常识中已经蕴含了常识的眼光所难以察觉的东西。作为对天地万有通称的"物"，用公孙龙的术语说也可谓之一种"指"，当这种可指认天地万有中一切存在者因而可指谓任何存在者的"指"一旦"与物"，亦即一旦用于指认某类、某种、某个具体事物时，它遂成为"与物"之"指"，而与它原来作为遍称或泛称的"物"这种"指"相"离"而意谓不再相同。此外，"物"这一通称之"指"的"与物"，始终涉及两个全然不同的领域，一是时空中存在的广延世界，一是非广延而对时空"可与"而又可"自藏"的语言王国；世

界中的万有各各相异,语言王国的"指"除专名外,却都只是不
与任何个别存在对应的所谓共相——尽管这些共相亦各各独
立。对于人说来,这两个领域是相"与"而相"离"的;"指"的领
域或概念、名谓、语言领域似在为时空世界的森然万有命名、摹
状、绘声、绘色……而"立法"(康德语),而这"立法"却是在把
后者纳入前者时只纳入了被前者所可能纳入的"现象"(康德
语)。而正是因为这一点,在概称"天地与其所产焉,物也"之
后,公孙龙又提出了另一个命题:

　　　　物以物其所物而不过焉,实也。(同上)

　　称"物以物其所物而不过"为"实",表明此所谓"实"并不
就是当下之物的实际情形,但显然,这"实"又是从"物"说起的。
依公孙龙的逻辑,撇开物,无所谓"实",但既有的形形色色的物
却未必都称得上"实";称得上"实"的物,须合于一个尺度,这尺
度即是"物其所物而不过"。"物以物其所物而不过",其第一个
"物"是指各各自在的个体事物;其第二个"物",在词性上相当
于庄子所说"明乎物物者之非物也,岂独治天下百姓而已哉"
(《庄子·在宥》)的第一个"物",属动词,但在"物其所物"中不
径直作"主使"或"宰制"解,而略具"体现"、"实现"意;第三个
"物"与"所"连用,则指事物的实质或本真。总核"物以物其所
物而不过焉,实也",其意当为:某物("物")如果("以")体现
("物")了这类物("其")所具有的实质("所物")而没有偏差
("不过"),可称之为"实"。

　　如此所说的"实"是一类事物的共相,而共相总是由某一概
念或"名"称说的。于是,问题进于复杂。称呼某一个别事物所
用的"名"往往与表述它所属种类之事物的共相所用的"名"是
同一个,这便有了同一个"名"在意谓上可能发生的扞格。如果

某事物体现了某一类事物的共相或实质,用指称其共相或实质的"名"称呼此事物可谓"名"、"实"相副,"名"的意谓在对个体事物的称呼和对一类事物的共相或实质的指称上没有抵牾;如果某事物不能或不再体现某一类事物的共相或实质,用指称其共相或实质的"名"称呼此物便是"名"、"实"不相副,这时,"名"的意谓在对个体事物的称呼和对一类事物的共相或实质的指称上就大异其致了。这里重要的在于以指称事物之共相("实")的"名"校雠那被同样的"名"称呼的某事物,而"离"——对指称共相("实")的"名"与称谓某事物的"名""离"而视之——是如此"正名"得以成为可能的契机所在。

当"物以物其所物而不过"的"实"完满到它应有的程度而没有缺欠时,公孙龙称其为"位"。此即他所谓:

> 实以实其所实而不旷焉,位也。(《公孙龙子·名实论》)

这"位"意味着一种分际,它标示着在以某名称谓个体事物时其与同一名所指称的此类事物共相契合无间而至为完满("不旷")的那种情形。"位"是"实"的完满境地或绝对境地,确立了"位"的观念也就确立了用以衡量"实其所实"达到怎样程度的一个具有绝对性的标准。由"物以物其所物而不过"所界说的"实",重在申示某事物对此类事物之共相或实质的体现;由"实以实其所实而不旷"所界说的"位",则在于申示某事物所当体现的此类事物之共相或实质的那种至高范型。显然,"位"这一经由"物以物其所物而不过"之"不过"以至"实以实其所实而不旷"之"不旷"得以确拟的分际,是虚灵而不委迹于经验事物的,却也是理致信实而不可指为妄谈的。可以说,从孔子提出"正名"开始,"正名"就同确立一种指示理想或极致境地因而具有绝对性的"名"的努力关联着;如此"正名",往往使正名者成为关注世俗却又超越世俗的理想主义者。孔子这样,公孙龙未尝不是这样。不过,孔子"正名"诉诸伦理实践,这使他成为道德而伦理的理想主义者,公孙龙借重于语言分析和逻辑推求而"正名",则使他成为逻辑的理想主义者。

在对逻辑相贯而意趣相承的"物"、"实"、"位"作了界说后,公孙龙继而厘定了所谓"正":

> 出其所位非位,位其所位焉,正也。(同上)

"正"是前此的诸运思纽结的纽结,是层层深进之理绎的指归所在。"正",看似由"位"推演而出,实际上其义谛涵淹在"物"而"实"、"实"而"位"的整个致思路向中。倘作一种追根溯源的推寻,论主迂曲所思的脉络当可如是觑探:"位其所位"——处在其所当处的位分上——谓之"正",然则"位其所位"者为何者? 于此由"位"必至于推究到"实",因为"实以实其所实而不旷"谓之"位";既然"位其所位"是就"实"而言,那么"实"以至于"实其所实"的问题则又从何说起? 于此由"实"必至于推原到"物",因为"物以物其所物而不过"谓之"实"。综而论之,所谓"正",即是"物"之"实"当其"位",亦即如下这种情形:当以某"名"称谓的某物体现了由此"名"指称的这一类物的共相或实质,并且这被"名"指称的共相或实质尽其完满而达到其极致状态时,方可以谓之"正"。

这样的"正"永远不可能全然实现于经验的世界,但它由一种实副其名而名副其实的理想情境所引发的名实相副至更大程度的逻辑祈求,对于人是绝对必要的。人生活在森然万象的物态世界,人也生活在同物态世界相"与"相"离"的"名"的世界或语言世界;人既不能不对事物命名,却又不能对各各自在、数量无穷而又变动不居的事物皆以专名相称。于是,在依类、属为事物命名并以同一名谓称呼类、属中的个体时便发生了"物莫非指,而指非指"的问题,也随之发生了"名"、"实"关系的问题。对于公孙龙说来,"正"说到底乃是"正名",亦即以某种赋有绝对性的"名"——这"名"指称一类事物之共相的极致情境——衡鉴或察验以同一名称谓之的个别事物体现此类事物共相的程度。所以,他在指出"位其所位焉,正也"之后,分外要申明:

　　其正者,正其所实也;正其所实者,正其名也。(同上)

价值形而上学的语言之维[1]

一 "语言转向"与形而上学之厄

1. 正像形而上学在休谟那里的被摒退只是作了康德重新探求"未来形而上学"的先导,20 世纪"语言转向"对形而上学的煞似一劳永逸的放逐,却不期然把某种更生的契机带给了这个对于人类说来终究未可割弃的学域。在遭遇"语言"驳诘之前,形而上学已先后为"经验"和"逻辑"所拒斥,然而它的一再被贬抑反倒表明了这命运多舛的被贬抑者必有其难以拔除的人文根柢。诚如海德格尔所说,"形而上学这个名称被用来称谓

---

[1]此文删节后以《形上之维的更生与语言的可能承诺》为题发表于《世界哲学》2010 年第 2 期,兹作为附录辑于书后,以使读者了解作者诠释名家"琦辞"之致思趣向。

所有哲学的起规定作用的中心和内核。"（海德格尔：《形而上学导论》，熊伟、王庆节译，北京：商务印书馆，1996，第19页）这个即使是形而上学的弃绝者也认可或默许的界说是富于悲剧感的，它把我们引向一种回味——一种对康德在两百多年前所作的告诫的回味：

> 人类精神一劳永逸地放弃形而上学的研究，这是一种因噎废食的办法，这种办法是不能采取的。世界上无论什么时候都要有形而上学；不仅如此，每人，尤其是每个善于思考的人，都要有形而上学，而且由于缺少一个公认的标准，每人都要随心所欲地塑造他自己类型的形而上学。（康德：《未来形而上学导论》，庞景仁译，北京：商务印书馆，1978，第163页）

2. 20世纪的"语言转向"至少可以找到两条各自独立延伸的线索：一是脱胎于近代英国经验论、以剖释"逻辑句法"和"日常语言"为能事而流播于英美学界的所谓"语言分析"，一是发端于索绪尔语言学而在法国学界蔚为大观以至于风布整个世界的"结构—解构"思潮。

如果说形而上学在18、19世纪所遭遇的种种责难，主要为"经验"——从休谟的知觉经验到马赫的所谓中立于心理和物理的感觉——所发动，那么，这种责难在20世纪的延续则是从"逻辑分析"开始的。"在现代兴起了一个哲学派别，着手消除数学原理中的毕达哥拉斯主义，并且开始把经验主义和注意人类知识中的演绎部分结合起来。"（罗素：《西方哲学史》下卷，马元德译，北京：商务印书馆，1976，第389页）罗素在如此述说这个现代哲学派别时，他称它为"逻辑分析哲学"。逻辑分析哲学又被称作"现代分析经验主义"："这种经验主义与洛克、贝克莱和休谟的经验主义的不同在于它结合数学,并且发展了一种有力的逻辑技术。"(同上书,第 395 页)罗素本人属于这类"逻辑分析"哲学家,此外,其中至少还可以指出早期维特根斯坦和石里克、卡尔纳普那样的逻辑实证论者。

"经验"依然是逻辑实证论者立论的最后凭藉,只是新形态——相对于孔德、马赫而言——的实证论在检验一个命题的真伪时也更多地诉诸逻辑分析。对于这一派哲学家说来,重要的不在于是否承认"外在世界",而在于科学奠基于其上的"给予的世界"。有主体才有"给予"可言,但"给予"也因此可能仅仅从意识说起。逻辑实证论者所说的"给予的世界"是经验地给予主体的世界或主体经验地获得的世界,而不是意识地给予主体的世界或主体意识地获得的世界。正是在这个意义上,石里克把逻辑实证论称为"彻底经验论"。他说:"彻底经验论并不否认外在世界的存在,它只是将这样存在的经验意义指示出来。"(石里克:《实证论与实在论》,洪谦译,见洪谦主编《西方现代资产阶级哲学论著选辑》,北京:商务印书馆,1964,第 283 页)换句话说,这观念也可以作如是表达:在逻辑实证论或彻底经验论看来,"外在世界"并非不存在,而是它没有意义(人尚未给予其意义);有意义的世界只能是给予的世界,亦即经验地被给予了意义的世界。一个堪称为科学命题的命题必是可以验证其真实与虚假的命题,而验证的唯一途径是它同经验知觉的可能联系。以文字表达的命题,其中的文字往往需要另一个命题作说明,但石里克强调指出:

> 下定义不能无止境地继续下去;我们最后必须遇到一些字,它们的意义不能再用命题来描述,而必须直接地指出来。这就是说,字的意义到了最后必须能指出来;它必须是

"给予"（由经验"给予"——引者注）的。（石里克:《实证论与实在论》,见洪谦主编《西方现代资产阶级哲学论著选辑》,第 268 页）

像这样,对一个命题的证实,依卡尔纳普的说法即是对这一命题所作的逻辑分析。这里,逻辑最终是指向经验的;倘逻辑分析的结果不能引出任何经验的验证,那命题便不是一个有意义的命题。卡尔纳普以"这把钥匙是铁制的"命题为例,按逻辑分析的方法层层推演,最后从那钥匙可否被确证的磁石所吸引这一直接经验说明其为可证实的科学命题。依同样的方式,对"世界的本原是水"这一泰勒斯的命题作逻辑分析,他得出的是另一种结论:从这个命题我们不能推演出对于可望在将来发生的任何感觉、知觉或经验有所断定的任何命题,因此这命题没有任何意义。

逻辑分析——也是对命题的语言分析——同时即是对可证实的经验的寻求,逻辑实证论说到底乃是物理主义的经验一元论。科学本非"形而上学",一如"形而上学"并非科学,以科学命题的可证实（可证诸经验）性为衡准而断定"形而上学"命题无科学意义上的意义,不过是科学在自己立足处的原地跳跃。"形而上学"更多是在价值格位上,科学则在认知格位上,在认知向度上蔑称价值格位的无意义是认知的独断,这恰似在价值向度上蔑称认知格位的卑不足道乃是价值的独断一样。

3. 当卡尔纳普说"一切哲学问题都是逻辑问题"（卡尔纳普:《语言的逻辑句法》,洪谦译,见洪谦主编《西方现代资产阶级哲学论著选辑》,第 286 - 287 页）时,他是认同罗素所谓"逻辑是哲学的本质"的论断的,但为罗素所倡导的逻辑分析虽然分外看重感觉经验,却并不落于逻辑实证论那样的物理主义。

而且,同是把某些非科学方法所能胜任的哲学问题归结于"感情方面的事情",罗素也比卡尔纳普显得更愿同情理解这种倾向些,尽管卡尔纳普依其语言构架的可能选择的观念是主张"宽容原则"的。不过,即便在罗素看来,卡尔纳普所谓一切哲学问题都是命题句法问题的说法不免过甚其辞,他还是认为句法的逻辑分析对于处理传统的哲学问题用处很大。真正堪以"逻辑分析"命名的哲学——依罗素的说法,这哲学在于把经验主义与一种对于人类知识的演绎部分的兴趣连结起来——是从罗素开始的,这之前弗雷格乃至更早些的盖奥尔克·康托对数理逻辑的建构为它作了必要的准备。

罗素的哲学运思在"纯粹逻辑"和"原子事实"这两个相互独立而相互外在的因素的张力下,他认为真正的哲学问题都可以归结为逻辑问题,他也自称他的哲学是肯定诸多个别事物的独立存在的逻辑原子论或绝对多元论。原子事实——某物具有某种性质或某物与某物间有某种关系的事实——往往是不用推理就可以认识的感性知觉的事实,认识这些事实既然不用推理便全然用不着逻辑;在纯粹的逻辑中,则完全局限于形式,从不问哪些客体可以满足这些形式,因而不涉及任何原子事实。表示原子事实的命题是原子命题,如"这是红的"、"这个在那个之前",验证这类命题的真假只能凭借经验。然而一旦由"如果……那末……"、"或者"、"除非"等连接词把两个原子命题关联在一起构成一个"分子命题",新命题便具有了与构成它的原子命题全然不同的形式。"如果下雨,我就带上我的伞",这个分子命题的真与假不在于是否真的"下雨"或真的"带伞",而在于由"如果"到"就"的推理是否为真。罗素说,有一种全称知识不是来自感官,在这种知识中有一些不是通过推理得来,而是本原的。这种全称知识是纯形式的,它在逻辑中可以找到。"苏格拉底是人,所有人都是有死的,所以苏格拉底是有死的。"这样的判断是在纯粹逻辑之外的,因为"苏格拉底"、"人"、"有死"都是经验的,只有通过个别经验才能理解。在纯粹逻辑中,相应于上述命题的命题是:"任何一物如果具有某一性质,而凡具有这种性质的又都具有另一种性质,那末该物也具有那另一种性质。"(罗素:《我们关于外间世界的知识》,汤侠生译,见洪谦主编《西方现代资产阶级哲学论著选辑》,第 240 页)这一命题的判断是自明而全称的,它适用于一切事物和一切性质。罗素在自己所期许的限度内是成功的,他以相应于原子事实的原子命题把自己的哲学关联于经验论,又以纯粹逻辑中找到的全称知识——独立于经验证据、感性材料之外的知识——弥补了旧经验论的不足。但无论是"经验"还是"纯粹逻辑",都未走出纯然认知的范畴,从这里透不出被否弃的形而上学曾带给人的心灵的价值之光。

　　罗素以强硬的"经验"而"逻辑"的姿态驳斥着"形而上学",但一向为形而上学所关注的价值问题并不是纯然无谓的。他从未直面哲学问题的这一维度,而只满足于把这沉重得多的话题归结为"感情方面的事情"以将其置于"科学的范围以外"。

　　4. 在罗素开示的方向上,维特根斯坦继而以其"逻辑哲学论"作了再度掘进。这成效或如他自己所估计的那样——"所接触的问题基本上已经彻底解决了",但其"所接触的问题"并未超出罗素曾措置过的那些问题。当维特根斯坦说命题是现实的图像而这图像仅仅意味着陈述或描画某一事实时,他自然是认可命题与可描述的现实间共同的逻辑形式的,不过这契于"逻辑形式"的"描述"功能本身已把命题确定在科学的界限内。

因此,他所谓"一切真的命题的总和就是整个自然科学"(维特根斯坦:《逻辑哲学论》,郭英译,北京:商务印书馆,1962,第44页)的说法,其实只是把一种预设在前提中的断制作为结论再说一遍罢了。既然"一切真的命题"与"整个自然科学"全然对应,那么指谓非自然科学的"形而上学"命题为伪命题(没有意义的命题)便是顺理成章的事。维特根斯坦为哲学规定了职责:它应当永远站在命题之外,只为显现在命题中的逻辑是否清晰——由此限制自然科学的争论范围并通过可思考的东西从内部限制不可思考的东西——尽一份督察之力。对于他说来,命题是言说的,唯科学才会有真命题因而才可言说,至于"某种形而上学的东西",既然不能诉诸命题,那就应当对它保持沉默。

对命题"描述"功能的偏执的反省和对建构完善的逻辑句法的理想的存疑,使维特根斯坦在他的《逻辑哲学论》(1918)被逻辑经验论者奉为经典的情形下转向对日常语言的分析。"逻辑哲学论"在命题之外为哲学派定了一份服役于科学的差使,而他的以研究自然语言为己任的《哲学研究》(1945)的一个重要的"真正发现"则在于"哲学问题应当完全消失"。"形而上学"在这里已不可能得到任何礼遇。如果说前期的维特根斯坦更多地是以"逻辑"把"某些形而上学问题"逼到了一个沉默中的朦胧之地,那么,后期的他则差不多已不屑对那些"形而上学问题"投出最后一瞥了。

5. 对日常语言的哲学关注是从摩尔开始的,它同以罗素为创始者的有祈于一种理想语言的逻辑句法分析一样长久。但只是在维特根斯坦倒戈后,日常语言分析才成为一种在20世纪中叶勃兴于英语世界的时潮。这时潮中的主要代表人物有剑桥大学的威斯多姆、牛津大学的赖尔、奥斯丁、斯特劳逊等,他们大都受启于后期的维特根斯坦,并与维特根斯坦在一些重要断制上有着相当程度的认同。

同是返回常识的世界,摩尔更多地借重同义语的诠释作用,维特根斯坦的途径则在于把语言还原到"使用语言的实践"。语言只有在语言和行动组成的整体中才能真正被理解,维特根斯坦"把由语言和行动(指与语言交织在一起的那些行动)所组成的整体叫做'语言游戏'"(维特根斯坦:《哲学研究》,李步楼译,北京:商务印书馆,1996,第 7 页)。任何一种游戏(棋类、球类或其他)中的人的任何一个动作或行为离开整个游戏或游戏过程都是不可理喻的,"语言游戏"中的任何有意义的用词、造句也都脱不开进入这游戏的人的行为和言说,——当然是循着一定规则的行为和言说,一如其他某种游戏亦必有那种游戏所必有的游戏规则。不过,规则的约定俗成——没有私人规则因而没有私人语言——注定了它的形成的非一次性,因而注定了被遵循也被创造着的"语言游戏"规则永远只能显现于现实的"语言游戏"过程。"一个词的意义就是它在语言中的使用"(同上书,第 31 页),这可以说是后期维特根斯坦从过高的逻辑寄托转向日常语言的重要断制,它统摄着他的散逸而并非边际无着的全部论说。"使用"使语言相契于生活,"使用"也使语言的意义具体、确定而只赋有相对性。"把词从形而上学的使用带回到日常的使用上来"(同上书,第 73 页),不是要从它在日常使用中所获得的意义去体味它在可能的"形而上学"使用中的意义,而是要就此切断语言使用的"形而上学"路径。诸类游戏没有共同性,它们在由它们构成的游戏家族中仅有"家族相似性";同样,"语言游戏"是多姿多彩的,这些游戏间没有形式的统一性,只有语言家族中的那种家族相似。同是一个词,例如

"美",由不同用法组成"美"这个词的意义家族,人们只须去理会它在使用中的家族相似性,却无须去问也不应去问"美是什么"的问题。如同"语言是什么"、"游戏是什么"的发问是"形而上学"之问,因而会把"语言"、"游戏"实体化一样,"美是什么"的发问也被认为是把"美"实体化的"形而上学"之问。维特根斯坦由否弃"实体"而否弃了"形而上学",但他从未属意于与"实体"无关因而未必应该一例否弃的那种"形而上学"——价值形而上学。由否弃实体形而上学而否弃一切形而上学是否弃者的自误,事实上,价值的形上趣求本身即实践地涵淹在人的现实生活中。

6. 与"逻辑分析"、"日常语言分析"略不相袭,由索绪尔语言学引示的"语言转向"把一种语言学的方法——从"结构"到"解构"——向着人文的所有领域推扩到了极致。在狭义的语言学之外有所收获也许未必为索绪尔所期待,但由其语言学的内在逻辑推绎出的"解构"思潮却成了"形而上学"的彻底颠覆者,而且那炙人的势焰使任何前此否弃形而上学的努力都相形见绌。

正如索绪尔自己所说,他的语言学是一种"语言科学"。他从人的"言语活动"这一"混杂总体"中舍弃了生动、丰富而带有偶然性的"言语",选择了可在"意义"和"音响形象"的结合上加以确定的"语言",因此他称自己的语言学为"语言的语言学"而非"言语的语言学"。(见索绪尔:《普通语言学教程》,高名凯译,北京:商务印书馆,1980,第36—42页)与此相应,他又从共时态语言和历时态语言中选择了共时态语言,于是,他又称自己的语言学为"共时语言学"(同上书,第142—143页)。一双皮鞋的价格并不取决于历史上变动着的价格所构成的价格系列,而取决于与皮鞋制作同时的养牛业、制革业的状况;同样,某一词语的价值不在于这词语的历史演化,而在于它在文句中与其他词语所构成的关系。索绪尔说:"在语言状态中,一切都是以关系为基础的。"(同上书,第170页)这关系当然首先在于一个词或一个语言单位中作为"能指"的"音响形象"与作为"所指"的"概念"的对立和结合,而重要的,也还在于集能指与所指或音响形象与概念于一身的词与词之间的关系。词与词之间的关系包括两种,一是联词成句时所构成的那种毗连关系或句段关系,一是一个词同与它涵义相似或相近的一些词构成的那种相似性关系或联想关系;此两重关系构成一个以句段关系为横轴、以联想关系为纵轴的坐标,而出现在语言状态中的某个词的意义或价值则取决于它在这坐标中的位置——犹如一枚棋子的价值取决于它在棋盘中所处的相对于其他棋子的位置。就是说,一个词的意义或价值既取决于它在句段中同它前后的词的关联,也取决于它同可联想到的一切与它同义或近义的词的差异。离开棋盘的棋子没有弈局上的价值,离开同其他词的句段关系与联想关系的词语同样无从确定它在语言上的意义。关系乃是一种"形式"或一种"结构",正是由于这一点,索绪尔要强调指出:"语言是形式而不是实质"(同上书,第169页)。倘把这论断作另一种方式的表达,亦未始不可谓:语言是结构而不是实体。

　　"语言是形式而不是实质"意味着语词符号的意义或价值不是实质性的或一成不变的,而是在语词符号的形式性关系——句段关系和联想关系——中由彼此的差别造成的。依索绪尔的说法,语词符号的能指"实质上不是声音的,而是无形的——不是由它的物质(发音或书写——引者注),而是由它的音响形象(音标所指示的那种可意会的音响形式而非实际音响——引者注)和其他任何音响形象的差别造成的"(同上书,第 165 页),而作为语词符号之所指的概念则是"消极地由它们跟系统中其他要素的关系确定的。它们的最确切的特征是:它们不是别的东西"(同上书,第 163 页)。在"差别"中由"不是别的东西"所规定的语词的意义或价值是灵动的,无数不同的关系形式会带给它无数"不是别的"的境况。这一点显出语言的关系形式或"结构"形式对语义确定的重要,同时即已为后来德里达从中引出"解构"话题埋下了伏笔——尽管索绪尔对其未必有所意识。

7. 20 世纪 40 年代末,法国人类学家列维 - 斯特劳斯把索绪尔分析语言的方法推演为一种有着普遍效用的结构主义方法,并将其运用于人类学研究的各个方面。他的一个执著的信念是:"语言"作为人的典型特征,它必定"同时构成文化现象(使人和动物区别开来)的原型,以及全部社会形式借以确立和固定的现象的原型"(列维-斯特劳斯:《结构人类学》,引自霍克斯:《结构主义和符号学》,瞿铁鹏译,上海:上海译文出版社,1997,第 25 页)。由列维 - 斯特劳斯开其端,法国遂成为"结构主义"思潮——其巅峰时期为 60 年代——的故乡。

1966 年,在美国约翰斯·霍普金斯大学举办的结构主义学术研讨会上,德里达作了题为《结构、符号与人文科学话语中的嬉戏》的演讲,其中指出:"存在着两种对解释、结构、符号与游戏的解释。一种追求破译,梦想破译某种逃脱了游戏和符号秩序的真理或源头,它将解释的必要性当作流亡并靠之生存。另一种则不再转向源头,它肯定游戏并试图超越人与人文主义、超越那个叫做人的存在,而这个存在在整个形而上学或存有神学的历史中梦想着圆满在场,梦想着令人安心的基础,梦想着游戏的源头和终极。"(德里达:《书写与差异》,张宁译,北京:三联书店,2001,第524页)德里达显然是赞赏"尼采向我们显示的这第二种解释之解释"的,而这,则毫不含糊地兆告了"语言转向"中的"解构"时代的到来。

在德里达看来,"结构"这个词与"认识"(epistémè)这个词同样古老,它与西方的科学与哲学有着同样的年轮,并且同科学与哲学一样植根于"日常语言"的土壤。这语言的土壤决定了"结构"概念必致预设一定意义上的"中心",而诸如"艾多斯"(eidos)、"始基"(archè)、"终极目的"、"本质"、"存在"、"实体"、"主体"、"真理"、"先验性"、"意识"、"上帝"、"人"等术语,则无不意味着西方人对确立一个"中心"的执著。德里达把这确立"中心"的精神祈向称之为"逻各斯中心主义"(logocentrism),他否定"逻各斯中心主义"乃是要否定"意义"的所谓绝对的或客观的特征。对于他说来,从来就没有绝对存在的意义,所有的只是瞬间生成的意义。瞬间生成的意义是对绝对存在的意义的消解,但毕竟并未否弃"意义"。所以,他也这样解释"首先是肯定性的运动"而"不是拆毁或破坏"的"解构":

> 我用这个词的时候,结构主义正处在统治地位:解构在当时被认为同时具有结构主义和反结构主义的姿态。在某种程度上,它的确是这样的。解构不是简单地对体系论的结构的分解;它也是一个关于根基的问题,关于根基与构成根基的事物之间关系的问题,它也是关于结构关闭的问题,关于整个哲学结构的问题。……解构首先与系统有关。这并不意味着解构击垮了系统,而是它敞开了排列或集合的可能性,如果你喜欢也可以说成是凝聚起来的可能性,这不

一定是系统化的(这儿用的是从哲学角度赋予这个词的严格意义)。(《一种疯狂守护着思想——德里达访谈录》,何佩群译,上海:上海人民出版社,1997,第 19 页)

就解构论者从一开始就否弃某种可确定的意义而论,"解构"可以说是"反结构主义"的;就其认可和关注瞬间生成的意义而论,"解构"又可以说是尚留有一定的"结构主义"的姿态。"解构"所以"同时具有结构主义和反结构主义的姿态",说到底乃是基于德里达对索绪尔语言学的这样一种看法:一方面,他认为"索绪尔在继续使用符号概念时,他依然不可避免地证实了形而上学传统"(同上书,第 69 页);一方面,他又认为,正是索绪尔的语言学,其本身就隐含了对传统形而上学或逻各斯中心主义的批判和"解构"的性状。他指出:

> [索绪尔语言学的]一种绝对的、决定性的批判作用就是:(1)它指出所指和能指是不可分割的,所指和能指是一个和同个产物的两个方面,这是反传统的。……(2)索绪尔强调符号作用的"差异的"和"形式的"特性,……他极力用他从形而上学传统中借来的符号概念来反对形而上学传统。(同上书,第68－69页)

所指和能指的"不可分割",意味着对传统形而上学认可的那种"先验所指"或脱开能指而独立存在的某种"客观真理"的否定,而"强调符号作用的'差异的'和'形式的'特性",则隐然在指示由符号作用而产生的"意义"的相对性和非实质性——这乃是对传统形而上学所执著的那种真理的实质性和绝对性的否定。德里达是立足于索绪尔语言学的"形式主义和差异主题"的,他由"能指"与"所指"的同一的相对性推出的是语言符号所表达的"意义"的相对性。既然因"差异"而瞬间生成却又因“差异”即刻自消形迹的“意义”没有其存在的某种“绝对性”或“客观性”可言，“逻各斯”所意指的那种“聚集”或“集中”——即“逻各斯中心论”——也便由此而消解。

　　8. 从索绪尔所谓语言中语词的意义“最确切的特征是：它们不是别的东西”之说汲取灵感，德里达杜撰了 différance（“延异”）一词。“延异”（différance）集法文词 difference 的“差异”义、拉丁文 differre 的“扩散”义、“延宕”义于一身，比任何既有词语都能更切近地道出“解构”的趣致：语词的意义既然取决于语词间无尽的“差异”，其意义的确定便只能在无底止的“扩散”、“延宕”中，这“扩散”、“延宕”使所谓终极意义无从获致。

　　由“延异”（différance），德里达进而自造了“播撒”（dissémination）一词。它把语义生成、语义多种可能的分导、语义自消形迹等相互矛盾的涵义摄为一体，就此否定了所谓本原词义或超然自在的词义。德里达说：“播撒意味着空无（nothing），它不能被定义”，“虽然它产生了无限的语义结果，但是它却不能还原到一种简单起源的现存性上（‘播撒’、‘双重科学’和‘白人神话学’实际上再现了所有虚假的出发点、开端、第一行、标题、引语和托词等等：消除开端），也不能归结为一种终端的在场。它表示一种不可简约的和‘有生殖力的’多元性”（同上书，第91、92页）。这没有开端和终局可言的多元性破除了线性的语义视界，把人引向一种意义世界的“痕迹”（trace）以至“灰烬”（cinder）体验。

　　然而，德里达由“延异”（différance）、“播撒”（dissémination）所示意的“解构”趣致毕竟难以一以贯之于人生的意义世界。“解构”是从一种奇诡的语言视角获得它的灵韵的，它也必至于为这一语言视角所束累。当他后来从伦理、政治、法律以至于宗教一类话题涉及对于人类说来那些历久不磨的价值时,事实上他已经触到了"解构"所可能遭遇的某种限度。在谈到法律时,他申言:

> 解构就是正义。(德里达:《法律的力量》,胡继华译,见胡继华等译《〈友爱的政治学〉及其他》,长春:吉林人民出版社,2006,第425页)

对此,他的解释是:

> 这里有着三个命题:
>
> (1)法律的可解构性(例如)使解构活动得以可能。
>
> (2)正义的不可解构性不仅使解构得以可能,而且确实与解构不可分。
>
> (3)结果是:解构活动就发生在分开了正义的不可解构性与法律(droit)(权威,合法性等等)的可解构性的间隔。(同上)

无论德里达如何把"正义的不可解构性"申述为"解构活动得以可能"的前提,他终久还是不能否认"正义的不可解构性"。"正义"何以"不可解构",德里达并未作出迫近真际的阐示。但说穿了,这里显露出来的乃是"解构"的界域。凡可"形式"化、可"结构"者,皆可"解构";而非可"形式"化、非关"结构"者,则无所谓"解构"。一如索绪尔所说,"语言的同一性不是衣服的同一性,而是快车和街道的同一性"(索绪尔:《普通语言学教程》,第154页)。某班快车在车头、车厢、车组人员全部更换后仍不失其为某班快车,某条街道在整条街道重新修筑后仍不失其为某条街道;某班快车成其为某班快车只同它何时从某站始发、何时经过某站、何时到达某终点站相关,同样,某条街道成其为某条街道只是因着这条街道的走向及其所在的方位。"语言是形式而不是实质",语词的意义仅仅取决于语词在语言形式或语言结构中所处的位置,而不像一件衣服那样脱开种种关系而有自身的"实质"。"语言的同一性"在于语言的形式关系或语言的结构性,这形式的同一性或结构性的改变即是所谓"解构"。德里达的"解构"既然是从索绪尔的以"语言是形式而不是实质"为中心命意的语言学说起的,它便不可能不受制于它的前提。换句话说,"解构"只在由"形式"、"结构"确定某一意义处有效,在意义不受制于"形式"、"结构"的地方,"解构"则无所施为。"法律"是"结构"性的,诚然可以"解构",而"正义"是非"形式"的,仅为道德伦理实践中真切的心灵所认可,因此它不具有"解构性"。"法律"除了体现"正义"外,别无其他目的,其处于不间断的"解构"中,乃是因为那永远不可能全然实现而又永远对法律起导向作用的"正义"。

　　20世纪的"语言转向"在德里达这里臻于它的极致,这极致也是它的极限。就其终久无从泯除"正义"一类赋有绝对意义的人生价值看,关涉人类"最高的和最终的问题"(胡塞尔)的形而上学或并不能因"解构"而告辍。当然这经住了"语言转向"逼问的形而上学不再是泰勒斯式的或黑格尔式的实体形而上学,而是生发于人的自祈自望之心灵的价值形而上学。与这一全新视界的形而上学相应,人生的"语言"维度将被纳入言语者的另一种关注。

二 语言与人的生命践履

9. 当索绪尔说"语言是一个系统,它只知道自己固有的秩序"(同上书,第 46 页)时,他的所谓"内部语言学"把语言视为一个无须向语言之外作任何理由追溯的自洽系统(亦可称为自足"结构")。他之后的"结构主义"者从这种独特的"内部语言学"那里借来了"结构"的智慧,却把如此畛域分明而效能有限的智慧夸示为洞察人类世界所有秘密的不二法门。德里达是以"结构主义"为中介从索绪尔"内部语言学"的根柢处找到"解构"的契机的,因此,如同把有限的"结构"智慧运用到它的限度之外的结构主义者一样,他把仅仅适用于"以关系为基础"的"语言状态"的"解构"方法推扩到对人类整个意义世界的"解构"。

问题不在于人的世界与语言同在,而在于与人的世界同在的语言未必即是某种语言学——例如索绪尔的"内部语言学"——视野中的语言,亦未必即是某种语言哲学——例如"逻辑分析"那样的"语言批判"哲学或"日常语言分析"那样的"分析哲学"——视野中的语言。

10. "逻辑分析"说到底是对命题作语言分析,这分析的归着在于经验的验证。单是这一点已足以表明,从事"逻辑分析"的罗素、维特根斯坦乃至卡尔纳普那样的逻辑实证论者是并未把语言视为纯然独立的王国的。不过,这被认可的语言与人的世界的关联只是更大程度地系于感知的经验。罗素相信语言与世界同构,一个原子命题所对应的乃是一个原子事实;前期的维特根斯坦认为语句是事实的图像,因此他断言:"我的语言的界限意味着我的世界的界限","世界的界限也是逻辑的界限"(维特根斯坦:《逻辑哲学论》,第79页)。但无论是罗素还是前期维特根斯坦,其逻辑原子论或逻辑(语句)图像论,使语言与世界结缘的说到底不过是感觉经验。"日常语言分析"的"经验"底色显然更触目些,理解这一点也许只要多少弄懂后期维特根斯坦的"家族相似"何所谓就足够了。

　　然而即使这样,德里达依然认为"实在主义或感觉主义、'经验主义',都是逻各斯中心主义的变种",因为在他看来,"'文字'或'文本'无法还原到书写的或'字面上的'能感觉到的或可见的在场"(《一种疯狂守护着思想》,第109页)。他让自己处在纯粹而给定了的语言界面,以便顺理成章地标举嬉戏化了的"解构",随后就此由"延异"而"播撒"那任何可能聚焦的人的世界的意义。其实,对于"逻辑分析"那样的"语言批判"哲学说来,与可逻辑地把握的世界同在的是逻辑语言;对于"日常语言分析"那样的"分析哲学"说来,与可在日常经验分际上把握的世界同在的是经验中的日常语言;对于德里达的"解构"论说来,与可"解构"其意义的世界同在的是以贯穿"解构"这一主导原则的那种语言。但真正说来,与人的世界——人的生命践履于其中因而为人的生命践履所创构的世界——同在的语言,并不只是逻辑语言、日常语言,其所相印于人的整个世界的也并不仅仅以"解构"为能事。

　　11. 一如语言为人的生命践履留下了万古不磨的烙印,人的生命践履也为语言注入了可能灵动的生机。寻索语言萌朕的远古踪迹或当是远未成熟的语言发生学的职分,但约略可以断定的是,语言自始即同人的生命活动有着不解之缘。说语言生自人与人的社会性交往因而出于人与人的有着一定群体背景的"对话"，当然大体不错；不过，反过来说却也未尝不可：只是在人有了属人的语言或"对话"后，其所从事的社会性交往亦才真正称得上是"人"——而非蚂蚁、蜜蜂式——的社会性交往。人的社会性交往与语言的关系不落于线性因果的窠臼，二者（姑且如此分说）由潜在到现实一直在同一过程中相互成全。语言非可仅视为社会交往的资具，不失其本真的社会交往任何时候都不可能没有语言栖居其中。把社会交往看作语言的根据和把语言看作社会交往的根据在理由上是同等的；没有无语言的社会交往，也没有无社会交往的语言。而且，这里尚须指出：人与人的社会交往总会牵带着人与自然（因而当即便是所谓"人化自然"）的交往（物质交往、名实接触、审美相遇等），而和人与人的社会交往、人与自然的社会性交往一体的还有人对这诸种交往的所思以至对所思的反思，此外，也还有人在其如此交往、所思、反思中的心灵的自我反省以至于对人生究竟的体悟，由这反省、体悟则引发那涉及人生之大端的希望、弃取、信仰……与语言同在的人的世界是人的全部世界，这人的全部世界自然亦包括了人对语言的自觉及与此自觉相应的人对语言的所言。

语言与人的整个世界同在，既不意味着语言只是单向度地受动于人的生命践履，也不意味着人的生命践履单向度地受动于语言。人的生命践履一刻也离不开语言。不过，语言对于人的生命践履说来并不就是无从挣脱的囚笼，却亦决非可逞性驱遣的侍仆。以所谓语言与人的生命践履相互制约而相互成全领会语言或人的生命践履显然不无将二者分割之嫌，更近于真趣的情境也许应当是这样：当语言内化于生命践履因而生命践履亦内化于语言时，人使自己如此成其为人。

语言活在人的生命践履中,因而活在未尝辍止的言说("对话")中。言说中的语言使言者、听者相缘相期,这颇可比拟于被称作"手谈"的对弈。对弈有其游戏规则,这规则是对对弈者作必要的限制,却也因着这限制而对对弈者投于棋艺的智慧有了最大程度的容纳。同样,言说必得有言说者共守的语法,这语法在于保障言说者间言语的沟通,以使起限约作用的规范足以敞开一个尽可能大的言说空间,而不至于因语言家园的狭小影响到整个人的世界的促迫。语言的内在张力连着人的整个生命的内在张力;人的生命在语言中内化与语言在人的生命中内化,其最初的消息是由所谓语法报导的。

12. 人在生命践履中所遭逢的境域万象森然而变动不居。这大千世界没有两粒一样的沙尘,没有两根相同的毛发;没有一粒沙尘不在刻刻变化,没有一根毛发不是刹那异致。多如沙尘、毛发的万千事物不可能分别以专名指称,而且,即使是空间意义上的同一物象,在时间的刹那推移中,其此一刻也一定有别于彼一刻,因此便是以某一专名指称这一物,也不可能以更多而至于无数的专名分别指称刻刻不同的它。所以,命名只能着眼于共相,而着眼于共相所称之名只能是通名。沙尘、毛发、草、木、虫、鱼等固然是通名,即或如长江、黄河、渤海、洞庭湖等一类专名,实际上仍不过是对于时间流程说来的通名,赫拉克利特所谓"人不能两次踏进同一条河流"便是对这一隐秘的道破。

与散殊的万象各异其是相应,人的视野中的事物的动静、性态、情状、色调等头绪纷纭而千差万别。没有两次一样的水流,没有两次一样的鸟飞,没有两度相同的声响,没有重复出现的色泽……一如所称之名终究关联着共相,对于事物动静、性态、情状、色调的述说、摹状或形容只能借重用以指示别一种共相的动

词、形容词,其或为"流"、"飞"、"走"、"说"、"笑"、"写"……或
为方、圆、肥、瘦、青、绿……人们只能以指示共相的词语称谓或
述说、描摹此一或彼一实在于人的视野中的个别事物,单是这一
点就注定了言说和言说对象间的永远难以消弭的距离。诚然,
对共相作种种限定有可能使言说近于具体,比如"笑",可以具
体化到"微笑"、"大笑"、"狂笑"、"憨笑"、"媚笑"、"讥笑"等,
但"微笑"、"大笑"、"狂笑"、"憨笑"、"媚笑"、"讥笑"等仍然是
共相,只是外延缩小了而已。对这外延缩小了的共相,当然还可
再作限定,比如"微笑",可以具体化到"莞尔",具体化到"脸上
掠过一丝笑意"……然而,"莞尔"或"脸上掠过一丝笑意"的那
种笑却还是一种共相———一种外延进而缩小了的共相。如此对
共相作限定后再作限定,对其外延缩小后再作缩小,无论具体化
到怎样的程度,语词所可逗意之处终究亦只是愈益内涵丰赡的
共相。外延层层缩小而内涵层进于丰赡的共相,其每一层限定
都意味着否定,这否定有着绝对的性质,不过,由否定而见示的
肯定总会以某种程度的含混为沿着同一朝向的言议思维留下余
地。"笑",至少不是哭,亦不是表情木然,不是哭或表情木然在
这里有着绝对的意义,但在是怎样的"笑"的认定上显然并不明
确;同样,"微笑"是对"笑"的肯定性规定,这规定在不是"大
笑"、"狂笑"因而否定"大笑"、"狂笑"的意义上有着绝对性,然
而就其所肯定而言,乃是怎样的"微笑"则尚须再作追问。如此
在否定的绝对性中求取那每一步所达到的相对程度的肯定,使
言说过程在作了足够的延伸后不能不再作延伸。

　　诉诸共相的言议思维是线性的,线性的"方以智"式的言议
思维永远追求着"圆而神"的境地,但这逼向所追求境地的结果
却在于逼近的有待继续。正像一个圆的内接多边形,只是在内

接多边形的边数不断增加时,多边形的边(对于圆说来的弦)才会愈益接近这边所对应的那段圆周(这个圆的一个弧)。可以设想,当圆的内接多边形的边数无限多因而其边长缩短到一个点时,圆的内接多边形和圆周即可全然重合,但言说中的共相的外延永远不可能像想象的那样小到一个点——一条没有长度可言的线段。

好在人的生命践履是非线性的,它的足迹并不落在概念设定的轨道上。尽管人的生命践履与语言同在,但这同在有如圆和圆的内接多边形的同在。圆而神的生命践履与语言相接而又不全然委落于方以智的语言,这使人对进入人的视野的对象在言所不能尽时竟有可能以意会之。

13. 任何一个民族的语言,词作为其不可再小的构成单位总是数量有限的,而进入人的生命践履因而进入人的视野的事物则是未可限量的,其二者之间不存在对应关系,但语言与人的生命践履的同在要求语词意义的非可限止。从有限词汇那里引出不可穷尽的意义是通过词的有规则却没有固定程式的排列组合成为可能的,这有限与无限集于一身透露着语言的魅力和神秘。

当人指着一株河边的垂柳说"这是一棵树"时,这个进到言说中因而同时进到具体场景中的"树"与我们从词典上看到的那个"树"的词看似同一个词,但二者的意义已经有了微妙的差异。"干净"这个词在"地板打扫干净了"、"碗筷洗得真干净"、"天空干净得一丝云气都没有"、"这是尘垢世界难得的一块干净地方"等句子中的意趣各各不同,而它们的内涵、外延也与词典中可找到的同一个词的内涵、外延并不一致。再"干净"的厨房抹布用作洗漱都是不"干净"的,灵府或心地的"干净"也决不就是屋宇的窗明几净。"干净"这个词只有一个,它的意蕴却可以因着进入诸多非重复的造句而生出数目不限的若干个。而且,即使是同一句话,比如"这里真干净",由不同的人或同一个人在不同地点、不同时间说出来,其由"干净"形容或评说的境况不同,"干净"这个词的意指也会略有差别乃至殊异其趣。不仅如此,所有进入句子的"干净",就其意致而言,也都无一例外地不再等同于词典中那个只是单词的"干净"。

词的义趣的新新不已,在于它在不同造句中与其他词构成的可解构的结构关系;新的造句的迭出不穷则在于言语着的人的永无休止的生命践履。这正可比拟于弈事:棋子活在棋盘上,棋盘上的棋艺活在人的对弈的实践中。对弈中的棋子的数量是早就定了的,下棋的规约一经确认便不可擅自更改,在棋子数量和下棋规约固定不变的前提下,棋艺不拘于某一畛域的拓展和升进唯有寄望于对弈者投于弈局的智慧。与弈事相仿佛,语词生机的益溢在于更富神韵的句子的出现,而更富神韵的句子的发生则在于人的生命践履的不竭的创意。言语的贫乏往往缘于生命践履中本该有的创造冲动的委顿,疗救某一特定人群或时代的言语的痾狭正当焕发蕴蓄于生命践履的精神创辟的性状。

约两千三百年前,中国名家人物公孙龙就已经洞晓同一个词在不同指认情境中其意蕴因指认对象而异的言说现象,也已经敏睿地意识到一个词在未进入指认活动时以"自藏"("藏"于经验世界之外)方式在人的观念中的存在。他指出:"坚未与石为坚而物兼,未与物为坚而坚必坚。其不坚石物而坚,天下未有若坚,而坚藏。"(《公孙龙子·坚白论》)("坚"不只是用来形容石的坚硬,它也兼而形容其他坚硬物,这兼而形容意味着它不限于形容石,也不限于形容任何某个坚硬物,因而它可以脱开对天下任何坚硬物的形容而自己成其为自己。这个未进入天下万物或整个经验世界而处于"藏"的状态的"坚",仅仅作为一个指示着某种抽象概念的词而存在。)由此,他断言:"物莫非指,而指非指。"(《公孙龙子·指物论》)(为人所认识的物没有不是被名或概念指认的,用以指认物的名或概念一旦出现在对物的具体指认中而成为"与物"之指或"物指",就不再是原来概念的那种更抽象的"指"了。)但公孙龙不曾沿着既已拓开的思路走出更远,并未由同一语词在若干不同指认情境中可有多种不同意蕴的词法思考深入到必致涉及的句法思考。两千多年后,索绪尔把词这一基本语言符号纳入句子结构予以考察,以词在句子结构中所处的"毗连关系"(一个词与先后出现在句子中的其他词相互规定的关系)和"联想关系"(一个词与同它有某种共通点的词在联想中相比较以显现其差异的那种关系)而指示其意义,显然这样做更能确切地解释同一个词在不同的造句中何以有不同的含义。但如此的解释者是把语言视为一个"只知道自己固有的秩序"的自洽系统,始终未能把语言关联于有可能使语言系统的自洽动态化的人的生命践履。比之索绪尔,后来的从事"日常语言分析"的英美分析哲学家要更关注语境些,而对所谓语境的经意实际上已经是对人的生命践履的留心。然而,分析哲学家们毕竟囿于"经验"的眼界,这眼界限制了他们对与语言同在的人的生命践履作更整全、更契于其本然而应然的灵韵的考察。

14. 相形之下,古名家公孙龙的"名实"之辨为我们把语言引向人的生命践履而把人的生命践履引向语言的思考提供的启发可能更大些。在称述名或概念却不局守于名或概念这一点上,公孙龙不同于索绪尔,他自始即赋予了语言以朝向语言之外的姿态；同时，在由语言探究经心于语言之外时，他也未尝像现代语言分析哲学家那样为当下的"经验"所羁束。公孙龙或以"白马"、"坚白"设譬喻理，或以"通变"、"指物"立论置辩，其祈愿无不在于"正名实"以"化天下"（《公孙龙子·迹府》）。"正名实"是公孙龙名辩之学或其语言思考的枢纽，它让"名实"之辩承担起"化天下"的重任，遂因此而收摄天下治理于"审其名实，慎其所谓"（《公孙龙子·名实论》）。这样的"正名实"，依司马迁的说法，乃是"控名责实"（《史记·太史公自序》），其必致标立某种形而上的理想作为准缦，以督责当下的现实。由"名"与经验世界的相系相离推绎出这可祈望的形而上境地是关联着人的生命践履的，语言与人的形而上追求的相契从这里可以获得某种富于历史感的印可。

命名的难堪在于，称呼某一个别事物所用的"名"往往与表述它所属种类之事物的共相所用的"名"是同一个。这情形，使同一个"名"在意谓上可能发生大得多的扞格。如果某事物体现了某一类事物的共相或实质，用指称其共相或实质的"名"称呼此事物可谓"名"、"实"相副，"名"的意谓在对个体事物的称呼和对一类事物的共相或实质的指称上没有抵牾；如果某事物不能或不再能体现某一类事物的共相或实质，用指称其共相或实质的"名"称呼此物便是"名"、"实"不相副，这时，"名"的意谓在对个体事物的称呼和对一类事物的共相或实质的指称上就大异其致了。当然，"名"、"实"的相副不相副或相副到怎样的程度，在人们的判断中不可能没有某个隐然可把握的标准，由这标准所引出的则是超越经验世界的形而上之境。公孙龙正是沿着大体如此的思路从"物"说到了"实"、从"实"说到了"位"、从"位"说到了所谓"正名实"的"正"："天地与其所产焉，物也。

物以物其所物而不过焉,实也。实以实其所实而不旷焉,位也。出其所位非位,位其所位焉,正也。"(《公孙龙子·名实论》)(天地及其所产生的一切,都可称之为"物"。某物如果体现了这类物所具有的实质而没有偏差,可称之为"实"。这"实"——物体现其实质而没有偏差——如果完满到它应有的程度而没有亏缺,可称之为"位"。越出这位置是不当其位,处在这位置上,即叫做"正"。)显然,"位"这一经由"物以物其所物而不过"之"不过"(没有偏差)以至"实以实其所实而不旷"之"不旷"(无所亏缺)得以确拟的分际,是虚灵而不委迹于经验事物的,却也是理致信实而不可指为妄谈的。"位其所位"(没有偏差而无所亏缺地达到某种极致的分际)是"正"的标准,这标准意味着一种形而上的虚灵的真实。

"位"颇近于柏拉图的"理念",然而,柏拉图论说"理念"毕竟重心落于伦理、政治及人所创制的事物上,相对而言,公孙龙以"位"厘定的绝对的"名"所指示的情境似乎更近于歌德所说的"本原现象"(Urphänomen)。歌德曾这样示例以喻理:橡树原是可以长得很美的一种树,只是一棵真正美的橡树的产生总须有相应的外部环境的成全。如果它生长在密林中,它会因为与近旁树木争夺空气和阳光而一味向上蹿长,当它终于长成时,苗条的树干与高高在上的树冠的不成比例势必有损于它原本可以更尽致展露的那种美;如果它生长在土壤瘠薄的山坡上,它会因为养分不足而过早枯凋固然很难显现其应有之美;而如果它生长在低洼潮湿的沃土中,它又会因着毫无外在制约地横生枝杈而失却橡树的美所当有的那种盘根错节、嶙峋挺拔的丰姿。事实上,橡树尽其天性完美长成的情形是绝无仅有的,好在我们尚可从外部条件的理想状态去设想一棵在理想条件下长成的理想的橡树,这理想的橡树即是现实自然中有着种种遭际的诸多橡树的"本原"形态(参看爱克曼辑录《歌德谈话录》,朱光潜译,北京:人民文学出版社,1978,第132－133页)。但不能不指出的是,歌德拟想"本原现象"是以确信自然物各有其内在"意图"或"目的"为前提的,而公孙龙从"位"说起的那种由绝对的"名"指称事物之极致情境的逻辑推绎,却并没有任何目的论的预设掺杂其中。

其实,由经验实存依其本然情状溯向"本原现象",在橡树这里可如此,在松树或其他草木生物那里何尝不可如此,在事物的审美维度上可如此,在其他价值维度上——诸如趣真、向善及对正义、和谐等的觅求上——又何尝不可如此。维特根斯坦式的"语言分析"诚然是可以借所谓"家族相似"之说否弃同类事物的共相或实质的,但这种自缚于经验之茧的见地未必即有持论者所自信的那份说服力。的确,人在经验世界所感知的一切所谓圆形未始不可以方便地视为一个"相似"的"家族",然而这并不足以使人对圆形的思考就此止步。当何以圆形"相似"而竟可以"家族"视之这样的问题逼向人的智慧时,心灵的触角会从经验中破茧而出以至于伸向几何学意义上的"圆"。几何学意义上的"圆",即所谓平面上的一个动点环绕一个静点作等距离运动留下的轨迹,虽不实存于时空中,它却可视为一切经验形态的圆形的共相和实质,并因此可用来度量任何一个经验形态的圆形圆到怎样的程度。经验的圆与几何学上的圆之间那种亲切而紧张的张力,所显示的是由感性的真实通往虚灵的真实的某种可能,"家族相似"如果终于不能抹去几何学上的圆对于经验形态的圆的意义,它便正当自作诠释限度的界定而不必在形而下与形而上世界的灵趣相通处指手划脚。

15. 与"家族相似"一类语言共在的是满足于那种"家族相似"之经验的心灵,不为"家族相似"之经验感知所囚困的心灵则不可能滞留在"家族相似"这样的语言樊篱内。当着人试图穿透"家族相似"的纱幕向可能的真际逼进一步时,一个不违拗经验却也不牵累于经验的世界便会相应于心灵之所祈而呈现。与这个可以称之"形而上"的世界到来的同时,人也在成比例地拓展着他的语言世界。"祈"或"祈望"这个语词是心灵扑向形而上世界的信使,它的出现并在新的蕴义中的持存,意味着人的心灵不为当下境遇或经验所限而朝着一个值得而可能趋近的目标的不懈跃动。

圆形的真际并不就在若干经验形态的圆形的"家族相似"处,方形的真际亦并不就在若干经验形态的方形的"家族相似"处。无规矩无以成方圆,但规、矩的依据乃是不落于形迹的几何学王国的圆和方,亦即非可实现于形而下世界或现实时空中的圆和方。同样的道理,一类事物的真际总在于这类事物的尽其完美地所是的那一度。"完满"和"尽其完满"是人之所"祈",它指示着一种价值弃取及对如此之择取的孜孜以求。因此这真际只在人的价值祈向上,其所属境域当是价值形而上的世界;"斅(学),觉悟也"(《说文·攴部》),对价值形而上世界的所悟所觉构成一种形而上学,此即所谓价值形而上学。由价值形而上学回观既往,像古希腊自然哲学家那样从设定的万物的"始基"说起的形而上学,或黑格尔那样的把"实体赋予自己以自我意识"的"绝对精神"作为其至高范畴的形而上学,皆可一言以蔽之为实体形而上学。实体形而上学是以对某一绝对实体的无条件认可为前提的,而对这非明证的终极实体的设定本身即可谓为一种"客观主义"或"自然主义"的独断。与实体形而上学悬设始基或至高实体以推演一个揭秘宇宙、人间的运思体系迥异，价值形而上学植根于人生亲切处那种由衷而明证的情致；它不以先知的口吻说话，也决不相信任何天上、人间的权威有权利向人们颁布不容置疑的真理。价值形而上学只是顺遂人性之自然，分辨其"所以异于禽兽者几希"（《孟子·离娄下》）的精神性状而向着趣致所至的应然作一种导引，以此启示人的自觉而使人在对其存在意义有所领悟的人生践履中更其成为人。

实体形而上学见之于语言，其最显著的特征在于以某一非同寻常的名词命名其神秘"实体"，这名词所指称的"实体"自己是自己的原由或依据，其不可界说，亦不可究诘。价值形而上学所依重的语词的词性在于形容，这被用作形容的语词往往相应于人的祈愿从其比较级进于其最高级。当人从经验中可感的圆形物那里得到"圆形"这一性状时，他以"圆"这个形容词形容其形态，他也由既已感知的圆形祈想那种比这圆形更圆些的圆形，而"更圆"的圆形又会引发其祈想比这更圆的圆形更堪称之为圆的圆形，如此"更圆"祈想的层进不止，必致使这顺其情尚的祈想指向"最圆"——圆至无以复加——的圆形，这"最圆"的圆形即是不见于经验时空的几何学王国的圆形。就语言而论，"圆"是形容词，"更圆"而又"更圆"的这个"更圆"是"圆"这一形容词的比较级，由"更圆"而又"更圆"持续而层进的祈想所指向的"最圆"是"圆"这一形容词的最高级。形容而从比较级到最高级的演述与人的欲使圆形更圆的祈想的一致，作为一个可直观的浅近例证，所表达的是语言与人的生命践履的相与相成，而这相与相成却是在价值形而上学的视域中。

大体说来，那些无须论证而为人类普遍认可的价值，皆有不离人的情愫因而难以界定、仅可形容的品调。诸如勤勉、勇敢、正直、善良、诚实、守信等，其所指称均为这类价值，而指称所用语词的词性无一不是形容。只是勤勉成其为勤勉、勇敢成其为勇敢、正直成其为正直、善良成其为善良、诚实成其为诚实、守信成其为守信，并不能像圆成其为圆那样可以相对精确地量化。所以当由勤勉祈想更勤勉、由勇敢祈想更勇敢、由正直祈想更正直时，对勤勉、勇敢、正直的当有分际的把握就要比圆的当有分际——圆心到圆周每一点的距离既不多于也不少于一定的长度——的把握困难得多。勇敢稍有过分即不免显出鲁莽，勇敢稍有不及又不免显出怯懦；"更勇敢"意味着更少些鲁莽，也更少些怯懦。由"更勇敢"而更其勇敢，是鲁莽和怯懦成分的愈益减少或勇敢品质的愈益纯正，如此而祈向"最勇敢"，祈向鲁莽和怯懦的全然去除，祈向勇敢品质的至纯至正。这由"更"而"最"是由可经验的"勇敢"的层进和提升逼近形而上的理想形态的"勇敢"；"勇敢"是如此，"勤勉"、"正直"、"善良"、"诚实"、"守信"等，亦无不如此。价值形而上学赖以由"更"而"最"的人的祈想是润泽于一种情衷的；它所斟酌的那种恰到好处的分际当然可谓之一种理境，但这是由尚情而必至的适理。

16. 诚然，单就"勤勉"而说"勤勉"的"更"以至于"最"，或单就"勇敢"而说"勇敢"的"更"以至于"最"，这些价值各自因着人的体认、称与而缘经验以提升并终致达于祈想中的形而上之境，其思绎所趋皆顺情入理。但对于人说来，可供心灵栖居的价值形而上的世界并非只是相互独立而各自臻于至高境地的那种原子式价值观念的"共和国"。人不会为勤勉而勤勉，也不会为勇敢而勇敢。既然种种不证自明的价值由"更"而"最"的境界攀升连着生命践履中的人的祈想，那么这不胜一一罗举的价值必当一体于人的生命践履。并且，正因为如此，价值而至于形而上的话题便理当从人何以成其为人这一关涉人生意义的本始提问说起。

《圣经·旧约·创世纪》这样诉述"神创造天地"："神说：'要有光'，就有了光"；"神说：'诸水之间要有空气，将水分为上下'，神就造出空气"；"神说：……"；……倘对这原本只可信从未可稽考的创世神迹作一种人文读解，其所垂示于我们的则可能是别一重深意：神的意志与神的言说在创世中的一而不二所告喻的是人的意志与言说在人的生命践履中的密不可分。不过，前者的无限意志不受任何制约，也并不徘徊于这样那样的权衡或抉择；后者的意志虽祈于无限却毕竟在有限中，它不能不凭借种种可能的好恶、弃取以实现。而且，"神说"本身即是无所不能的力量，人的言说的力量则见之于这言说在人的生命践履中的内化。

我们不必由"创造天地"起于神的意志而赋予"意志"以万物之灵的意义——像叔本华那样把"意志"推定为世界的最后谜底。但对于人说来，其生命践履毕竟还须从"意志"说起，尽管这所谓"意志"并不就是叔本华的"生存意志"或尼采的"权力意志"。全然没有意志贯注或隐在其中的人的生命践履是不可思议的；在人这里，意志也许永远会有理性相伴，而理性则终究为意志所宰制。叔本华的全部问题只在于把意志归结为万物与人类自私其私的"求生"欲望，不过，倘把"求生"视为人的意志的初始性环节，倒有可能更真切地发见人类脱胎于自然生物的脐梗。人当然也求生，但人的求生意志既然与理性形影相随，那么意志在支使理性谋划其所骛时也必当为理性所反省。动物以一次性被自然赋予的生存手段满足其单调而可以某种常数量度的生存需要；人不同于动物的地方在于，人会越出本能的局限而可能大地拓辟其生存空间,可能丰赡地扩充其生存内涵。在人这里,"生"的内涵、外延永远处在创设中,它的未完成性同时即是它的非封闭性。动物的被限定的生存手段和同样被限定的生存需要的一致,决定了其可约略比拟于人的意志的那种求生意欲的僵滞或固塞,而与这意欲的僵滞或固塞可相互说明的则是动物与同类、动物与其生存对象间信息往还——勉可类比于语言——的贫乏。人的增殖中的殊多需要同满足需要的手段的孳生与更新的相应蓄养着人的意志的灵根,也促动着人对人、人对人的生存对象的更幽微更生动的触悟和体会,而这触悟和体会恰是一个生机益溢的语言世界得以产生和持存的契机——如此却又最好不过地印证了语言和意志的相因而相成、相成而相长。

人的非可最后限止其畛域的求生意志,必至于诱发人对"富"、"强"价值的致取。致"富"、致"强"的追求当然涵贯了或广或狭的私欲的冲动,但向着更高目标的"富"、"强"的努力本身也意味着对慵懒、怠惰、得过且过等当下躯体之私的克服,意味着对勤勉、坚忍、奋发不懈诸价值的肯认。"富"、"强"可使人在其生存境域中立足于一种力量感和尊严感,然而对"富"、"强"的逐求也可能更大程度地引动人的贪欲、权势欲、占有欲以至欺夺欲。"富"、"强"价值应守的分际是无从由"富"、"强"之祈向自身厘定的,为理性所反省而提醒的意志只能诉诸"公正"或"正义"以制约"富"、"强"。动物的行止无所谓"正义",那是因为对于动物说来本无所谓"富"、"强";人有"强未必良,弱未必恶"的判断,却是因着人对"富"、"强"的谋求使"公正"或"正义"成为人生的又一重价值。然而"正义"所裁制的只是"富强"求取中的人的当有权利,它既不涉及人和人的自然境域的关系,也并不在权利之外对人与人、人与社会的关系多所属意。因此,人的意志在反省中也祈向对于人说来的别一种价值——"和谐"。"'和谐'是'富强'和'正义'价值不能涵盖的人生另一维度上的价值,它比高卓、严肃的'正义'显得亲切,又比有着一种力的紧张感的'富强'来得自然。它作为一种体现于关系而见之于整合效果的价值,当然也应涵润于人与自然间的以人的对象化活动为杠杆的物质交换,但人与人的相需相顾——尤其是不无自然纽带的那种人与人之间的关系——才是这一缕价值之光分外要照亮的地方。"(见拙文《人论》,《问道》第一辑,福州:福建教育出版社,2007,第20页)

此外,人的意志也祈求"真"、"善"、"美"、"神圣"的价值,这一类价值主要不在于调整人与人、人与自然的关系,而在于愈益达致生命自觉的人的存在视野的开拓和人的心灵境界的陶养或润泽。"富强"、"正义"、"和谐"、"真"、"善"、"美"、"神圣"诸价值,乃是人生不同维度上可统摄种种其他价值——比如"勤勉"、"勇敢"、"公平"、"合理"、"宽和"、"平易"、"谛实"、"真切"、"高洁"、"仁爱"、"壮丽"、"秀美"、"慈悲"、"虔敬"……——的价值。倘扼其要而论,价值的断制正可谓终究在于"好"与"不好",它植根于人的意志,赋有实践的品格。见之于语言,诸种价值则无一例外须借重形容词描摹其性态或情状。意志的祈想与形容词的词性——因其形容而有更高以至最高级——的一致,在这里以典型方式述说着语言与人的生命践履相互内化着的那种共在。这里,有必要指出:无论是"富强"、"正义"、"和谐",还是"真"、"善"、"美"、"神圣",这些价值都生发于人的意志的祈愿;不同的人可以对其有不同的理解和阐释,但种种不同的理解和阐释只是表明了经验中的生命局量永远不足以对人生这些元始而终极的价值作出理想中的达诂。换句话说,人所能够达诂上述人生价值的语言的发生与人依其价值取向而凭着不懈的生命践履终得成为理想境地的人是同步的,印证这同步的是人类自觉努力着、反省着的无底止的整个生命历程。

人的向着"富强"、"正义"、"和谐"、"真"、"善"、"美"、"神圣"所作的"更"而"最"的祈想,把系着人生之意义的这些价值由可体证于经验的那种情状推至形而上的虚灵之境。人们总是凭着受局限的经验设想着虚灵之真际的,显现于言说则是试图以同样受局限的语句获取对非可达诂的境地的达诂。一切有局限的疏解或阐释在通往达诂那一度的途中其限度都是有待点破或穿透的,借用德里达的话说,这亦可谓之"解构",不过如此的"解构"终是为着一个毕竟非可解构之真际。示意这真际亦只能用语词,但这语词并不沉滞或陷落在任何一种哪怕最好的线性语言结构中。像这样对任何一种线性语言结构的脱出,用公孙龙的术语说即是所谓"离":此"离"保证了那喻示绝对之价值意趣的"名"(称谓绝对之价值的语词)的"自藏",由"离"而"自藏"的"名"则提撕了一个可用于"正"(裁度而矫正)经验中所信守的一切同名价值的衡准。

主要参考文献

《老子》，王弼《老子道德经注》本，《诸子集成》（世界书局20世纪30年代编印，上海书店1986年影印）版；参校以1973年马王堆出土帛书本、1993年郭店出土竹简本。

《庄子》，郭庆藩《庄子集释》本，《诸子集成》版。

《论语》，刘宝楠《论语正义》本，《诸子集成》版。

《孟子》，焦循《孟子正义》本，《诸子集成》版。

《荀子》，王先谦《荀子集解》本，《诸子集成》版。

《墨子》，孙诒让《墨子间诂》本，《诸子集成》版。

《吕氏春秋》，高诱《吕氏春秋注》本，《诸子集成》版。

《淮南子》，高诱《淮南子注》本，《诸子集成》版。

《左传》，杨伯峻《春秋左传注》本，中华书局1990年版。

《战国策》，高诱《战国策注》本，《四部备要》，中华书局1935年版。

《史记》，清武英殿刻附考证本，上海古籍出版社、上海书店（《二十五史》）1986年影印版。

〔清〕陈澧:《公孙龙子注》。

〔清〕俞樾:《读公孙龙子》。

王琯:《公孙龙子悬解》,上海:中华书局,1928 年。

钱穆:《惠施公孙龙》,上海:商务印书馆,1931 年。

郭湛波:《先秦辩学史》,北平:中华印书局,1932 年。

胡道静:《公孙龙子考》,上海:商务印书馆,1934 年。

虞愚:《中国名学》,南京:正中书局,1937 年。

伍非百:《公孙龙子发微》,南充:益新书局,1949 年。

谭戒甫:《公孙龙子形名发微》,北京:科学出版社,1957 年。

庞朴:《公孙龙子研究》,北京:中华书局,1979 年。

栾星:《公孙龙子长笺》,郑州:中州书画社,1982 年。

周昌忠:《公孙龙子新论》,上海:上海社会科学院出版社,
1991 年。

杨俊光:《惠施公孙龙评传》,南京:南京大学出版社,
1992 年。

周云之:《公孙龙子正名学说研究》,北京:社会科学文献出
版社,1994 年。

胡适:《中国哲学史大纲》(卷上),上海:商务印书馆,
1919 年。

胡适:《先秦名学史》,上海:亚东图书馆英文版,1922 年;李
建钊等译,上海:学林出版社,1983 年。

冯友兰:《中国哲学史》,上海:商务印书馆,1934 年。

冯友兰:《中国哲学简史》,(美)纽约:麦克米伦公司英文
版,1948 年;涂又光译,北京:北京大学出版社,1985 年。

冯友兰:《中国哲学史新编》第一册,北京:人民出版社,

1963 年。

郭沫若:《先秦天道观之进展》,上海:商务印书馆,1936 年。

郭沫若:《十批判书》,重庆:群益出版社,1945 年。

侯外庐等:《中国思想通史》第一册,北京:人民出版社,1957 年。

任继愈(主编):《中国哲学史》第一册,北京:人民出版社,1963 年。

牟宗三:《中国哲学十九讲》,台北:台湾学生书局,1983 年。

汪奠基:《中国逻辑思想史》,上海:上海人民出版社,1979 年。

孙中原:《中国逻辑史(先秦)》,北京:中国人民大学出版社,1987 年。

后　记

　　循着先前撰述的惯例,《名家琦辞疏解》只是在竟稿后才问讯它可能出版的机缘。八月卅日,我冒昧致书中华书局的徐俊先生,书云:"我近有一书《名家琦辞疏解——惠施公孙龙研究》竟稿,欲呈进贵局出版。现将拙稿之目录、简介('新意举要')、两节正文及作为其附录的已发于《哲学研究》的两篇论文送上,请审正,并愿尽快予以回复。"书后又加了一则附注:"本人治学三十余年,从未申请过以任何形式提供经费赞助的课题,如因未能许以资补而有违时下之常例则望见谅。"半个月后,中华书局哲学编辑室的张继海先生回函称:"书稿质量很好,拟可以考虑接受出版。"于是,相关事宜很快便谈妥了。

　　这是一个书市喧阗而学术落寞的时代,原本孤冷的《疏解》能有如此际遇亦可算是幸运的了。治学不易,出版亦不易。拙著问世在即,容我向中华书局诸学术同仁致以诚挚的谢意!

克　剑

二○○九年十一月六日